Jay B. Rohrlich · Arbeit und Liebe

Jay B. Rohrlich

# *Arbeit und Liebe*

Auf der Suche
nach dem Gleichgewicht

Kösel-Verlag München

Übersetzung aus dem Amerikanischen:
Gudrun Theusner-Stampa, München.
Die Originalausgabe erschien unter dem Titel »Work and Love«
bei Summit Books, New York.

CIP-Kurztitelaufnahme der Deutschen Bibliothek

*Rohrlich, Jay B.:*
Arbeit und Liebe : auf d. Suche nach d. Gleichgewicht / Jay B. Rohrlich.
[Übers. aus d. Amerikan.: Gudrun Theusner-Stampa]. – München : Kösel,
1982.
Einheitssacht.: Work and love ⟨dt.⟩
ISBN 3-466-34055-1

ISBN 3-466-34055-1

Gesamtherstellung: Kösel, Kempten.
Umschlag: Adolf Bachmann, München.

. . . das Wesen der Dinge entgeht uns
und wird uns ewig entgehen, wir bewegen uns
in Beziehungen, nicht das Absolute
ist unser Teil . . .

*Henri Bergson*
Schöpferische Entwicklung.
Jena 1912, S. 3.

Wie alles lag, mußte sie [die Arbeit] ihm
als das unbedingt Achtungswerteste gelten,
es gab im Grunde nichts Achtenswertes außer ihr,
sie war das Prinzip, vor dem man bestand
oder nicht bestand, das Absolutum der Zeit,
sie beantwortete sozusagen sich selbst.
Seine Achtung vor ihr war also religiöser und,
soviel er wußte, unzweifelhafter Natur.

*Thomas Mann*
Der Zauberberg.
Frankfurt 1954, S. 40.

Ich liebe meine Arbeit mit einer frenetischen,
pervertierten Liebe,
wie ein Asket sein härenes Hemd,
das ihm den Bauch zerkratzt.

*Gustave Flaubert*
(An Louise Colet, 24. April 1852)
Briefe. Herausgegeben und übersetzt von
Helmut Scheffel. Stuttgart 1964, S. 194.

Für meine Frau, Marianne

# Inhalt

# Vorbemerkung und Dank

Keine Fallstudie und keine persönliche Anekdote in diesem Buch bezieht sich auf eine bestimmte Person, sei sie lebendig oder tot. Es wird zwar Anschauungsmaterial vorgelegt, das um der Erzählung willen so dargestellt wird, als handle es sich um bestimmte Personen, aber in Wirklichkeit sind diese Fälle eine Mischung aus verschiedenen Erfahrungen, die der Autor als Psychiater und Dozent der klinischen Psychologie gesammelt hat. Alle Namen sind fiktiv.

Drei Menschen muß ich für ihre Hilfe bei der Umwandlung meiner Ideen und Schriften in ein Buch besonders danken: Charlotte Sheedy, Paul Bresnick und Jim Silberman. Carl Glick hat mich sehr bestärkt und ermutigt, ganz zu schweigen von seinen scharfsinnigen Einblicken in den Geist der Wall Street. Paul Prosky hat mir viele tiefgehende Überlegungen im Hinblick auf seine einzigartige Lebensrolle mitgeteilt, und meine Frau Marianne hat mich gelehrt, was die Mutterschaft wirklich mit sich bringt. Michael Saks hat mir unendlich geholfen, als ich Hilfe am meisten nötig hatte. Dank sei auch meinem Sohn und meiner Tochter, die mir die Inspiration geschenkt haben, dieses Buch zum Abschluß zu bringen.

*J. B. R.*

# Einführung

Als ich kurz vor dem Abschluß meiner psychiatrischen Ausbildung stand und dabei war, zu entscheiden, wo ich meine Praxis eröffnen sollte, schlug einer meiner Freunde, ein Anlage-Analytiker, vor: »Warum kommst du nicht in die Wall-Street-Gegend?« Er sagte das zwar halb im Scherz, aber die Idee war interessant. Für einen jungen Menschen wie mich, der gerade dabei war, sich eine Berufslaufbahn aufzubauen, war es gewiß weniger riskant, sich in einer üblicheren Gegend niederzulassen. Ich hatte eine Familie zu erhalten, und wenn eine psychiatrische Praxis in der Wall Street eine so gute Idee gewesen wäre, meinte ich, hätte sich schon jemand anders vor mir dort eingerichtet. Soviel ich wußte, hatte es bisher niemand getan.

Für die nächsten sechs Jahre schlug ich den ungefährlicheren Weg ein und hatte eine Praxis in einer Wohngegend im oberen Manhattan, wo es schon viele praktizierende Psychiater gab. Aber der Vorschlag, den mein Freund mir am Anfang gemacht hatte, interessierte mich immer noch. Zum einen arbeiteten zufällig viele meiner Patienten im Bereich der Wall Street. Entweder mußten sie einen Großteil ihres Arbeitstages dafür aufwenden, in meine Praxis zu kommen, ihre Sitzungen zu absolvieren und wieder ins untere Manhattan zurückzukehren, oder ich mußte sie frühmorgens oder spätabends kommen lassen. Mir wurde klar, daß es für uns alle einfacher wäre, wenn meine Praxis näher bei ihren Büros läge.

Es gab noch andere, handfestere Gründe, die die Vorstellung von einer Praxis nahe der Wall Street attraktiv erscheinen ließen. Wall Street war ein Stadtteil, wo eine halbe Million Menschen arbeitete, wo aber praktisch niemand wohnte. Dort zu praktizieren, wo die im Rechtswesen, im Finanz- und Versicherungsbereich Beschäftigten während der Arbeitszeit unmittelbar aus ihrer Arbeitssituation zu mir kommen würden, würde einen direkten Zugang zur Dynamik ihres Arbeitserlebens ermöglichen.

Die Art, wie Arbeit und Beruf das Leben der Menschen beeinflussen, hatte mich schon immer fasziniert. Bei mir selber mag der Entschluß, Arzt und Psychiater zu werden, ebensoviel oder mehr damit zu tun gehabt haben, was für ein Mensch ich geworden bin, wie jeder andere Entschluß, den ich im Lauf meines Lebens gefaßt habe, oder jeder andere Einfluß, der auf meine Entwicklung eingewirkt hat. Mein Identitätsgefühl und die Qualität meines äußerlichen Lebens werden weiterhin durch mein Berufsleben stark geformt und bestimmt. Ich habe mich schon oft gefragt, wie sich die Umrisse meines Lebens verändert hätten, wenn ich z. B. Englischlehrer geworden wäre, und wie sich meine Persönlichkeit möglicherweise anders ausgeprägt hätte.

Während des Medizinstudiums wurde mein Entschluß, Psychiater zu werden, ebensosehr dadurch beeinflußt, daß ich mir das Leben und die Persönlichkeiten von Menschen ansah, die Psychiater waren, wie durch mein Interesse am Gegenstand der Arbeit eines Psychiaters. Und ich frage mich heute noch, ob die unpersönliche, unemotionale Qualität etwa der Persönlichkeit eines Chirurgen bedeutet, daß nur bestimmte Arten von Menschen ein Gebiet wie die Chirurgie wählen, oder ob diese Persönlichkeitszüge die Folge davon sind, daß jemand tagein, tagaus den Geisteszustand beibehält, der erforderlich ist, um chirurgische Verfahren zu praktizieren.

Die Patienten aus dem Bereich der Finanz und des Rechtswesens, die zu mir kamen, regten meine Neugier in bezug auf die Rolle der Arbeit im Leben an, weil so viele von ihnen von ihrer Arbeit und ihrer Karriere besessen zu sein schienen. Vielleicht ist »besessen« nicht das richtige Wort, denn damit kann etwas Abnormes, sogar Krankhaftes gemeint sein. Bei manchen Wall-Street-Anwälten und -Finanzleuten, die praktisch nur für ihre Arbeit lebten, ist diese Bezeichnung angebracht. Aber in anderen Fällen ist sie es nicht. Für diese Menschen war die

Arbeit etwas, das Leidenschaft und tiefe Hingabe weckte – sie sprachen mit großem Interesse und großer Einsicht von ihr, und ihr Beruf bestimmte sie und bereicherte ihr Leben – aber sie waren nicht von ihrer Arbeit »besessen«. Mich begann die Frage zu faszinieren, wo wir die Grenzlinie ziehen zwischen begeisterter *Hingabe* an die Arbeit und Arbeits*sucht*.

Viele meiner Patienten waren mehr durch Probleme in ihrer Arbeitswelt beunruhigt als durch Probleme in ihrem Privatleben. Menschen, die aus dem einen oder anderen Grund arbeitslos waren, machten emotionale Veränderungen und Persönlichkeitsveränderungen durch, die ebenso tiefgreifend und zerrüttend waren wie die anderer, die zu Hause Tod, Scheidung oder andere schwere Verluste erlitten. Entscheidungen in bezug auf die Arbeit oder den Beruf lösten enorme Ängste aus, und dies war bei vielen Menschen der Hauptgrund dafür, daß sie therapeutische Hilfe suchten. Ich war fortwährend gezwungen, über die Bedeutung der Arbeit im Leben der Menschen nachzudenken, und so beschloß ich, die ganze Frage gründlicher zu studieren.

Es kam mir so vor, als sei die Arbeit meiner Patienten, die Börsenmakler, Effektenhändler und Bankiers waren, eine reinere, zielstrebigere Arbeit als die auf anderen Gebieten. Die Arbeit eines Schuhmachers oder eines Künstlers ist nicht einfach ein Ausdruck aggressiver zielgerichteter Energie; zu ihr gehören Materialien und greifbare Erzeugnisse, aus denen man unmittelbare sinnliche Freude beziehen kann. Einem Börsenmakler oder einem Bankier steht keine gleichwertige sinnliche Erfahrung zur Verfügung, noch scheint sie ihm notwendig zu sein. Ihr primäres Arbeitsmaterial sind Zahlen. Ein Geschäftsmann oder eine Geschäftsfrau kann sich an einem schönen Kleid oder an einem Auto erfreuen, das seine oder ihre Firma herstellt. In Dienstleistungsberufen wie denen des Gesundheitswesens gibt es, selbst wenn ein greifbares oder schönes »Produkt« nicht das Arbeitsziel ist, Möglichkeiten direkter emotionaler Anteilnahme und Freude. Aber im »Geldgeschäft« gibt es meist nur finanziellen Gewinn und das ziemlich zielstrebige Verfolgen eben dieses Gewinns. Es erschien mir als eine rein aggressive Art der Arbeit, und für jemanden, der sich dafür interessierte, die Psychologie der Arbeit zu studieren, schien die Wall Street ideal.

Wo sonst, außer an der Wall Street, kann man wie ich von einem berühmten und außerordentlich erfolgreichen Wirtschafts-Finanzier hören: »Verfolgungswahn ist der Schlüssel zu Höchstleistungen in diesem Geschäft«? Er erklärte: »Der Paranoide läßt sich nie durch Freundlichkeit oder Großzügigkeit ablenken. Er ist immer mit einem höchst passenden Wahn gewappnet. Er glaubt, jeder sei darauf aus, ihn hereinzulegen. An der Wall Street hat er recht, und in diesem Gemeinwesen kann er auf höchster Ebene funktionieren. Er fühlt sich niemals sicher, er ruht nie. Der Paranoide arbeitet immer darauf hin, seinen Feinden einen Schritt voraus zu sein. Er ist der Mann, dem ich mein Geld anvertraue. Nicht der nette, wohlangepaßte Bursche.«

Vor einigen Jahren verlegte ich meine Praxis dann in die Wall Street. Zu meinen Patienten gehören viele stark arbeitsorientierte und erfolgreiche Leute. Sie sprechen ebensoviel über ihre Arbeit wie über ihre Familien, und durch sie habe ich eine Menge über die Dynamik der Arbeit in der menschlichen Persönlichkeit erfahren können. Außerdem habe ich großen Firmen im Bereich der Wall Street als psychiatrischer Berater gedient. Im Mittelpunkt meiner Beratungstätigkeit standen vor allem Angestellte, Manager und Direktoren, deren Probleme im Arbeitsbereich zum Vorschein kamen. Die Gelegenheit, alle Aspekte der Arbeitsdynamik zu studieren, war außergewöhnlich.

Die Psychotherapie mit stark arbeitsorientierten Menschen bietet die zusätzliche Befriedigung, daß sie im allgemeinen Männer und Frauen sind, die sich selbst und ihre Persönlichkeitsentwicklung sehr ernst nehmen. Sie begnügen sich nicht damit, die Therapie lediglich als lindernde Hilfsmaßnahme anzusehen, und sie arbeiten mit charakteristischer Disziplin und Entschlossenheit daran, eine wesentliche Persönlichkeitsänderung herbeizuführen. Es ist ungemein lohnend für einen Psychiater, mit diesen Menschen zu arbeiten.

Eines der grundlegendsten Lebensprobleme, dem ich in meiner psychiatrischen Praxis und in meinem eigenen Leben begegnet bin, ist das Dilemma, das richtige Gleichgewicht zwischen Arbeit, Familie und Freizeit zu finden. Ein äußerst erfolgreicher Effektenbankier kam in tiefer Niedergeschlagenheit zu mir, nachdem sein fünfzehnjähriger Sohn einen Selbstmordversuch gemacht hatte. Er hatte das Gefühl, er sei irgendwie an der Verzweiflung seines Sohnes schuld, weil er in seinem Geschäft so schwer arbeitete, vielleicht auf Kosten seiner Familie, und insbesondere auf Kosten seines Sohnes. Es war ein schmerzliches Problem, und die Dynamik war keineswegs klar. Er war ein ehrgeiziger und schöpferischer Mann, der leidenschaftlich an seiner Arbeit hing. War er »zu engagiert«? Es gab nicht nur keine einfache Antwort, sondern mir war klar, daß wir nur die Anfänge eines Zusammenhangs hatten, in dem man mit der Frage wirksam fertigwerden konnte.
Recht oft tauchen bei meinen Patienten weitere faszinierende und wichtige Fragen in bezug auf die Arbeit auf. Was hat die Arbeit an sich, daß sie manche Menschen befähigt, in ihrem Beruf äußerst erfolgreich zu sein, im Privatleben jedoch hoffnungslos untüchtig und unglücklich? Und was ist mit jenen, die gütig und phantasievoll sind, aber nicht produktiv sein können? Wie sollen wir den zunehmenden Wunsch junger Menschen verstehen und interpretieren, zugunsten einer Karriere auf Kinder zu verzichten? Welche Probleme ergeben sich aus Familien, in denen beide Partner Karriere machen wollen? Ist die Mutterschaft eine Art Arbeit, wie andere Beschäftigungen, oder ist sie etwas anderes? Sollte die Mutterschaft durch bezahlte, auf eine Karriere ausgerichtete Beschäftigung ergänzt werden, um die bestmögliche psychische Entwicklung der Frauen zu fördern? Was ist mit den Männern, die sich dafür entscheiden, Kinder aufzuziehen, während die Ehefrauen die Brotverdiener sind?

Die »Krisen« der Lebensmitte und des Rentenalters sind im Grunde Probleme, die mit den Veränderungen zusammenhängen, die die Rolle der Arbeit in den verschiedenen Stadien unseres Lebens durchmacht. Wie gehen Menschen in den Vierzigern mit der Erkenntnis um, daß dem, was sie im Leben leisten und vollbringen werden, Grenzen gesetzt sind? Welche Beziehung besteht zwischen Arbeitsleistung, Identität und Selbstgefühl? Nachdenkliche Angehörige der Frauenbewegung haben die Vorstellung entwickelt, daß Beruf und Selbstwertgefühl eng zusammenhängen. Probleme, die die Selbstachtung betreffen, stehen im Mittelpunkt praktisch jedes klinischen Falles, den ich als Psychiater betreue. Es steht außer Frage, daß Arbeit und Berufsleben tiefgreifende Wirkungen auf das Selbstgefühl und das Gefühl des persönlichen Wertes haben. Stolz, Befriedigung, Ruhm und Berühmtheit – all diese Begriffe hängen mit Arbeit zusammen. Was bedeuten sie? Wie verstehen wir sie in bezug auf die Gesamtpersönlichkeit?

Einige der interessantesten Menschen, die ich in meiner Praxis kennengelernt habe oder die zu meinen Freunden und Kollegen gehören, sind jene, die anscheinend nie zu arbeiten aufhören, selbst wenn sie nicht an ihrem Arbeitsplatz sind. Durch sie bin ich zu dem Schluß gekommen, daß *arbeiten nicht nur ein Zustand des Beschäftigtseins ist, sondern ein Geisteszustand.* Es gibt Menschen, die selbst beim Spielen arbeiten. Sie arbeiten, wenn sie lieben oder wenn sie Urlaub machen. Sie müssen zu jeder Zeit sich und ihre jeweilige Umgebung in der Hand haben. Sie scheinen nicht für den Augenblick leben zu können. Sie denken in Schwarzweiß; Zahlen und Maße sind zentral für ihre Selbstsicht und für ihre Weltanschauung. In ihrem Leben geht es um Vorrang, Vollendung und Befriedigung durch das Erreichen von Zielen. Lust außerhalb des Bereichs der Arbeit ist ein verunsicherndes und fremdes Erlebnis. Wenn sie überhaupt lieben können, scheinen sie nur das zu lieben, was sie selbst erschaffen und beherrschen können. Der Kompromiß bedeutet für sie gefühlsmäßig eine Kapitulation, und »im Prinzip« ist ihre Lieblingsrationalisierung. Solche Arbeitssüchtigen haben es mir ermöglicht, den Vorgang der Arbeit und ihre Bedeutung wie durch ein Vergrößerungsglas zu studieren. Bei ihnen ist die Arbeit übertrieben, erweitert, überreichlich sichtbar.

Soviel ich weiß, hat niemand jemals die Behauptung Freuds widerlegt, nach der die Grunderfordernisse des menschlichen Daseins Liebe und Arbeit sind. Niemand hat uns jedoch jemals gesagt, was dies wirklich bedeutet. Was ist Liebe? Was ist Arbeit?

Und was ist Muße? Unser landläufiger Begriff von Freizeit ist oberflächlich und wird meist nur negativ definiert. »Freizeit« ist ein Begriff, der erst seit der industriellen Revolution im Gebrauch ist, also seit die Arbeit und die Arbeiter in sehr strengen Zeitgrenzen organisiert werden mußten. Die Notwendigkeit, die Betätigung vieler Menschen bei komplizierten mechanischen Operationen zu synchronisieren, ließ die Tyrannei der Uhr entstehen. Die Arbeit wurde in Schichten geleistet, die nach Stunden festgesetzt waren. Die Gewerkschaftsbewegung führte zur Bezahlung nach Zeit, nicht nach spezifischer Produktivität. Freizeit wurde einfach als die Zeit definiert, die man nicht an der Arbeitsstelle zubrachte.

Bei der Arbeit der Manager, Akademiker, Unternehmer, Gelehrten und Künstler lassen sich Arbeits- und Freizeit oft nicht auseinanderhalten. Unser Arbeitstag beginnt nicht notwendigerweise nach der Uhr, und er ist auch nicht mit dem Glockenschlag zu Ende. Und selbst zu Hause legen dicke Aktentaschen Zeugnis dafür ab, daß dies keine Welt »von acht bis fünf« ist. Bei Leuten mit »gehobenen« Berufen kann die Arbeit sogar das »Steckenpferd«, die Lieblingsbeschäftigung sein.

Die Unterscheidung zwischen Arbeit und Freizeit wird auch noch auf andere Art und Weise verwischt. Geschäfte werden oft in einem Rahmen durchgeführt und abgeschlossen, der herkömmlicherweise als »zur Freizeit gehörig« angesehen wird. Manager tätigen wichtige Abschlüsse in Luxusrestaurants oder auf dem Golfplatz. Viele Berufe bieten Gelegenheit für spannende Reisen, die den Wunsch nach Urlaub aufheben können. Ein Ferienort wirbt mit der Schlagzeile »Kombinieren Sie Geschäft und Golf«. Im Text werden die Vorteile des lokalen Konferenzzentrums gerühmt, und dann heißt es: »Und wenn die Geschäfte des Tages erledigt sind, stehen Ihnen all unsere unvergleichlichen Erholungsmöglichkeiten zur Verfügung: Meisterschaftsgolf, Tennis, Schwimmbäder, Heilquellen, Reiten, Angeln, Tontaubenschießen und anderes mehr...; außerdem 64 Hektar herrliches Gebirgsland. Geschäft und Vergnügen – hier kommen beide endlich zusammen.« Für viele Männer und Frauen gibt es in diesem Rahmen außerdem eine Fülle von Gelegenheiten zu sexuellen Kontakten, die die Unterscheidung von Arbeit und Freizeit weiter verwischen.

Es gibt in unserer Sprache kein Tätigkeitswort, das von Freizeit abgeleitet ist. Freizeit kommt als Substantiv oder adjektivisch in Wortverbindungen wie »Freizeitbeschäftigung, Freizeitsport« vor; die Möglichkeit des »Freizeitelns« als aktiven, selbständigen Vorgang gibt es nicht. »Freizeit« wird verstanden als Freiheit, die durch die Beendigung von Tätigkeiten, Pflichten oder Verantwortlichkeiten zustande kommt. Begriffe wie »Entspannung« bezeichnen negativ ein *Fehlen* oder eine *Verminderung* von Muskelanspannung, subjektiver Angst oder geistiger Konzentration. Selbst wenn wir von »Ferien«, »Urlaub«, »Pensionsalter« sprechen, weisen wir auf das Fehlen von Arbeit hin, weniger auf das Vorhandensein von etwas anderem. »Nichtstun« ist gleichbedeutend mit Freizeit. »Ferien« bedeutet zunächst in der Gerichtssprache »geschäftsfreie Tage«, später »freie Tage« an Schule und Universität; »Urlaub« hängt mit der »Erlaubnis, sich zu entfernen« zusammen.

Wenn wir unter »Freizeit« nur die Verneinung von Arbeit und ein echtes Gegenteil oder als etwas für sich selbst positiv Definiertes verstehen, tun wir nichts zum Verständnis beider Vorgänge dazu. Bei einer Umfrage, die vor einigen Jahren durchgeführt wurde, fragte man einen Querschnitt amerikanischer leitender Angestellter, ob sie weiterarbeiten würden, selbst wenn sie genug Geld erben würden, um ohne Arbeit ein auskömmliches Leben zu führen. Achtzig Prozent sagten, sie würden weiterarbeiten. Am faszinierendsten an dieser Information ist, daß nur neun Prozent dieser Leute sagten, sie würden weiterarbeiten, weil ihnen ihre Arbeit Freude mache.* Man sollte diese Daten mit Vorsicht interpretieren, aber ein Faktor, der ihnen zugrundeliegen muß, ist die augenscheinliche Unfähigkeit, das »Nichtstun«, die »Muße« als Alternative zum Arbeiten anzuerkennen. Entsprechend dem heutigen Interesse an der Entwicklung im Erwachsenenalter kann man Begriffe wie »der Muße pflegen« benützen, um kindheitsorientierte Wörter wie »spielen« zu ergänzen. Erwachsene spielen gewiß auch, aber sie tun mehr als das, und unser Wortschatz wird bereichert, wenn wir die genaue komplexe Qualität dieses Aspekts der »Erwachsenenpsychologie« erfassen können.

Das Wesen der Muße entstammt derselben emotionalen Quelle wie die Liebe. Wenn wir unser Verständnis der Psychologie des Liebens erweitern, werden wir besser verstehen, einen Einklang zwischen den Lebenskomponenten Muße und Arbeit herzustellen.

Da die Erfüllung im Leben zweifellos mit der Qualität unserer Liebe und unserer Arbeit zusammenhängt, können wir gewiß einen Gewinn daraus ziehen, wenn wir wissen, was diese Begriffe wirklich bedeuten, und zwar in einer Form, die uns in unserem Alltagsleben nützlich ist. Unser Begriff von Liebe und Arbeit kann mehr als deskriptiv sein. Wir können etwas über ihre inneren, psychischen Dimensionen erfahren, nicht nur über ihre äußere, im Verhalten zutage tretende Seite. Arbeiten und Lieben sind Geistesverfassungen. Die Qualität unseres Lebens ist von einem gesunden Gleichgewicht zwischen ihnen abhängig.

* Umfrage, zitiert in A. Hecksher und S. de Grazia: »Executive Leisure«, *Harvard Business Review*, Juli/August 1959.

# Teil I: Das Erlebnis der Arbeit

## 1 Ziele

Die Geschichte eines meiner Freunde ist ein schmerzliches Beispiel dafür, wie wichtig es ist, zu wissen, welche Rolle die Arbeit in unserem Leben eigentlich spielt.
Er starb an einem plötzlichen Herzversagen, während er mit seiner Frau in der Karibik Urlaub machte. Er war ein Mann mit einer scheinbar robusten Gesundheit und unerschöpflicher Energie – bis zu jenem Tag, an dem er im warmen Sand lag und in einen wolkenlosen Himmel aufblickte. Er war chirurgischer Chefarzt in einem großen Krankenhaus der Hauptstadt, hatte eine große eigene Praxis, fuhr von seinem Vorstadthaus täglich mit der Bahn in die Stadt, schrieb und publizierte in großem Maßstab und besuchte häufig am Ort und im ganzen Land Fachkongresse. Er kam selten vor neun Uhr abends nach Hause, und jeden Morgen fing er um sieben Uhr zu arbeiten an, deshalb mußte er zu Hause etwa um Viertel vor sechs weggehen.
Er genoß die tägliche Fahrt zur Arbeit und nach Hause, weil er in den zweieinhalb Stunden in der Bahn lesen und schreiben konnte. Den Schlaf mochte er nicht, weil er ihm unproduktiv erschien. Wenn er nicht auf einem Kongreß war oder schrieb, waren seine Wochenenden mit Unternehmungen vollgepackt, die ihren Ausgang von zu Hause nahmen. Er erzählte mir einmal, daß er jede Woche, wenn der Freitag näherkam, unweigerlich eine Spannung in sich wachsen fühle, wenn er sich auf achtundvierzig Stunden unstrukturierter Zeit gefaßt machen mußte. Dies war vermindert, wenn er sich auf mehrere

Projekte freuen konnte, so z. B. darauf, mit den Kindern ein Baumhaus zu bauen, die Reifen an seinen beiden Autos auszuwechseln oder seinen 36 Hektar großen Rasen zu mähen. Wenn der Sonntagabend herankam, begann die schwere Last der Wochenendmuße von ihm zu weichen, und am Montagmorgen segelte er, wie er zugab, praktisch mit einem Gefühl der Erregung und des Gefordertseins in die Praxis oder den Operationssaal. Er gab zu, daß er sich halbherzig darüber beklagt habe, wie schwer er arbeite, wie gern er mehr freie Zeit mit der Familie verbringen und wie gern er mit seinen Angehörigen verreisen würde, aber er habe gewußt, daß er es in Wirklichkeit gar nicht könne.

Tatsächlich fand er immer Gründe dafür, daß er jedes Jahr nicht mehr als ein paar Tage mit der Familie Urlaub machen konnte. Seine Frau gewöhnte sich daran, daß sie meistens den Urlaub damit zubrachte, darauf zu warten, daß ihr Mann sich irgendeines dringlichen Problems entledigen mußte, das unweigerlich aufgetaucht war, um ihre Pläne zunichte zu machen. Manchmal schien er auch vor dem Urlaub oder während des Urlaubs »krank« zu werden. Wenn er sich einmal losgerissen hatte, pflegte er einen Großteil seiner Zeit am Telefon zuzubringen, oder er war mit dem Lesen oder Schreiben wichtiger Fachliteratur beschäftigt.

In dem Jahr seines Todes sollte einmal alles ganz anders sein. Er versprach seiner Frau, die selber schon ganz depressiv zu werden begann und ihm sanft ein Ultimatum gestellt hatte, er werde einen echten Dreiwochenurlaub machen. Nach seinem Tod waren sich viele seiner Freunde und Familienangehörigen darüber einig, daß sein Herz ein solches gehetztes und stark beanspruchendes Arbeitspensum einfach nicht habe aushalten können.

Es erhebt sich jedoch die Frage: Was hat ihn wirklich getötet? War es die Arbeit oder der Urlaub? Er hatte wirklich eine krankhafte Angst vor Zeiten, die keinem festgelegten Zweck gewidmet waren, die kein festgesetztes Ende oder kein vorher bestimmtes »Ergebnis« hatten, und ebenso vor Zeit, die nicht durch eine regelmäßige Abfolge von gelernten Tätigkeiten organisiert war. Abende zu Hause, Wochenenden, Urlaub und der Gedanke an den Lebensabend waren für ihn ein quälendes, verwirrendes Erlebnis, es sei denn, er wäre »sinnvoll« beschäftigt gewesen. Ist es nicht denkbar, daß sich für ihn die erzwungene »Entspannung« des Urlaubs als tödlich erwiesen hat?

In die Ursachen von Erkrankungen gehen so viele komplexe Faktoren ein, daß es töricht wäre, anzunehmen, nur eine Variable habe den unzeitigen Tod meines Freundes herbeigeführt. Aber aus seiner Situation ergeben sich einige sehr wichtige Fragen in bezug auf Arbeit und Freizeit. Man kann beide durch äußere, das Verhalten betreffende, deskriptive Merkmale definieren, aber die entscheidenden Dimensionen von Arbeit und Freizeit sind innere und innerpsychische. Bisher hat man diese tiefere Dynamik nur unzureichend untersucht.

In den letzten Jahren ist in der populärwissenschaftlichen und in der Fachliteratur im angelsächsischen Sprachraum immer häufiger der Ausdruck »workaholic« aufgetaucht.* Der Mann, der sich die Erfindung dieses Ausdrucks zugutehält, ist Dr. Wayne Oates, ein Geistlicher und Professor der Religionspsychologie. Sein Buch *Confessions of a Workaholic,* das 1971 erschienen ist, liefert viele anschauliche Beschreibungen von Formen der Arbeitssucht. Aber es fehlt dem Buch von Oates, wie anderen Ausführungen über diesen Zustand, die seither erschienen sind, an einer systematischen Analyse des psychischen Vorgangs des Arbeitens.**

* Zusammengesetzt aus »work« = Arbeit und »alcoholic« = Alkoholiker, zur Bezeichnung eines Menschen, der nach Arbeit so süchtig ist wie der Trinker nach Alkohol (Anm. d. Übers.).

** Ich habe versucht, die herkömmlichen gelehrten Fußnoten zu vermeiden, aber dieses Buch und die von mir erwähnten Werke anderer Autoren und Forscher sowie eine Reihe von Büchern und Artikeln, die nicht erwähnt werden, aber vielleicht für den Leser interessant sind, werden im Literaturverzeichnis am Ende des Buches aufgeführt.

Vielleicht erklärt sich dieser Mangel an Aufmerksamkeit daraus, daß Arbeit so sehr Teil unseres Alltagserlebens ist. Anders als die Sexualität ist die Arbeit für die meisten von uns eine absolut nicht unserem Gutdünken anheimgestellte Tätigkeit. Wir müssen unbedingt arbeiten, um zu überleben, und ganz gewiß, um mit einiger Sicherheit und einiger Bequemlichkeit zu überleben. Wir wissen, daß einige Leute viel mehr zu arbeiten scheinen als andere, aber wir haben kein Bezugssystem, innerhalb dessen wir normale und krankhafte Arbeitsleistung definieren könnten. Wenn Maler, Musiker, Sportler oder Tänzer praktisch alle Stunden ihres Wachseins dazu verwenden, ihre Fertigkeiten zu vervollkommnen und Werke und Leistungen von auserlesener Schönheit vollbringen, hält man sie für leidenschaftlich ihrem Tun ergebene Künstler und bewundert sie sehr. Wenn Anwälte oder Geschäftsleute sich mit entsprechender Energie und Disziplin selbst antreiben, hält man sie oft für »arbeitswütig«.

Der größte Teil der Literatur über die Arbeit stammt von Soziologen und Anthropologen, deren Informationsquellen natürlich beobachtbare Gruppenphänomene sind, nicht die inneren Mechanismen der Einzelseele. Ihre Erkenntnisse sind von dem abgeleitet, was man am Verhalten sehen kann und was ihnen auf der Ebene des Bewußtseins berichtet wird. Hervorragende Arbeitsforscher wie C. Wright Mills, Fredrick Herzberg, Daniel Bell und Daniel Yankelovich beschreiben vor allem, *wie* Menschen arbeiten, aber ihre Fachgebiete eröffnen ihnen in Wirklichkeit keinen Zugang zu Daten, die erklären könnten, *warum* Menschen in der Art und Weise arbeiten, wie sie es tun. Sie liefern uns keine Grundlage für die Erforschung der bestmöglichen Ausgewogenheit zwischen Arbeit und Muße.

Yankelovich z. B. behauptet, es gebe vier Dimensionen oder Themen der zeitgenössischen amerikanischen Arbeitsethik: das männliche Ideal des »guten Brotverdieners«, das Streben nach Unabhängigkeit, das Verlangen nach Erfolg und die Verknüpfung von angestrengter Arbeit mit Selbstachtung. Zwar sind diese Themen der Arbeitsethik in ihrer allgemeinen

Anwendbarkeit auf die zeitgenössische amerikanische Kultur richtig, aber sie befähigen uns bei weitem nicht, zu verstehen, welche Kräfte meinen arbeitswütigen Freund zu seinem Tod am Strand geführt haben. Solche umfassenden Begriffe wie Männlichkeit, Unabhängigkeit, Erfolg und Selbstachtung stehen für bewußtes Nachdenken über Determinanten des Arbeitens zur Verfügung, aber sie berühren nur die Oberfläche eines potentiellen Verstehens der Motivation Einzelner. Sie sagen uns nicht, was »arbeiten« ist; sie bestimmen lediglich, welche Werte unsere Kultur der Arbeit beimißt. Soziologische und anthropologische Sichtweisen nähern sich der Arbeit als einem Beschäftigungszustand. Als Geisteszustand muß sie noch analysiert werden.

Die meisten historischen Untersuchungen der Arbeit beginnen bei den alten Griechen, für die die Arbeit einfach nur ein Fluch war, ein Feind des unabhängigen Geistes. Das griechische Wort für Arbeit, *ponos,* bedeutet auch »Kummer«. Musik und Betrachtung wurden als Ideale hingestellt. Selbst Hesiod, der mit Müßiggang nichts anfangen konnte und über den Begriff der Arbeit predigte, maß ihr keinen wesentlichen Wert und keine innere Würde bei. Die Arbeit wurde widerwillig als ein Mittel zur Erreichung des Idealzustands akzeptiert, niemals als ein Selbstzweck.

Im alten Israel übernahm man die griechische Ansicht von der Arbeit und erweiterte sie ein wenig. Sie war dann nicht mehr eine tragische Notwendigkeit, an und für sich sinnlos, sondern sie wurde als Strafe für Sünde erklärt, als ein Mittel, um eine verlorene geistige Würde wiederzugewinnen. Die Arbeit war immer noch eine schmerzliche Plackerei, aber man begann, ihr eine Bedeutung zu verleihen, die über die einfache praktische Notwendigkeit der Griechen hinausging.

Die frühen Christen glaubten wie die Juden, die Arbeit sei eine Strafe für die Erbsünde, aber sie wandelten diese streng negative Lehre durch den Begriff der Nächstenliebe ab. Arbeit wurde ein Mittel, um hilfsbedürftigen Brüdern zu helfen, aber ihr wohnte für den Arbeitenden immer noch kein innerer Wert inne, wenn sie nicht Wohltätigkeit zur Folge hatte. Thomas von Aquin führte in der Einstellung zur Arbeit eine entscheidende Wende herbei, als er die ideale Gesellschaftsordnung auf eine Hierarchie von Berufen und Handwerkern gründete, die er gemäß ihrem Wert für die Gemeinschaft in eine Rangordnung brachte. Die Arbeit hatte nun einen Wert. Sie war die fundamentale legitime Grundlage der Gesellschaft.

Es blieb der protestantischen Reformation vorbehalten, den Grund für moderne Auffassungen von der Arbeit zu legen. Martin Luther behauptete, Arbeit sei etwas Göttliches, eine Art des Gottesdienstes, und man sei berechtigt, menschliche Energien der materiellen Welt zuzuwenden. Bei Calvin wurden diese Vorstellungen erweitert und systematisiert. Arbeit war der Wille Gottes. Als ursprünglicher Wert für Gott *genügt* unaufhörliche Arbeit, um Ihm zu gefallen.

Die aktuelle Anschauung von der Arbeit in der westlichen Welt gibt Gott als den Brennpunkt der Verehrung auf und verehrt statt dessen den Begriff von der Selbstverwirklichung des Individuums. Die Arbeit dient nicht so sehr Gott als vielmehr der seelischen Entwicklung und Bereicherung des Einzelmenschen.

Selbstaktualisierung und Selbstverwirklichung sind Grundparolen und Forderungen. In unserer Gesellschaft ist es ein Hauptziel, die eigene Identität durch Leistung und schöpferische Taten zu definieren. Die Freude des Könnens ist in gewisser Weise eine moderne Entsprechung der religiösen Ekstase. Die Freiheit, durch greifbare Arbeitserfolge persönliche Befriedigung zu erlangen, ist ein grundlegender Glaubenssatz in der Gewerkschaftsbewegung, im Feminismus und in anderen Befreiungsbewegungen. Feministinnen haben die bezahlte Arbeit als Menschenrecht bezeichnet. Ihrer Ansicht liegt eine Abwandlung der klassischen kartesianischen Vorstellung zugrunde: »Ich arbeite, daher bin ich.«

Das moderne Dilemma in bezug auf die Arbeit ist dennoch, wie Max Weber es formulierte: »Arbeiten wir, um zu leben, oder leben wir, um zu arbeiten?« Ist die Arbeit für Zwecke der persönlichen Bereicherung und Selbstverwirklichung ein Selbstzweck? Oder ist sie ein Mittel zum Erwerb von mehr Freizeit, der Zeit, in der die wirkliche Erfüllung stattfinden kann? Aus diesem Dilemma gibt es keinen einfachen Ausweg, und bei der Einstellung zu dieser Frage spielen Klassenunterschiede eine ausschlaggebende Rolle.

Der Adel der Arbeit ist paradoxerweise in Wirklichkeit kein Begriff der Arbeiterklasse, sondern der Mittelschicht. Die Arbeitssucht ist ein Zustand von Leuten, die nicht angestrengt arbeiten *müssen*, um zu überleben. Der Mensch, der seine Familie dadurch ernährt, daß er zwei ungelernte Berufe nebeneinander ausübt und in beiden ganztags arbeitet, ist kein Arbeitssüchtiger. Er oder sie ist kaum durch eine Neurose motiviert, sondern durch die bare Realität.

Eigentlich sollte man in der psychoanalytischen Literatur Antworten auf die Fragen nach den Arbeitsmotivationen und Erklärungen der mit der Arbeit verbundenen Befürchtungen und Hemmungen finden können, aber Psychoanalytiker haben der Arbeit enttäuschend wenig systematische Aufmerksamkeit geschenkt. Als Walter Neff für seine 1964 erschienene Abhandlung »Psychoanalytic Conceptions of the Meaning of Work« recherchierte, fand er unter den vielen tausend Abhandlungen in der gesamten psychoanalytischen Literatur weniger als ein Dutzend, die sich auf die Arbeit bezogen. Bei meinen eigenen Recherchen für das vorliegende Buch konnte ich nur wenig mehr Untersuchungen auftreiben. Obwohl Freud in »Das Unbehagen in der Kultur« behauptete, die Eltern der menschlichen Kultur seien Arbeit und Liebe (»Eros und Ananke«), sprach er von der Arbeit nur als von einem »Zwang ... geschaffen durch die äußere Not« (S. 460). Als Gegenstand der psychoanalytischen Forschung war sie für ihn nur von geringem Interesse. Beiläufige Bemerkungen über die Arbeit macht er in vielen seiner Schriften, aber er hat die unbewußten Faktoren der Arbeitsmotivation niemals eingehend analysiert. (In einer sehr interessanten frühen Abhandlung hat David

Reisman das besprochen, was er als Freuds von keinem Zweifel getrübte viktorianische Einstellung zur Arbeit ansieht. Für Freud war, nach Reisman, die Arbeit eine soziale Notwendigkeit, die fürs Überleben unerläßlich war. Freud hat nie systematisch erklärt, wie sich Arbeit von Liebe unterscheidet.) Karl Abraham, einer der Vorkämpfer der Psychoanalyse aus Freuds Kreis, hat 1918 einen Artikel geschrieben, »Bemerkungen zu Ferenczis Abhandlung über ›Sonntagsneurosen‹«, in dem er deutlich die Abwehrfunktion des Arbeitens beschreibt. Er wies nachdrücklich darauf hin, daß bei manchen Menschen sexuelle Impulse und Fantasien »nur durch intensives Arbeiten« abgewehrt werden können, wodurch »der Ausbruch schwerer neurotischer Erscheinungen« verhindert wird. Er beschreibt den Vorgang folgendermaßen:

> Durch die angestrengteste Tätigkeit im Beruf, im Studium oder in ihrem sonstigen Pflichtenkreis lenken (diese Menschen) sich gewaltsam von den Forderungen ihrer Libido ab. Sie gewöhnen sich an Arbeitsleistungen, die weit über das objektiv Notwendige hinausgehen. Die Arbeit wird ihnen ähnlich unentbehrlich – und zwar in immer gesteigerten Dosen – wie dem Morphinisten sein gewohntes Gift. Bricht bei diesen Neuropathen eines Tages eine eigentliche Neurose aus, so sind Ärzte und Laien rasch mit einer Scheinätiologie zur Hand; sie lautet »Überarbeitung«. ... Körperliche Erkrankungen oder Unfälle, die den Betroffenen zur Untätigkeit zwingen, ziehen nicht selten den Ausbruch oder die Verschlimmerung einer Neurose nach sich. Man bringt dann die Neurose gern in einen ätiologischen Zusammenhang mit der vorausgegangenen Infektion, dem Unfall usw. Nicht selten läßt sich alsbald feststellen, daß die unterdrückte Libido den Patienten zu der Zeit überwältigt hat, als er zur Untätigkeit gezwungen war.*

Ich würde hier nur noch hinzufügen, daß »erzwungene Untätigkeit« nicht nur durch Krankheit oder Unfall hervorgerufen werden kann, sondern auch durch den Feierabend, den Urlaub und den Ruhestand. Außerdem kann durch diese Untätigkeit nicht nur der Ausbruch einer Neurose herbeige-

* K. Abraham, *Psychoanalytische Studien*, S. 67f.

führt werden. Depressionen, psychosomatische Erkrankungen, Alkohol- und Drogensucht und ausgewachsene Psychosen sind ebenfalls weit verbreitete Folgen.
Einige der Erkenntnisse Abrahams lassen sich auf volkstümliche Auffassungen von Streß, insbesondere »Manager-Streß«, anwenden. Es ist, wie Abraham erklärt, ein verbreiteter Trugschluß, die körperlichen oder psychischen Leiden von Leuten in »Hochdruckstellungen« nur auf die schwere Verantwortung, die zeitlichen Erfordernisse und die schwierigen Entscheidungen zu schieben, die mit solchen Positionen unweigerlich verbunden sind. Ich sage »Trugschluß«, denn in den meisten Kreisen unterlassen es die Fachleute, die den »Streß« sowohl erforschen als auch ihn klinisch behandeln, oft, die Persönlichkeitsdynamik des Betreffenden vollständig zu untersuchen, um abzuklären, warum der Patient gezwungen ist, mit solcher »Alles-oder-nichts«-Intensität auf den Inhalt der jeweiligen beruflichen Aufgabe zu reagieren. Es ist bestenfalls von beunruhigender Kurzsichtigkeit, das Streßproblem allein den besonders belastenden Dimensionen einer Beschäftigung und der vermutlich passiven Reaktion des Arbeitenden auf sie zuzuschreiben, und nicht den höchst ausgeprägten Arbeitsbedürfnissen des Betreffenden.
Mit dieser Anmerkung soll natürlich nicht geleugnet werden, daß psychischer Streß eine weitverbreitete Erscheinung ist. Man hat geschätzt, daß die Wirkungen des Streß die amerikanische Industrie pro Jahr durch verminderte Produktivität, Blaumachen, Alkohol- und Drogenmißbrauch, frühe Beendigung des Arbeitslebens, Geisteskrankheiten und »Industriesabotage« 20 bis 50 Millionen Dollar kosten.* Aber wie die Fettleibigkeit ist der psychische Streß ein Symptom oder eine Symptomkonstellation, die den Betroffenen bewußt beunruhigt, trotzdem aber oft durch unbewußte Kräfte in ihm selbst hervorgerufen wird. Gewiß führt die Fettleibigkeit wie der

* Diese zugegebenermaßen vage und wahrscheinlich untertriebene Statistik steht bei Michael Norman in: »Executives Learn to ›Manage‹ Stress«, *New York Times*, 20. März 1978.

Streß zu allerlei psychischen Fehlanpassungen und physischen Gefahren. Aber ich kenne kein tatsächlich wirksames Langzeitprogramm für die Gewichtabnahme, das sich nicht mit der *Bedeutung* des unwiderstehlichen Verlangens des Individuums nach Nahrung beschäftigt. Dramatische, kurzzeitige Erfolge von »Diätärzten« haben oft eine zyklische Rückkehr zum Übergewicht zur Folge, und ich fürchte, daß »Streßärzte« sehr rasch eine ähnliche Industrie mit »Biofeedback-Zentren« und dreitägigen »Entspannungskuren« aufbauen, wo angespannte Manager und Führungskräfte lernen, ihre Muskeln zu entspannen, indem sie sich zwischen ihren Terminen in ihren Büros auf den Fußboden legen. Wir haben es hier mit Menschen zu tun, die nicht einfach nur passive Opfer äußerer Streßfaktoren sind, sondern vielmehr meist eben diesen Streßfaktoren nicht widerstehen können. Sie rationalisieren die Anforderungen ihrer Aufgaben durch Fantasien, die mit dem Überleben zu tun haben: »Wenn ich nicht alles schaffe, was meine Arbeit mit sich bringt, sind meine Tage gezählt.« Diese Rationalisierungen drücken sich in Angst vor Degradierung, Entlassung, Versetzung, Scheitern beim »Abschluß« und schlimmster Ungnade aus. Die sich oft bis zur Panik steigernden Gefühle lassen jedoch eine Furcht vor einem Verderben ahnen, das an persönliche Vernichtung grenzt, wenn die Arbeitsintensität nachläßt und die Beherrschung gelockert wird. Natürlich kann das Bedürfnis nach wirtschaftlicher Sicherheit nicht die einzige Erklärung für diese Gefühle im Hinblick auf die Arbeit sein.

Außerdem mag es bei einigen Menschen angängig sein, diesen »Arbeitszwang« nur auf die Notwendigkeit zurückzuführen, sich gegen verbotene sexuelle Wünsche zu schützen (wie Abraham es tut), aber als allgemeine Theorie geht dies nicht weit genug. Wenn Arbeit *nur* eine Abwehr wäre, wie könnten wir dann erklären, daß sie oft so emotional anregend ist? Abwehr »legt einen Deckel« auf Gefühl und Empfindung. Sie hat keine Befriedigungs- und Ausdrucksfunktion. Aber die Arbeit kann, wie wir alle wissen, unmittelbar befriedigend, ja, sogar spannend sein. Tatsächlich kann die Erregung, die z. B. ein Architekt bei einem ungewöhnlich komplexen Entwurfsproblem empfindet, oder das Gefühl der packenden Anforderung, das eine Lehrerin empfindet, wenn sie einem zurückgebliebenen Kind das Lesen beibringt, vorübergehend sogar das Bedürfnis und das Verlangen nach sexueller Befriedigung ersetzen. Es wäre starrsinnig, ungerecht und einfach fantasielos, wollte man die Tiefe dieser Lust an der intensiven Arbeit nur einem Bedürfnis zuschreiben, konfliktbeladene sexuelle Gefühle zu verdrängen oder sie von ihrem wahren Objekt abzulenken.

Arbeit leistet eine ganze Menge. Aus der Bewunderung und Achtung, die wir durch unsere Arbeit erzeugen, können wir das sichere Gefühl beziehen, geliebt zu werden. Die Erzeugnisse unserer Arbeit definieren und bestätigen ein Gefühl des eigenen Selbst auf so konkrete Weise, wie kein anderes Erlebnis es kann. Wenn wir unsere Arbeitsprojekte »anpaken« oder mit ihnen »ringen«, können wir Wut und Aggression, die von anderen Konflikten herstammen, abladen und kanalisieren. Ein Kitzel des Triumphs über einen Feind folgt auf die erfolgreiche Vollendung einer herausfordernden Arbeitsaufgabe. Indem wir uns mit Leib und Seele eine unbarmherzige Arbeitslast aufladen, bestrafen wir uns selbst und vermindern unsere Schuldgefühle. Unsere normalen Gefühle der Brüderlichkeit werden vielleicht durch die Kollegialität befriedigt, die wir am Arbeitsplatz unter den gleichgeschlechtlichen Arbeitskollegen genießen. Außerdem ist die Arbeit eine Möglichkeit, mit unseren Gefühlen in bezug auf den Tod und das Verstreichen der Zeit fertigzuwerden. Unsere Werke haben eine Dauer, die dem Verlust und der Veränderung trotzt. Die Arbeit ordnet und strukturiert unser Leben. Sie bietet uns ein passendes Ventil für Konkurrenzstrebungen. Sie erhält uns geistig gesund.

Arbeit ist eine zielgerichtete Tätigkeit. Wenn man sich im Geist auf das aggressive Erreichen eines festgelegten Endpunktes konzentriert, ist man an der Arbeit. Die Fähigkeit, sich Ziele vorzustellen, ist allein dem Menschen gegeben. Niedere Tiere sind nur auf die rudimentärste und primitivste Weise dafür ausgestattet, an Zwecke, Ziele, Bestrebungen und Ergebnisse zu denken. Sie leisten keine Arbeit in dem Sinn, wie wir sie kennen.

Unsere hervorragendste Eigenschaft als Menschen ist die Fähigkeit, Erfahrungen zu Symbolen zu verdichten. Wir benennen Dinge. Wir haben Symbolsprachen. Niedere Tiere können einen Stimmapparat haben, der sie befähigt, ein Gefühl der Gefahr oder irgendeine andere unmittelbare Empfindung oder Unterweisung zu vermitteln, aber sie können Erfahrung nicht benennen oder bezeichnen. Sie können sich nicht begrifflich von der unmittelbaren Erfahrung in eine Vergangenheit oder Zukunft oder an einen anderen Ort versetzen. Dazu braucht man Worte.

Ein Ziel ist ein Symbol, ein verbaler Begriff, eine intellektuelle Abstraktion, die eine in irgendeiner zukünftigen Zeit gewünschte Errungenschaft darstellt. Bis wir sie erreichen, ist sie nichts real Wahrnehmbares. Wenn eine Putzfrau sagt, ihr Ziel für diesen Vormittag sei es, alle Papierkörbe auf dem Stockwerk zu leeren, demonstriert sie ihre Fähigkeit, sich eine geistige Vorstellung von einem zukünftigen Zustand zu schaffen. Den Vorgang, der sie dorthin bringen wird, nennen wir »Arbeit«. Erst wenn sie ihr Ziel erreicht hat, kann sie es mit ihren Sinnen erfahren. Dann ist es real. Die Papierkörbe sind leer. Sie kann es mit eigenen Augen sehen. Bis dahin ist das Ziel lediglich ein im Geist konstruiertes Symbol für etwas Zukünftiges.

Dadurch, daß wir uns zukünftige Ereignisse vorstellen und von unserer unmittelbaren Erfahrung abstrahieren können, sind wir nicht nur zur Arbeit fähig. Wir sind auch einem weiteren, allein dem Menschen vorbehaltenen Erleben ausgesetzt: der Sorge. Wir neigen zwar dazu, unsere Haustiere zu vermenschlichen, aber niedere Tiere machen sich keine Sorgen. Sie können nicht vorausdenken, was der Fähigkeit, sich Sorgen zu machen, zugrundeliegt. Sie können nicht planen. Sorge oder Angst entsteht, wenn ein erwartetes Ereignis, das man sich bewußt oder unbewußt vorgestellt hat, in Gefahr gerät.

Das Überleben ist unser kostbarstes und am leichtesten gefährdetes Ziel. Wir sind die einzigen Lebewesen, die wissen, daß sie sterben müssen. Eine Kuh, die bequem auf der Weide liegt, weiß nichts von der Spanne des Lebens. Sie kann sich zukünftige Ereignisse nicht vorstellen, also kann sie sich keine Sorgen darum machen, wie sie dem Tod entgehen könnte. Wenn ein wildes Pferd die Kuh angreift, wird sie Furcht erleben, aber Furcht und Angst sind sehr verschiedene Empfindungen. Furcht ist die Folge einer unmittelbaren Bedrohung des Lebens, die man leicht mit den Sinnen wahrnehmen kann. Angst andererseits entsteht aus unserer Fähigkeit, uns im Geist ein Drehbuch der Zukunft vorzuspielen.

Die Worte »Im Schweiße deines Angesichts sollst du dein Brot essen«, die Gott zu Adam sprach, haben sich auf viel mehr bezogen als auf den Schweiß, der von der Stirne rinnt, wenn man sich körperlich müht, um Nahrung, Kleidung und Unterkunft herbeizuschaffen. »Schweiß« ist eine Metapher für Angst, wie an Ausdrücken wie »in Angstschweiß gebadet« und »kalter Schweiß« deutlich wird. Gott hat Adam zu *lebenslanger Angstneigung* verdammt. Die Arbeit, selbst die Erschaffung von Kulturen, ist eine Folge der Angst ums Überleben. Man hat die Arbeit herkömmlicherweise als jene Tätigkeit definiert, die dazu dient, uns dem Ziel des Überlebens nahezubringen. Aber das Überleben ist nur eines von vielen Zielen, die zur Arbeit führen. Es ist ohne Zweifel unser grundlegendstes Ziel und das prototypische Arbeitsziel. Aber es definiert nicht unbedingt die Arbeit. *Arbeit ist jede Tätigkeit, die vor allem zur Verwirklichung und Erreichung eines Ziels da ist, gleichgültig, welcher Art das Ziel sein mag.*

*Webster's Unabridged Dictionary* nennt Arbeit eine »körperliche oder geistige Anstrengung, die aufgewendet wird, um etwas zu tun oder zu machen; zielgerichtete Tätigkeit; Mühe; Plage.« Diese Definition paßt zu den aggressiven und zielgerichteten Dimensionen des Arbeitens. Die *Task Force on Work in America* des amerikanischen Präsidenten definierte Arbeit unter soziologischem Blickwinkel: »(Arbeit ist) eine Tätigkeit, die etwas hervorbringt, das für andere von Wert ist.«

Meine Definition des Geisteszustands der Arbeit lautet folgendermaßen: *Arbeit ist die erlernte Organisation, Handhabung und Steuerung der äußeren und inneren Umwelt, um ein angestrebtes Ziel so tüchtig und wirksam zu erreichen wie möglich.* Diese Definition gilt immer, ob wir nun von der Arbeit eines Busfahrers, eines Wirtschaftsanwalts, einer Mutter, eines Tennisprofis, eines Politikers, eines Automechanikers, eines Malers, eines Autors oder eines Schülers reden. Sie gilt für die Arbeit an der Arbeitsstelle und für die Arbeit in der Freizeit.

Das erste Schlüsselwort ist »erlernt«. Eine erlernte Fertigkeit ist das Ergebnis zielgerichteten Lernens. Sie wird dargestellt durch den Erwerb intellektueller und technischer Operationen, deren Anwendung vorhersehbar zu positiven Ergebnissen führt. Sobald wir mit Definitionen etwa für ein gut gespieltes Tennismatch oder für die Ziele der erfolgreichen Unternehmensführung ausgerüstet sind, können wir die Fertigkeiten des Tennisprofis oder des Wirtschaftsführers beurteilen. Wir tun dies danach, wie nah sie vermittels ihrer Fertigkeiten an die Verwirklichung der Ziele herankommen, die ihnen gesetzt sind. Ohne festgelegte, allgemein akzeptierte Ziele ist der Begriff der Fertigkeit bedeutungslos.

Fertigkeiten braucht man für jede zielgerichtete Arbeit. Es gibt keine »ungelernten Arbeitskräfte« und keine »ungelernte Arbeit«. Wenn man etwas als Arbeit bezeichnen kann, muß das mit irgendeiner Fertigkeit oder einem Können verbunden sein, seien sie auch noch so einfach. Die Fähigkeit, Ziele zu erreichen, irgendwelche Ziele, seien es selbst die einfachen Ziele des Portiers in einem Restaurant, erfordert immer irgendwelche Fertigkeiten. Es gibt eine planvolle Art und Weise, die Tür eines Restaurants richtig zu öffnen, Gäste zu begrüßen, ihnen ein Taxi heranzurufen, Pakete zu tragen und sie zu beschützen. Dies sind Fertigkeiten. Sie mögen von anderer Komplexität sein als die Fertigkeiten etwa eines Kernphysikers, aber sie sind dennoch Fertigkeiten. Erlernte Fertigkeiten definieren den Bereich der Arbeit.

»Organisation, Handhabung und Steuerung« beziehen sich auf das Wirken der analytischen Haltung und des Aggressionstriebes bei allen Formen des Arbeitens. Gleichgültig, um welche Aufgabe es sich handelt, der Arbeitende muß an sie herangehen, indem er sie in handhabbare Teile zerlegt. Dieser Vorgang ist so automatisiert, daß wir uns seiner komplexen Abfolgen gewöhnlich nicht bewußt sind, selbst wenn wir sie ablaufen lassen. In diesem Sinn gleicht der Vorgang etwa dem Gehen, das das vorzügliche Zusammenspiel vieler Nerven- und Muskelfunktionen erfordert. Der erste Schritt bei der analytischen Betrachtung eines Problems ist, wenn das Ziel festgelegt ist, ein Benennen oder Bezeichnen von Werkzeug und Materialien. Wir sondern das nicht Zugehörige aus und bestimmen das, was zu unserem Ziel führen wird. Ein Maler muß bestimmen und ansammeln, was er braucht, um ein Bild zu malen, und ein Hersteller muß dasselbe tun, wenn er ein Verkaufsprogramm startet.

Diese Werkzeuge und Materialien werden auf einem Tisch oder in symbolischer Form mit Worten angeordnet, die nacheinander auf einem Blatt Papier aufgereiht werden. Entwürfe stellen die Organisation und Handhabung von Materialien dar. Weitere Handhabung besteht in der zeitlichen Anordnung und Planung von Operationen, wobei man bei jedem Schritt das Ziel deutlich vor Augen hat. Zum Planen gehört, daß man bei der Strukturierung des zielgerichteten Prozesses bindende Zeiten festlegt. Man entwickelt eine Strategie. Dies alles kann als symbolische, begriffliche Maßnahme durchgeführt werden, bevor irgendeine wirkliche technische Operation stattfindet. Mit »symbolisch« meine ich einfach die Darstellung des ganzen Vorgangs durch geschriebene oder gesprochene Wortsymbole. Diese Fähigkeit, unsere Erfahrung zu verbalen Symbolen zu verdichten (oder zu manipulieren), befähigt uns eindeutig, uns die Zukunft vorzustellen oder sie durchzuspielen, bevor wir wirklich dorthin gelangen. Sie ist die Grundlage des Vorausplanens.

Die technische Handhabung unserer Materialien bedeutet ihre Umwandlung durch den Arbeitenden. Sie werden, während der Arbeitende durch einen ständig vom Ziel ausgehenden Lichtstrahl geleitet wird, von einer Form in eine andere gebracht. Ein Buchhalter nimmt unbearbeitete Daten von entwerteten Schecks und Kleingeldbelegen und trägt sie in neuer Form in ein Hauptbuch ein. Eine Tänzerin vereinigt das *demi-plié, battement tendu,* die *glissade* und den *pas de chat* zu einer einheitlichen Darstellungssequenz. Diese neuen Formen zu vervollkommnen, bedeutet, in Übereinstimmung mit erprobten Methoden und definierten Zielen ein immer größeres Maß von Herrschaft über sie zu gewinnen. Die aggressive Natur dieses ganzen Vorgangs sollte klar sein. Wir reagieren auf unsere Materialien, als seien sie Gegner, die unterworfen und beherrscht werden müßten – nicht vernichtet, sondern gebändigt. Das ist das Wesen schöpferischer Arbeit.

Es fragt sich, ob diese Definition der Arbeit auf alle Ebenen von Arbeitenden anwendbar ist, oder nur auf jene, die mit den interessanten, herausfordernden Berufen zu tun haben, die die Oberschichten unserer Gesellschaft kennzeichnen. Organisiert, handhabt und beherrscht derjenige, der acht Stunden am Tag einen Aufzug bedient, wirklich seine Umwelt, um spezifische Ziele zu erreichen?

Diese Frage hängt mit dem größeren Problem der Unterscheidung zwischen Arbeit als bezahlter Beschäftigung und Arbeit als Geisteszustand zusammen. Nicht jede Beschäftigung fühlt sich wie Arbeit an, nicht jede kann man rechtens als Arbeit bezeichnen, wie viele Menschen mit untergeordneten, geistlosen und anspruchslosen Tätigkeiten bestätigen werden. Man arbeitet nicht unbedingt, weil man einen Arbeitsplatz hat. Die psychologische Definition der Arbeit, die ich gegeben habe, bezieht sich auf einen *idealen Geisteszustand,* der nicht notwendigerweise mit gewinnbringender Beschäftigung zu tun hat, und an dieser Idealdefinition können wir die Qualität unseres Arbeitslebens messen.

Ich habe die Art und Weise beschrieben, wie der Arbeitende im Idealfall seine Fertigkeiten anwendet, um die »äußere Umwelt«, die Welt der Werkzeuge und Materialien, zu organisieren, zu handhaben und zu beherrschen. Er tut dies ebenso mit seiner »inneren Umwelt«, mit Leib und Seele. Das eindrucksvollste Beispiel der Manipulation und Beherrschung des eigenen Inneren ist der Vorgang der *Konzentration.*
Das Wörterbuch definiert »konzentrieren« als »etwas zu einem gemeinsamen Zentrum oder Vereinigungspunkt bringen oder ziehen; in den Brennpunkt bringen«. Eine konvexe Linse »konzentriert« die diffusen Sonnenstrahlen in einem einzigen Brennpunkt. »Konzentrische« Kreise verengen sich zu einem Punkt. Wenn sich ein arbeitender Mensch konzentriert, überwindet er eine diffuse Geistestätigkeit und stellt ein einziges Ziel in den Brennpunkt; die geistige Perspektive wird eher verengt als erweitert. Konzentration bedeutet nicht eine Verbindung mit, sondern vielmehr eine Trennung von allem und jedem in der unmittelbaren Umgebung des Arbeitenden, ausgenommen jenes und jene, die mit der spezifischen Aufgabe und dem spezifischen Ziel zu tun haben. Für manche Menschen, die eine krankhafte Abneigung gegen Arbeit haben, ist dies ein erschreckendes Erlebnis, weil es eine so starke Absonderung und Isolierung erfordert. Fantasie und Emotion werden auch ausgeschlossen, weil sie unsere Aufmerksamkeit vom Ziel ablenken. Konzentration ist eine aggressive Handlung, die wir gegen unser eigenes geistig-seelisches Potential begehen.
Interessant ist, daß Konzentration als eine Form von Schmerzlinderungs- oder Betäubungsmittel dienen kann. Wenn sich eine Frau in den Wehen auf bestimmte Atemtechniken konzentriert, kann sie sich selber gegen die Schmerzen der Uteruskontraktionen betäuben. Wenn sich ein »Jogger« darauf konzentriert, 16 km in weniger als 50 Minuten zu laufen,

befähigt ihn diese starke Konzentration, seine Angst im Hinblick auf Schwierigkeiten im Büro oder Spannungen zu Hause mit der Familie abzulegen. Auch Biofeedback und transzendentale Meditation beruhen auf Konzentration. Viele Leute bezeichnen einfache, unkomplizierte, zielgerichtete Aufgaben als ihre Form von »Therapie«. Die *New York Times* brachte einmal einen Artikel darüber, daß viele Leute Musikunterricht nehmen, anstatt zum Psychiater zu gehen. Bei ihnen führte die Konzentration darauf, die Fis-moll-Tonleiter auf dem Klavier zu spielen, zu einer befreienden Aufhebung von Anspannung und Angst und zur Beseitigung quälender Fantasien.* Diese Menschen konzentrierten sich auf einfache, isolierte, gut definierte Ziele, und dadurch betäubten sie sich gegen psychische Schmerzen. Die Fähigkeit, sich zu konzentrieren, ist in Wirklichkeit die Grundlage für die Hypnotisierbarkeit. Sie ist auch die Grundlage für erfolgreiche Arbeit. Weil die Arbeit dazu dienen kann, uns vor Angst und anderen unangenehmen Gefühlen zu schützen, kann man leicht verstehen, daß Arbeit betäubend wirken und süchtig machen kann. Man kann tatsächlich durch Arbeit »high« werden.

Die Manipulation der inneren Umwelt beim Arbeitsprozeß bezieht sich natürlich ebenso auf den Körper wie auf die Psyche. Der professionelle Tennisspieler muß alle Muskeln in seinem Körper einer intensiven, aggressiven Beherrschung unterwerfen. Die Stenotypistin und der Schriftsteller müssen mit den Muskeln in ihren Händen und im Gesäß dasselbe tun. Sie müssen stundenlang stillsitzen. Dies ist *Disziplin.*

Die geistige Konzentration oder das aggressive Einspannen der gesamten Gehirntätigkeit für das Ziel einer Aufgabe läßt das entstehen, was C. Wright Mills die *ulteriore* (jenseits liegende) Qualität der Arbeit genannt hat. Wenn wir uns auf unser Ziel und auf die Methoden konzentrieren, die uns dorthin bringen sollen, können wir es uns nicht erlauben, uns dadurch ablenken zu lassen, daß wir von den unmittelbar vorhandenen Materia-

* Anna Quindlan: »Instead of Therapy, It's Music Lessons«, *New York Times,* 3. März 1978.

lien fasziniert sind oder uns an ihnen erfreuen. Wir müssen immer »weitermachen« oder »zur Sache kommen«. Einen großen Teil unserer Aufmerksamkeit müssen wir über den gegenwärtigen Augenblick hinaus auf das »zukünftige Ziel« richten. Wir müssen von der Gegenwart abstrahieren, während wir uns ihr gleichzeitig widmen.

Arbeit ist eine *produktive* Tätigkeit. Sie führt immer zu einem Produkt, einer greifbaren Schöpfung wie einem Buch, einem Gemälde oder einem symbolischen Produkt wie dem Verkauf eines Aktienpakets, der im *Wall Street Journal* veröffentlicht wird, oder der Hochachtung eines dankbaren Patienten. Wenn Menschen davon reden, etwas zu »tun«, reden sie in Wirklichkeit davon, daß sie etwas »machen«. Etwas zu »tun« bedeutet Zielgerichtetheit. Unser Arbeitsverhalten weist auf ein genau bezeichnetes Ergebnis, einen definierten Zweck, ein bestimmtes Ziel hin.

Da Arbeit eine produktive Tätigkeit ist, ist sie immer *linear*. Eine gerade Linie wird in der Planimetrie als die kürzeste Entfernung zwischen zwei Punkten definiert. Die beiden Punkte in der linearen Arbeitssituation sind der Arbeitende und das Produkt, das Ziel. Die in einer Richtung verlaufende Bewegung zwischen diesen beiden Punkten nennen wir Arbeit. Ein Zickzackkurs zu einem festgelegten Ziel, reichlich ausgestattet mit Abweichungen, um die Landschaft zu betrachten, ist unzulänglich und untergräbt die Arbeitsleistung. Ein aggressives Beschneiden peripherer Betätigung stärkt das lineare Wachstum des Hauptstammes. In der Definition der Arbeit wird das Erreichen eines gewünschten Ergebnisses »effizient« bewerkstelligt. »Effizienz« bedeutet Linearität, eine Situation, in der nicht dazugehöriges, nicht zielgerichtetes Erleben abgelehnt werden muß.

Um zu wissen, was nicht zugehörig und untauglich ist, braucht man Urteilsvermögen und Umsicht. An allen Punkten auf dem Weg zum Ziel muß man Entscheidungen fällen (was gewöhnlich unbewußt geschieht), um die lineare Effizienz des Weges aufrechtzuerhalten. Der Psychoanalytiker Elliott Jacques betont diese dem Gutdünken anheimgestellte Dimension des Arbeitsprozesses und unterscheidet die verschiedenen Ebenen der Arbeit auf Grund des Grades von Umsicht und Urteilsvermögen, die in verschiedenen Rollen erforderlich sind.*

Wenn wir davon sprechen, daß unser Leben »eine Richtung hat«, nehmen wir gewöhnlich Bezug auf die Aufstellung von Langzeit-Arbeitszielen, die wir nachdrücklich verfolgen. Wenn wir hinter etwas herlaufen, schlagen wir einen geraden Weg ein. Menschen, deren Leben total auf die Arbeit ausgerichtet ist, die ausschließlich linear vorgehen, hält man für so eindimensional, wie eine gerade Linie eindimensional ist. Sie haben eine Richtung, aber scheinbar weiter nichts.

Eine äußerst wichtige Eigenschaft von Zielen ist, daß sie dazu beitragen, die Identität dessen zu definieren, der sie verfolgt und erreicht. Das Produkt der Arbeit ist symbolisch. Es ist eine greifbare, gesonderte, genau umschriebene Erweiterung eines Menschen. Wie der deutsche Existentialphilosoph Martin Heidegger sagte: »Du bist dein Ent-Wurf.« In derselben Tonart schloß einer meiner Patienten beredt und einfach: »Man ist, was man tut«. Für die meisten von uns ist Identität weitgehend eine Funktion erfolgreicher, produktiver Leistungen. Arbeit ist im reinsten Sinn auf das Selbst zentriert, da das Arbeitsprodukt das Selbst objektiver und konkreter bestimmt als jeder andere Aspekt unseres Erlebens. Jemand, der nicht auf seine Leistungen verweisen kann, fühlt sich nicht wie ein »ganzer Mensch«. Das subjektive Erleben ist zu diffus, als daß es sich zur Selbst-Bestimmung eignen würde. Zu sagen »ich fühle es«, ist nicht so aussagekräftig, als wenn man sagt: »Ich habe es getan«. Nichts anderes, mit dem wir unser Selbst verknüpfen, kann uns dasselbe Gefühl objektiver Identität vermitteln wie die Arbeit. Arbeitssituationen, in denen der Mensch kein Gefühl der persönlichen Verantwortung für das Ergebnis entwickelt, zerstören den Geist des Arbeitenden.

* In *Glacier Project Papers,* S. 164, definiert Jacques »psychische Arbeit« als »die Anwendung von Gutdünken innerhalb vorgeschriebener Grenzen, um zu einem Ziel zu gelangen.«

 Margot → Näherinnen

Wenn wir sagen, »ich habe es getan«, genießen wir das Äußerste an Selbst-Definition. Menschen, die sich für ihr Selbstgefühl darauf verlassen, daß sie sagen können: »Ich habe es« oder »ich gehöre dazu«, fehlt es an einer entscheidenden Dimension der persönlichen Identität. Sie schaffen keine neuen Formen; sie fügen nur alte Formen oder die Formen anders zusammen.

Ich habe die Arbeit definiert als die *erlernte Organisation, Handhabung und Steuerung der äußeren und der inneren Umwelt, um ein angestrebtes Ziel so tüchtig und wirksam zu erreichen wie möglich.* Das wichtige Wort, mit dem wir uns noch nicht befaßt haben, ist »wirksam« (effektiv). Je »effektiver« die Arbeit ist, desto mehr nähert sie sich der Verwirklichung eines vorher vorgestellten Zieles. Der Schlüssel zur »Effektivität« ist die aggressive Beherrschung der Materialien und die Macht über sie. »Perfektion«, »Größe«, »Meisterschaft« und »ausgezeichnete Leistung« drehen sich um den Aggressionstrieb. Dieser wird allzu oft mißverstanden; man geht davon aus, daß er gleichbedeutend mit Wut und Feindseligkeit sei. Wut und Feindseligkeit sind aber im Gegenteil Folgen von *unwirksamer* Ausübung von Aggression. Menschen, die ihren eigenen Aggressionstrieb fürchten und unterdrücken, sind gewöhnlich bei der Arbeit nicht erfolgreich.

# 2 Aggression

Wenn Menschen über die Arbeit reden – Künstler, Geschäftsleute, Akademiker usw. – ist das, was sie sagen, mit Ausdrükken der folgenden Art durchsetzt:

»Ich werde demnächst ein neues Projekt im Marketing-Bereich *anpacken.*«
»Ich habe das Bedürfnis, mich mit neuem Material *auseinanderzusetzen,* vielleicht werde ich mit Marmor arbeiten.«
»Wir haben die ganze Nacht um den Zeitpunkt *gerungen,* zu dem man gemeinsam neue Aktien auf den Markt werfen könnte.«
»Ich mag gern eine Arbeit, in die ich mich *verbeißen* kann.«
»Ich möchte, daß dieser neue Verkäufer mehr *Schmiß* hat.«
»Mit meiner Kamera fühle ich mich wie ein Großwildjäger, der ein perfektes Exemplar *erlegt.* Die Befriedigung ist ernorm.«
»Letztes Jahr haben wir den anderen auf dem Markt eine *vernichtende Niederlage* beigebracht.«
»Die Zuhörer haben wirklich auf mich reagiert. Ich hab' sie alle *außer Gefecht gesetzt.*«

In seinem Essay »The Sanity of True Genius« hat Charles Lamb vom »echten Poeten« gesagt: »Er ist nicht von seinem Gegenstand besessen, sondern er hat die *Herrschaft* über ihn.« Wir sprechen oft davon, daß große Künstler das Wesen einer schönen Szene »eingefangen« haben. Von Monet berichtet sein Freund Durand-Ruel, er habe gesagt: »Die Landschaft ist prächtig, aber bis jetzt habe ich sie noch nicht *ausnützen* können.«*
Die hier angeführten Schlüsselwörter wie »bändigen«, »beherrschen«, »einfangen« und »ausnützen« könnten ebensogut zur Beschreibung eines militärischen Kampfes benützt werden

* D. Wildenstein, *Monet's Years at Giverny.*

wie für die Entstehung eines Kunstwerks. Sie vermitteln den aggressiven Drang, der jeder Arbeit zugrunde liegt. Unser Bedürfnis, bei unseren Versuchen, uns unsere Umwelt »untertan« zu machen, zu kämpfen, Materialien zu organisieren und zu beherrschen, damit wir unsere Unsicherheit in bezug aufs Überleben überwinden können, läßt unser Bedürfnis nach Arbeit entstehen. Eine persönliche Arbeitsleistung, ob es sich um eine neue Kunstform oder um einen neuerschlossenen Markt handelt, ist ein greifbares Zeichen der Fähigkeit des einzelnen, etwas für sein Überleben zu tun. Reste frühkindlicher Hilflosigkeit sind in unserem Unbewußten immer vorhanden, und unsere »Arbeitslust« ist zum Teil eine Bemühung, diese Angst zu kompensieren. Der Aggressionstrieb katalysiert die Entwicklung von Sprache und Intellekt, und die Denkmäler der menschlichen Kultur sind Zeugnisse für den freien Ausdruck schöpferischer Aggression.

»Organisation«, »Handhabung« und »Steuerung« sind verkürzte Ausdrucksweisen für Aggression. Sie weisen auf eine »Feindbeziehung« zu Materialien hin, sogar zu unserem eigenen Leib und der eigenen Seele. Wenn wir arbeiten, *tun* wir einem anderen Gegenstand etwas an; wir lassen uns auf einen Vorgang ein, der Widerstreit bedeutet und auf Veränderung ausgerichtet ist. Wir wandeln Materialien aktiv um, und das absichtliche Verändern von einer Form zur anderen ist eine aggressive Handlung. *Wenn das Bedürfnis, Materialien zu verändern, ein konstruktives, schöpferisches Ziel hat, nennen wir es Arbeit. Wenn die gewünschte Veränderung destruktiv ist, nennen wir es Wut.*

Die Aggression, die wir aufbringen, um zu arbeiten, dient auch dazu, unsere eigenen natürlichen Tendenzen als Arbeitende zu beherrschen. Konzentration ist, wie wir gesehen haben, eine aggressive Überwindung einer natürlicherweise chaotischen oder diffusen Geistestätigkeit, um sie auf den Brennpunkt eines einzigen Ziels zu richten. Selbstdisziplin, zweifellos ein wesentliches Element bei der wirksamen Arbeit, stellt eine zielstrebige Beherrschung der natürlichen physischen und geistig-seelischen Neigungen, ein Einspannen und Steuern von Muskeln und Verstand dar.

Aggression und Sexualität sind die beiden angeborenen, nicht erlernten Triebe des Menschen. Sie bilden die Grundlage jeglichen Verhaltens. Wir finden oder schaffen uns Ventile für die Abfuhr und den Ausdruck dieser Triebe, und die Ventile, die wir entwickeln, bestimmen und färben unser Leben.

Aggression ist ein Katalysator für Veränderungen, und sie entfaltet sich natürlicherweise zu zielgerichteter Aktivität. Nach Veränderungen streben, heißt, daß man fähig ist, etwas vorauszusehen, was den Sinnen noch nicht verfügbar ist. Freud betonte bei der Aggression Tod und Destruktion. Postfreudianische Autoren haben diese negative Anschauung modifiziert und lenken ihr Augenmerk direkt auf die konstruktive Aggression.* Aber sie sind sich in einer wesentlichen Hinsicht einig. *Aggression bringt immer Veränderung bei einem äußeren Objekt mit sich.* Aggression ist ein Trieb, der irgendeine *Verwandlung* eines gegenwärtigen Zustands oder die erzwungene Beibehaltung eines gegenwärtigen Zustands gegen eine natürliche Änderungsneigung zum Ziel hat. Tod, Zerstörung oder Konstruktion stellen alle eine Manipulation von Materie auf ein Ziel hin dar. Feindselige Aggression, die gewiß primitiver ist als schöpferische Aggression, richtet ihr Augenmerk auf negative Veränderung: Ein Faustschlag ins Gesicht oder eine Bombe, die man in einen Bus wirft, sind feindselig, da es ihr Ziel ist, Leben zu schädigen oder zu rauben. *Eine Aggression, deren Ziel es ist, das Gegenwärtige zu verändern, um zukünftiges Leben zu steigern oder zu schaffen, nennt man Arbeit.* Je entschlossener, je aggressiver wir sind, um unsere Ziele zu erreichen, desto effektiver ist unsere Arbeit.

Das Bedürfnis nach Beherrschung katalysiert die Entwicklung des Intellekts, der das Erleben zerlegt und es auf Kategorien und verbale Symbole reduziert. Der Verstand ordnet diese Symbole und stellt sie zu einer sinnvollen Sprache zusammen.

* Siehe z. B. die im Literaturverzeichnis angeführten Beiträge von K. Menninger und S. R. Slavson.

Die Sprache befähigt uns, von dem, was unsere Sinne wahrnehmen, zu abstrahieren. Auf diese Weise ermöglicht sie uns die Bemeisterung nicht nur unserer unmittelbaren Umwelt, sondern auch einer räumlich und zeitlich entfernten Umgebung.
Für jene, bei denen der Aggressionstrieb vorherrscht, hat die Gegenwart immer einen *Zweck;* sie können sie nicht erleben, ohne das Bedürfnis, *etwas* mit ihr zu *tun,* sie zu steuern, sie zu verändern, sie zu kommandieren oder sie in Richtung auf ein Ziel zu lenken. Wer es sich nicht erlauben kann, vermittels seiner Sinne in die Gegenwart einzutauchen, wer versuchen muß, die Schönheit eines leuchtenden Sonnenuntergangs in einem Foto oder einem Gedicht »einzufangen«, anstatt das innere Glühen einer vorübergehenden Vereinigung mit ihm zu genießen, wer immer *voraus*denken muß, wer seine Wahrnehmungen immer in Worte kleiden muß, wer von konstruktiver Veränderung und Bemächtigung besessen zu sein scheint, ist ein Sklave des Aggressionstriebs.
Wenn wir sagen, wir hätten an jemandem »eine *Aufgabe* zu erfüllen«, müßten jemanden »*bearbeiten*« oder jemandem »den Kopf *zurechtsetzen*«, können wir ermessen, wieweit Ausdrücke aus der Arbeitswelt mit Beherrschung, Lenkung und Macht assoziiert werden. Aber Aggression zerstört das Objekt nicht unbedingt, wenn sie steuert oder beherrscht. Sie *verwandelt* das Objekt. Sie ist ein konstruktiver, schöpferischer und anpassungsfähiger Trieb, dessen grundlegendes Ziel es ist, das Überleben, die Bewahrung und Bereicherung der eigenen Person und der Gemeinschaft zu begünstigen.
Unter diesem Blickwinkel können wir verstehen, daß Aggression sich nicht einfach nur z.B. in den rauhen, schrillen Marschbefehlen eines Infanteriefeldwebels ausdrückt, sondern auch der heiklen, genauen Arbeit eines Uhrmachers oder den freundlichen, aber wirksamen Verhandlungen eines internationalen Diplomaten dient. Sie alle sind Erfahrungen der Bemeisterung. Feindseligkeit und destruktiver Zorn entstehen nur, wenn die Aggression durchkreuzt, frustriert und unwirksam gemacht wird. Dann werden wir wütend und wollen wehtun.

Aggressivität kann auch ein Zeichen von Liebe und Anteilnahme sein. Der Vater, der seinen Sohn heftig am Arm packt, der sich gerade Heroin spritzen will, zeigt seine Besorgnis durch eine aggressive Handlung. Einem Freund gegenüber auf aggressive Art kritisch und aufrichtig zu sein, ist vielleicht manchmal liebevoller als passiv und versöhnlich in bezug auf eine Angelegenheit zu sein, mit der wir nicht einverstanden sind oder die wir mißbilligen.

*Befriedigung* ist das Gefühl, das damit verbunden ist, daß man etwas »gemeistert« hat. Der unzufriedene Säugling kann mit seinem magischen Schrei das Erscheinen oder Verschwinden seiner Mutter nicht steuern. Unzufriedenheit steigert sich zur Wut. Unzureichende »Bemeisterung« im Erwachsenenalter, ein Gefühl des Gescheitertseins, führt zu Wut, wie folgender Text aus der Monet-Biographie von Wildenstein zeigt: »Monet bekam gelegentlich schreckliche Wutanfälle. Die Gründe waren fast immer dieselben: ein *mißlungenes* Gemälde, ein *widerspenstiges* Motiv, ein Wetterumschlag, der ihn *zwang,* die Leinwand eine Weile unberührt zu lassen« (Hervorhebungen v. Verf.).

Dieser flüchtige Blick auf Monet bei der Arbeit sagt uns etwas über die Feindnatur der Arbeit wie auch über das Entstehen von Wutanfällen. Ein Motiv ist »widerspenstig«. Das Wetter »zwingt« ihn, die Leinwand unberührt zu lassen. Die Natur in all ihren Aspekten wird hier als Gegner erlebt – etwas, das man zwar liebt und bewundert, aber das bemeistert und beherrscht und in ein Kunstwerk verwandelt werden soll. Wenn es Monet mißlingt, das, was er von der Natur in seinem Gemälde haben will, »einzufangen«, wird er wütend.

Alle Formen des Arbeitens sind in der aggressiven Einstellung des »Dagegenseins« verwurzelt. Man betrachte das Hauptwort »Meister«. Dasselbe Wort dient zur Bezeichnung eines Sklavenhalters, des Dirigenten eines Sinfonieorchesters (»Maestro«) und einer Gruppe legendärer Maler der klassischen Tradition (»die alten Meister«). Wir sprechen von »Meisterstücken« und meinen damit Werke von einzigartiger Vollen-

dung. Die aggressive Handhabung emotionalen und optischen Materials kennzeichnet einen meisterlichen Künstler.
Aller Arbeit liegt die Ausnutzung von Umwelt, Menschen und Objekten zugrunde. »Ausnützen« bedeutet »gebrauchen, insbesondere zum Zweck der Profiterzielung; selbstsüchtig für die eigenen Zwecke verwenden«. Gute Geschäftsleute werden ohne Zögern zustimmen, daß genau dies ihre Absicht ist. Sie haben vielleicht den Wunsch, daß die Produkte ihres Unternehmens anderen Leuten einen Nutzen bringen, aber das persönliche Gewinnstreben muß in ihrem Sinn an erster Stelle stehen. Ein sinnliches Eintauchen in die Materialien ihrer Arbeit ist jedoch gewöhnlich, wie wir gesehen haben, den Absichten von Geschäftsleuten fremd. Das wäre eine Ablenkung, ein Zug zu den Vergnügungen des Augenblicks, der der Notwendigkeit, vorauszuschauen, widerspricht.
Ein Dichter »beutet« auch seine Umgebung »aus«, aber diese Ausbeutung wird viel stärker durch den Sexualtrieb gemildert als in der Geschäftswelt. Der Dichter organisiert und handhabt Materialien, »bearbeitet« Wortklänge, visuelle Vorstellungen, gefühlsgeladene Begriffe, Syntax und Ebenen semantischer Bedeutung. Zum persönlichen »Gewinn« gehört die Erschaffung eines Produkts, eines festgelegten und gewünschten Ergebnisses, das seinem Schöpfer eine intensive gefühlsmäßige Belohnung, persönliche Bereicherung und Selbst-Definition verschafft. Diese aggressive Dimension der Arbeit des Dichters ist jedoch ganz anders als die des Geschäftsmanns, weil sie durch die Liebe zu dem Material, das zu einer poetischen Schöpfung umgewandelt wird, modifiziert wird.
Natürlich können Geschäftsleute der Ansicht sein, ihre Arbeit sei »für« ihre Familien oder zum Wohl verschiedener anderer und nicht einfach für ihren persönlichen Profit. Gewiß verbessert Geld, das durch aggressive Arbeit verdient wird, die Lebensqualität für einen selbst und die eigene Familie. Aber diese Vorstellung von Arbeit als einem Weg zur Liebe ist eine ganz andere Frage als das von innen her aggressive Wesen der Arbeit selbst.

# 3 Grenzen

Neben ihren zielgerichteten und aggressiven Aspekten kann man die Arbeit auch als eine »strukturierte« oder »eingegrenzte« Tätigkeit ansehen. Ob die ironische Behauptung in Robert Frosts »Mending Wall«, daß gute Zäune gute Nachbarn machen, zutrifft oder nicht, es ist eine Tatsache, daß alle Menschen ein Bedürfnis nach Ordnung und Begrenzung in ihrem Leben verspüren. Struktur erfordert Mauern, Zäune und Trennungslinien. Grenzen geben uns eine Orientierung gegenüber der Welt. Sie liefern »Bedeutung«. Wenn wir etwas definieren, schließen wir es in eine Kategorie ein. Wir stellen es in einen ordnungsgemäßen Rahmen.

Arbeit ist die am sichtbarsten definierte und begrenzte »Arena« unseres Lebens. Arbeitsziele setzen eine Struktur für unser Erleben fest. Sobald ein Ziel begrifflich bestimmt worden ist, und sobald die wirksame, lineare Verwirklichung dieses Ziels unser Wunsch ist, sind wir innerhalb einer Struktur. Wir haben eine spezifische Richtung. Wir wenden bestimmte Fertigkeiten, festgelegte Methoden, Techniken und Verfahren an, um unser Ziel zu erreichen. Die Zeit setzt unserer Arbeitstätigkeit genaue Grenzen. Es gibt Zeitpläne und äußerste Termine, die unser Bestreben einspannen und umreißen.

Was in der Arbeitswelt von Belang ist, kann in Wörtern und Zahlen ausgedrückt werden. Je genauer etwas kategorisiert ist, desto nützlicher ist es bei der Arbeit. Arbeit ist »sinnvoll«, weil sie ein Lernen mit sich bringt, das sich besonders gut für Tatsachendefinitionen eignet. Als Psychiater lerne ich, daß das Auftauchen von Halluzinationen bei einem Patienten den Beginn einer Psychose »bedeutet«. Wenn ein Börsenmakler sieht, daß bei einem bestimmten Wertpapier ein Run auf Gewinnmitnahmen einsetzt, »bedeutet« das für ihn, daß der

Preis für dieses Papier fallen wird. Wenn ein Kartoffelanbauer uns sagt, wir würden einen langen, harten Winter bekommen, »bedeutet« das, daß die Frühjahrsbestellung verspätet sein wird, ebenso die Ernte. Wenn ein Verteidiger beim Kreuzverhör Widersprüche in der Aussage eines Zeugen aufdeckt, »bedeutet« es, daß er für die Sache seines Klienten Punkte gewinnt. Wenn der Künstler in der Ecke seines Gemäldes mit grüner Farbe eine Linie aufbringt, »bedeutet« dieser Pinselstrich eine Verbesserung der Harmonie seiner Komposition.
Jede Aufgabe im Arbeitsplan eines Bauern hat eine spezifische Gruppe von Regeln, einen genauen Rahmen von systematischen Verfahren und Definitionen, beherrscht von fortwährender Beachtung eines gewünschten Endergebnisses. Die Aufgabe des Bauern hat klar begrenzte oder definierte Techniken zur Folge. Saatkartoffeln werden in Viertel zerschnitten, von denen jedes ein oder zwei Augen haben muß; sie werden im Mai in geraden Reihen gepflanzt, die 30 cm voneinander entfernt sind; der Boden wird vorher mit Stickstoff, Kali und Phosphor gedüngt. 120 Tage später werden die Kartoffeln geerntet, usw. Um ein erfolgreicher Landwirt oder im allgemeinen ein erfolgreicher Arbeiter zu sein, ist die Fähigkeit unerläßlich, diese Art von Fakten und Planungen zu beherrschen und mit technischen Daten, Methoden, Verfahren und klar formulierten Zielen vertraut zu sein.
Wenn bei der Arbeit eine Definition zweideutig ist, bricht die Arbeit zusammen. Eine Frau erzählte mir von einer Situation in ihrer Firma, in der sie aus vielfältigen, komplexen Gründen eines Tages feststellte, daß sie jemanden zu beaufsichtigen hatte, der im Jahr 500 Dollar mehr verdiente als sie. Es war für beide eine unmögliche Lage, und sie »flog in die Luft«, bevor irgendeine produktive Arbeit geleistet werden konnte. Ein weiteres, recht amüsantes Beispiel für die Notwendigkeit klarer Definitionen bei der Arbeit ist in der Geschichte des Kongreß-Sekretärs enthalten, der angewiesen wurde, zu schreiben: »Alle ausländischen Frucht-Pflanzen sind zollfrei.« Statt dessen schrieb er: »Alle ausländischen Früchte, Pflanzen

sind zollfrei.« Dieser Irrtum kostete die amerikanische Regierung zwei Millionen Dollar, bevor in einer neuen Kongreß-Sitzung der Fehler berichtigt werden konnte. Es gibt keinen Aspekt in unserem Privatleben, wo eine Zweideutigkeit der Definition – in diesem Fall ein Komma statt eines Bindestrichs – so weitreichende Folgen haben kann.

In der Arbeitswelt werden die Menschen selbst tatsächlich zu Werkzeugen und Materialien im zielgerichteten Arbeitsprozeß. Sie werden durch Rollen, Titel, Gehaltsstufen und technische Fertigkeiten definiert. Sie werden von innen und außen her »organisiert, gehandhabt und gelenkt«, Produkte zu erzeugen und Ziele tüchtig und wirksam zu erreichen. Das ist nicht unbedingt ein Vorgang der Entmenschlichung. Richtig bemessen, verleiht es unserer Umwelt und uns selbst Ordnung und Bedeutung. Wenn es extreme Ausmaße annimmt, wenn Menschen sorglos stereotypisiert werden, oder wenn man sie auf eine Art und Weise manipuliert, die ihre natürlichen Energien erstickt, kann die Arbeit zur Unterdrückung werden.

Der Mensch hat die einzigartige Fähigkeit, das Chaos der Wahrnehmungserfahrung durch die Erschaffung von Symbolen zu vermindern. Unsere Sinne werden fortwährend von Milliarden über Milliarden von Reizen aus dem Körperinneren und aus der Außenwelt bombardiert. Unser Gehirn ist dazu ausgerüstet, durch das Zuteilen von Symbolen dieses potentielle Chaos zu vereinfachen, zu organisieren, zu handhaben und zu steuern. Die von uns am häufigsten verwendeten Symbole sind Wörter und Zahlen. Und die Welt, in der Wörter und Zahlen am meisten Verwendung finden, ist die Arbeitswelt.

Entwicklungspsychologen wie Jean Piaget, Heinz Werner und Bernard Kaplan haben die Fähigkeit des heranwachsenden Kindes dokumentiert, in die Welt, die es umgibt, »Sinn hineinzubringen«, indem es seine Wahrnehmungen organisiert und sie zu Symbolkategorien verdichtet. Ein Wort ist eine künstlich konstruierte Kategorie, eine symbolische Kennzeichnung, hinter der eine komplexe Masse von Informationen steckt. Die einfache Aussage »Das ist eine gute Arbeit« ist ein Beispiel dafür, wie wir eine unendlich komplizierte Menge von Daten über eine Aufgabe und ihre vielen Facetten auf fünf Symbole reduzieren, die man Wörter nennt. Ohne diese Fähigkeit, unserer Wahrnehmungserfahrung Kennzeichnungen zuzuteilen, könnten wir nicht hoffen, unser bewußtes Leben in irgendeine sinnvolle Ordnung zu bringen.

Die Arbeit ist die wichtigste Quelle der Kennzeichnungen des Lebens. Ihre Begrenzungen und Kategorien orientieren uns nicht nur in bezug auf die Außenwelt, sondern befähigen uns auch, uns selbst zu »kennen«. Selbst-Definition schließt die Fähigkeit in sich, zu fühlen, daß man in genauen Umrissen enthalten ist. »Ich bin Arzt. Ich bin ein Herzgefäßchirurg. Ich bin ein Chirurg, der sich auf Bypass-Verfahren bei Operationen an Herzkranzgefäßen spezialisiert hat.« Je besser wir uns selbst beschreiben können, und je genauer die Wortkategorien definiert sind, von denen wir meinen, daß sie uns bezeichnen, desto größer ist unser Gefühl, uns selbst definieren zu können. Der Mathematiker und Naturwissenschaftler Jacob Bronowski hat gesagt, den Inhalt eines einstündigen Vortrags könne man wahrscheinlich in sechs Sätzen unterbringen. Dasselbe kann man vom »Inhalt« einer Person sagen. Man kann jeden Menschen in nur wenigen Sätzen beschreiben. Aber je globaler die Sätze sind, desto unklarer werden sie. »Die meisten Sätze der Menschen«, sagt Bronowski, »zielen tatsächlich darauf ab, die Unklarheit zu beseitigen, die leider im letzten Satz in der Schwebe geblieben ist.« Das gilt auch für unser Gefühl, uns selber definieren zu können. Je mehr Sätze wir über uns selbst äußern können – je größer die Anzahl der Schubladen ist, in die wir uns »legen« –, desto stärker vermindern wir unser Gefühl *persönlicher* Unklarheit. Je detaillierter die »Charakterstudie« ist, die wir von uns selbst anfertigen können, desto größer ist unser Selbstgefühl.

Der französische Philosoph Henri Bergson hat gesagt: »Das Wesen der Dinge entgeht uns und wird uns ewig entgehen; wir bewegen uns in Beziehungen, nicht das Absolute ist unser

Teil...«* Er behauptete, daß wir im Leben ohne absolute Normen und Bedeutungen handeln. Wir wissen nicht, *warum* wir leben oder *was* wir sind. Wir wissen nur, daß wir am Leben sind, und wir organisieren und gestalten unser Leben nach Übereinkünften, die untereinander Beziehungen herstellen. Wir ziehen immer Grenzen. Wir treffen willkürliche Entscheidungen zwischen dem, was für uns gut ist, und dem, was für uns schlecht ist, was zu groß oder zu klein, bezahlbar oder zu teuer ist. Hier gibt es nichts Absolutes. Wir ziehen unsere eigenen Grenzen, und die Grenzen, die wir ziehen, definieren uns als Individuen.

Ein »schwacher Mensch« hat es schwer, Grenzen zu ziehen, um festgelegte und konsequente Geschmacksrichtungen, Vorlieben, Wertvorstellungen, Anschauungen und Meinungen zu bekennen. Vielleicht zieht er auch willkürliche und launenhafte Grenzen, um Stärke und Festigkeit vorzutäuschen. Ein Jugendlicher, dessen Identität sich erst herausbildet, wird sich vielleicht nur dann intakt und abgegrenzt fühlen, wenn er die einmütige *Miß*billigung aller Menschen in seiner Umgebung spürt. Ein eigensinniger Mensch zieht erst spät in einer Situation seine Grenzen, während ein Starker seine Grenzen kennt und sie von Anfang an deutlich zu erkennen gibt.

In unserer Zivilisation ist die Wahrheit des Satzes »Du bist, was du tust« unbestreitbar. Wir sind anderen hauptsächlich dadurch bekannt, was für Pläne wir machen, was für Produkte wir erzeugen, und durch die Berufe, die diese produktiven Unternehmungen vertreten, und wir kennen und definieren uns selbst hauptsächlich dadurch. Man kann versuchen, die Frage: »Wer bin ich?« durch andere Informationen als die über die eigene Arbeit zu beantworten: »Ich bin ein Mensch, der an Blumen riecht«; »Ich bin wütende Gefühle«; »Ich renne und hüpfe«. Aber weil sich die persönliche Identität, das Gefühl des »Ich bin« auf das Gefühl bezieht, eine gesonderte, begrenzte, einzigartige, erkennbare Einheit – *ein Selbst* – zu sein, bezieht

* H. Bergson, *Schöpferische Entwicklung,* S. 3.

man sie am eindeutigsten aus greifbaren symbolischen Erweiterungen des Selbst: *den eigenen »Werken«*. In bezug auf den Zeitaufwand mag es richtiger sein, zu sagen: »Ich bin wütende Gefühle« als »Ich bin Richter«. Aber »wütende Gefühle« ziehen keine so sichtbaren Grenzen um eine Person wie eine Berufsbezeichnung es tut.

Nichts ist so einzigartig persönlich, eine so aktive Darstellung eines Individuums wie seine Fertigkeiten und seine Werke. Es gibt vielerlei Symbole für das Selbst: Gefühle, Interessen, Lieben, Erinnerungen, Meinungen, Geschmacksrichtungen, Stile der Kleidung, nationales Erbe, Religionen, materiellen Besitz, Mitgliedschaften, sprachliche Akzente usw. Aber um sich Einzigartigkeit zu verleihen, verläßt man sich am stärksten auf das eigene »Stück Arbeit«. Das kann ein maschinengeschriebener Brief sein, eine vollendete Lieferfahrt oder ein Bestseller. Daß wir sagen können: »Ich habe es getan«, ob der Impuls nun darauf beruht, daß man zum Wohl einer neuen sozialistischen Gesellschaft beigetragen hat oder etwas für Gesundheit und Behagen der eigenen Person und der eigenen Familie getan hat, gibt uns das Höchste an Selbst-Definition. Alles andere, was mit uns verknüpft ist, selbst das, was wir lieben oder das, wofür wir uns interessieren, sind ein passiverer Ausdruck des Selbst als das, was wir tun.

Frauen, die Mutterschaft und Hausfrauendasein den Rücken kehren und bezahlte Arbeit annehmen, selbst wenn sie relativ wenig »angesehen« ist, wenden sich damit ab von einer Form des Erlebens, dessen »Produkte« zu sehr im Fluß sind und nicht so sehr als die eindeutig eigene Schöpfung identifiziert werden, daß sie ein spezifisches Selbstgefühl hergäben. Ein Kind im Teenageralter oder ein köstliches Mahl sind nicht das statische, klar begrenzte Symbol des Selbst, wie es eine Reihe von Bilanzen oder ein Sieg im Gerichtssaal sind. Es ist eine traurige Tatsache (wenn sie sich auch schon ändert), daß Ehefrauen, die »nicht arbeiten«, sich eine stabile Identität oft nur dadurch erhalten können, daß sie sich mit der Arbeit ihrer Ehemänner identifizieren.

»Arbeit«, »Job« und »Beruf« haben eindeutig eine abgestufte Bedeutung in bezug auf den Grad der Selbstdefinition, die sie vermitteln. »Arbeit« ist ein allgemeiner Begriff, der einen zielgerichteten, aggressiven, strukturierten Geisteszustand bezeichnet. »Job« bezeichnet eine »angewandte« Arbeitssituation, aber wenn der Job keinen besonderen Beruf voraussetzt, fehlt die Selbst-Definition. Manche Leute wechseln von einem Job zum anderen, von einem Industriezweig zum nächsten, auf niederer oder sogar auf höherer Ebene, um ihren Lebensunterhalt zu verdienen. Sie können sich nicht darauf verlassen, daß ihre »Werke« ihnen eine Selbst-Definition verschaffen, weil nichts Beständiges aufgebaut wird, weil aus ihrer Arbeit nichts erwächst und sich nichts entwickelt, was sie in bezug auf ihre Beschäftigung greifbar definiert. Ein Patient klagte, er fühle sich wegen seiner verschiedenartigen und unzusammenhängenden Beschäftigungen als Mensch »zerstückelt«. Das ist natürlich auf der niedrigeren sozioökonomischen Ebene ausgeprägter, und es ist einer der Gründe, warum »Arbeitsethik« hauptsächlich ein Begriff der Mittelschicht ist. Erst auf einer höheren Ebene kann sich ein Arbeitender mit seinem Produkt identifizieren und seine persönliche Folgerichtigkeit und Einzigartigkeit wirklich empfinden.

Ein Richter sitzt auf eine bestimmte Weise zu Gericht, spricht Urteile, gibt Urteilsbegründungen, und man erkennt an diesen Urteilsbegründungen, ob er mittelmäßige Entscheidungen fällt oder beispielhafte. Seine Identität setzt sich weitgehend aus diesen und anderen »Werken« zusammen. Sie werden durch den Begriff seines Berufes zusammengehalten: Jurist. Gefühle, Fantasien und Körperempfindungen sind zwar sehr starke Anteile des Daseins eines Menschen, aber sie etablieren seine Identität nicht so konkret wie seine Werke. Ein freundlicher, mit einem lebhaften Vorstellungsvermögen begabter, aber unproduktiver Mensch wird in unserer Kultur weniger geschätzt als ein unfreundlicher, langweiliger, aber sehr produktiver Mensch.

Die Psychiater sprechen von »Ich-Grenzen«, wenn sie ein intaktes Gefühl persönlicher Identität meinen.* Die Schizophrenie ist eine durch defekte Ich-Grenzen gekennzeichnete Krankheit. Menschen, die an ihr leiden, sind sich oft unklar über die Grenzen und Umrisse ihrer Identität. Ein schwer gestörter Schizophrener kann manchmal seine eigene Hand oder sein Gesicht im Spiegel betrachten und das Gefühl haben, die Hand sei nicht seine Hand, und das Gesicht sei das eines anderen. Das Selbst hat kein Gefühl der Integrität, kein Gefühl der persönlichen Unversehrtheit und Kontinuität. Ein weniger stark Gestörter wird seine Unsicherheit über seine Grenzen nicht in bezug auf seinen Körper an den Tag legen, sondern in bezug auf Vorstellungen und Gedanken. Er hat vielleicht das Gefühl, seine Gedanken seien entweder ausgeborgt oder gestohlen und nicht eindeutig Teil seiner selbst.

Einer meiner Patienten bemerkte, daß er, wenn er mit anderen zusammen war und jemand einen Witz erzählte, immer eine Verzögerung von einem Sekundenbruchteil zwischen dem Lachen aller anderen und seinem eigenen entdecken konnte. Er war sich niemals sicher, ob sein Lachen wirklich »sein eigenes« war, oder ob er sich lediglich der Gruppe anschloß. Diese Verwirrung zeigt beispielhaft eine Unzulänglichkeit der Ich-Grenzen. Als seine Ratlosigkeit allumfassend wurde und sich auf all seine persönlichen Interaktionen ausdehnte, wurde dieser Patient psychotisch. Seine Sprechweise wurde unzusammenhängend und geriet durcheinander, er wanderte ziellos durch die Straßen, und er konnte seine Wahrnehmungen nicht mehr in ein erkennbares begriffliches Bezugssystem einordnen. Er wurde von Empfindungen von außen und von innen her überwältigt, die er nicht mehr kategorisieren und bezeichnen konnte. Eine typische psychotische Maßnahme, mit der er versuchte, das Durcheinander in seinem Geist zu vermindern, bestand darin, daß er sich an irgendein besonderes, ihm sehr

* Die Grundlage dieses Begriffes hat Paul Federn geliefert. Die Einführung in sein Werk *Ichpsychologie und die Psychosen* von Edoardo Weiss ist besonders nützlich zur Erklärung der Formulierungen Federns über die Ich-Grenzen.

wichtiges Kleidungsstück klammerte oder irgendeinen für ihn eigentümlichen Gegenstand ständig bei sich trug. Der bekannte »Verrückte«, der mit einer Einkaufstasche voller seltsamer Briefe und alter Zeitungen durch die Straßen läuft, versucht auf primitive Weise, äußere Symbole anzusammeln, durch die er sich identifizieren möchte. »Fixe Ideen«, eigensinnige Wahnvorstellungen (»Ich bin Jesus Christus« oder »Der Geheimdienst verfolgt mich«), von denen der Psychotiker besessen ist, sind eine weitere extreme Möglichkeit, in einem chaotischen Geist Ordnung zu schaffen.

Es ist kein Zufall, daß die Behandlung der Schizophrenie oft eine »Arbeitstherapie« miteinschließt. Die Patienten lernen spezifische Fertigkeiten und die Herstellung schätzenswerter Erzeugnisse, die echtere und tiefer bedeutsame Symbole des Selbst sind als irgendwelche »persönlichen Andenken«. Symbole, in diesem Fall persönliche Erzeugnisse, »stehen« stellvertretend für das Selbst und definieren es in greifbarer, unmittelbarer und aktiver Form. In diesem Sinn sind unsere Romane, Gemälde, Immobiliengeschäfte, Bilanzen und Urteilsbegründungen gleichbedeutend mit unserem »Selbst«.

Jemandem, der in den Klauen einer schizophrenen Psychose steckt, würde man zuallerletzt zu einem Urlaub raten. Freizeitbeschäftigungen, zu denen das Unscharfwerden von Grenzen und das Eintauchen in Empfindungen gehört, wirken auf den Schizophrenen schreckenerregend. Persönliche Intimität jeder Art kann ihn in Panik und psychische Verwirrung stürzen. Aus diesem Grund wird bei der Behandlung eines solchen Zustands eine hochstrukturierte, vielleicht übertrieben begrenzte Umgebung notwendig. Vor einigen Jahren gingen die Schwestern auf einer Station in einer Heilanstalt im Rahmen eines Experiments der Verwaltung dazu über, an Stelle ihrer herkömmlichen weißen Dienstkleidung alltägliche Straßenkleidung zu tragen. Die Folgen waren katastrophal. Die Patienten waren eines orientierenden, klar abgegrenzten Wahrzeichens beraubt und gerieten in unerträgliche Verwirrung. Sie konnten Schwestern und Patientinnen nicht mehr ohne weiteres unterscheiden. Das Personal genoß jedoch die Befreiung von den Einengungen der Dienstkleidung und entschied sich für einen Kompromiß, nämlich für das Anstecken von Namensschildchen. Die Patienten hatten vielleicht im weiteren Sinn genau auf das reagiert, was ursprünglich zu ihrem Zustand beigetragen hatte: auf den Widerspruch von Tatsachen, die sie sehr genau kannten – in diesem Fall den kosmetischen Widerspruch der Status- und Autoritätsunterschiede zwischen ihnen und den Mitarbeitern.

Es ist ein weitverbreiteter Irrtum, daß »Überarbeitung« Nervenzusammenbrüche herbeiführen kann. Ein Autor z. B. der den psychischen Zusammenbruch von Zelda Fitzgerald (der Frau des Schriftstellers F. Scott Fitzgerald) beschrieb, führte den Umstand, daß man sie in einem psychiatrischen Sanatorium untergebracht hatte, auf ihr zwanghaftes, alles verzehrendes Ballett-Tanzen zurück. Ihre Überarbeitung war im Gegenteil zweifellos eine Bemühung, sich der Flut eines psychotischen Prozesses, der bereits eingesetzt hatte, entgegenzustemmen. Bei einem solchen Zusammenbruch der Persönlichkeit werden die normalen Grenzen um das Selbst schwach und lösen sich auf, und die Arbeit wird zu einem zwanghaften Versuch, diese Grenzen wieder zu festigen. In Zelda Fitzgeralds Fall war es »Ballettarbeit«. Die tieferliegenden Emotionen waren bei ihr jedoch so mächtig, daß sie durch »Arbeitstherapie« nicht zu bändigen waren, und daß schließlich der Zusammenbruch eintrat. Die »Überarbeitung« und der Nervenzusammenbruch hingen nur zeitlich, nicht ursächlich zusammen.

Ein Patient erhellte einmal diese »therapeutische« Dimension der Arbeit, indem er das Beispiel des Tennisplatzes benützte, um seine Leidenschaft für seine Arbeit zu erklären: »Wenn man mit einem anderen zusammen den Ball hin und her schlägt, hat man nur die Empfindungen seines eigenen Körpers, das Auftreffen des Balls, Bewegung, die Luft rundum und Geräusche. Aber dann zieht man rundum Linien und nennt das einen Tennisplatz; in der Mitte spannt man ein Netz quer. Nun gibt es ganz plötzlich Definition und Bedeutung. Es gibt ein Spiel; es gibt ein Maß; man kann zählen. Ein Ball ist drin oder draußen. Man kann Geschicklichkeit beurteilen. Es ist alles sehr informativ. Das Spiel hat eine Richtung. Es gibt eine Ordnung und Regeln. Es erscheint irgendwie künstlich, aber das macht die Arbeit für mich sinnvoll. Meine Arbeit ist eine andere Art von Spiel; sie hat ihren eigenen ›Platz‹ und ihre eigenen Regeln. Ich weiß immer, wo ich stehe.«

Ein anderer Patient, ein Mann, dessen Bedürfnis nach Struktur und Kennzeichnungen wegen einer unsicheren und chaotischen frühen Kindheit übertrieben war, beschrieb seine Wahrnehmung von der Arbeitswelt folgendermaßen:

»Bei meiner Arbeit weiß ich genau, wo wir alle stehen und wo alles hingehört. Wir haben Titel, festgelegte Rollen, bestimmte Arten, uns jeden Tag zu kleiden, spezifische Funktionen und Pflichten, unsere eigenen Büros mit Namen und Titeln an den Türen, und festgesetzte Gehälter. Wir haben jeder eine deutliche Identität. Ich bin der Vizepräsident der *European Property Underwriting*. 350 Leute erstatten letzten Endes mir Bericht, jeder von ihnen steht in einer Hierarchie auf einer bestimmten Ebene. Bei der Arbeit ist keine Beziehung persönlich so nah, daß die Linien der Autorität verwischt würden. Tatsächlich wird nichts durch Intimität oder Gefühl verwischt oder kompliziert. Geschäfte an Land zu ziehen und Gewinne zu machen, regelt alles. Wenn ich in dieser Firma mit jemandem spreche, bin ich Jack Higgins, der Vizepräsident, nicht Jack Higgins als Person. Ich bin eine Rolle, nicht eine Person. Es ist eine Art Theater. Wenn man seinen Text gut lernt, ist man in Ordnung.

Voriges Jahr hat die Versicherungsindustrie mir zu Ehren ein Essen gegeben. Sie haben alle Reden über mich gehalten. Aber die sind in Wirklichkeit gar nicht über mich. Sie betreffen meine Arbeit. Das ist das einzige, was man bei einem Menschen genau beurteilen und dem man Beifall zollen kann. Wenn ich abends nach Hause komme, sehen sie mich an, sie reden mit mir. Nicht mit meiner Arbeit. Sie sind mir zu nah, und niemand, der ganz in der Nähe ist, wird durch Beifall im Stehen geehrt. Es genügt nicht, daß man seinen Text kann. Meine Anwesenheit im Haus bedeutet nicht ein Zehntel soviel wie meine Anwesenheit im Büro. Wenn ich mit meinem Sohn zusammen bin, ist einfach nicht klar, wer das Sagen hat. Manchmal sagt er mir, was ich tun soll! Und ich muß mir das anhören!«

Nicht nur in körperschaftlichen oder bürokratischen Organisationen gelten strenge Definitionen und geben unseren Erfahrungen Ordnung und Sinn. Künstler definieren sich und werden definiert als Pop-Künstler, Naturalisten, »Hard-edge«, Impressionisten, Expressionisten, Konzept-Künstler, kommerzielle Künstler usw. Sie haben ihre eigenen Uniformen, die sie unterscheiden, und ihre eigene Redeweise, ihre Schulen und Techniken. Ihre Arbeit gibt ihrem Leben seine Definition, nicht ihre persönlichen Erfahrungen. Ein weiterer Patient von mir – interessanterweise eine Frau – nahm Bezug aufs Berufsboxen als Gleichnis für alle Arbeit. »Man braucht ein klares Selbstgefühl, wenn man im Ring ist. Man kann zu keiner Zeit während des Kampfes ein Gefühl der Kameradschaft, des Zusammenseins oder der Teilnahme an dem anderen empfinden. Man kämpft darum, die Grenzen des Gegners zu schwächen, und dieser kämpft, um seinerseits die seines Gegners zu schwächen. Und man kämpft darum, sein eigenes Selbst unversehrt zu erhalten. Wenn ich arbeite, habe ich eine harte Kruste um mich herum. Ich weiß, wer ich bin.«

Die feindliche Einstellung zu den Materialien unserer Arbeit fordert klare Demarkationslinien. In der aggressiven Stellung gibt es strenge Grenzen zwischen Selbst und Objekt, gleichgültig, wie wohlgesinnt wir dem Objekt sein mögen. Es ist »ich gegen dich« oder »ich gegen es«. Die Errichtung von Grenzen zwischen Selbst und Objekt ist im Arbeitserleben unvermeidlich; sie ist tatsächlich wesentlich für den erfolgreichen, schöpferischen Ausdruck des Aggressionstriebes.

# Teil II: das Erlebnis der Liebe

## 4 Liebe, Muße und Spiel

Liebe ist das sensorische und emotionale Erlebnis der Vereinigung. In der Liebe werden Grenzen aufgelöst, und wir bilden eine Einheit mit Menschen, Orten und Dingen. Die Liebesfähigkeit erwächst aus dem Sexualtrieb. Anders als der Aggressionstrieb, der sich zum Intellekt entfaltet oder dessen Entwicklung katalysiert, wird die Liebe durch die Sinne erlebt. Sie wird beeinträchtigt, wenn man sie mit Intellekt, Worten, Symbolen und Definitionen belastet. Sie ist nicht einschränkend, sondern vielmehr erweiternd, und sie ist auf das gegenwärtige, unmittelbare Erleben ausgerichtet, das man mit den Sinnen des Sehens, Hörens, Schmeckens, Riechens und Fühlens erfaßt. *Liebe ist in jeder Hinsicht das Gegenteil von Arbeit.*

Der Sexualtrieb manifestiert sich in der Kindheit z. B. als der Wunsch, zu berühren und berührt zu werden, zu saugen, zu liebkosen, festzuhalten und festgehalten zu werden, zu küssen, zu erregen und erregt zu werden, genital und in anderen Bereichen sinnlicher Erregung. Diese sexuellen Bedürfnisse werden alle im Körper erlebt, und allmählich beziehen sie alle Sinne mit ein. Der Hautduft eines geliebten Menschen, der Anblick eines Gesichts oder der besänftigende Klang einer Stimme entsprechen Aspekten des Sexualtriebes. Die Objekte dieses Triebes sind jedoch nicht unbedingt nur andere *Menschen,* obschon der ursprüngliche Brennpunkt sexueller Befriedigung zweifellos die Mutter unserer Säuglingszeit ist. Wenn wir heranwachsen und uns entwickeln, kann der Sexualtrieb durch den visuellen Kontakt mit einer schönen Landschaft, durch die Klänge eines Violinkonzerts oder den Duft einer Rose befriedigt werden.

Während man sehen kann, daß dem zielgerichteten, auf die Zukunft ausgerichteten Verhalten Aggression zugrunde liegt, liegt dem Eintauchen in die Gegenwart der Sexualtrieb zugrunde. Aggression fördert Veränderung bei Objekten, während die Sexualität die Einverleibung von Objekten und die Verschmelzung mit ihnen begünstigt. Wenn Aggression ein *Objekt* zu verändern sucht, kann man sagen, die Sexualität versuche, das *Subjekt* zu verwandeln. Die Aggression ist ein Zustand des »Dagegenseins«, während Sexualität ein Zustand des »Zusammenseins« ist.

Liebe fördert die Einfühlung in und das Verschmelzen mit Objekten der Gegenwart und ein Eintauchen in ihre Empfindungen, ohne Beachtung späterer Ziele. Sie ermutigt zu Rapport, Wärme und Spontaneität. Einfühlung setzt die Aufhebung von Grenzen voraus; nur so können wir den Schmerz oder die Freude eines Freundes wie unsere eigene empfinden. Aggression treibt uns dazu, mit diesen Gefühlen etwas zu »tun« oder zu »machen«, irgendein fest umrissenes Ziel zu verwirklichen. Die Aggression verfestigt Grenzen. Ein Beispiel für diesen Unterschied ist die Art und Weise, wie ein Chirurg und ein Ehemann mit den Schmerzen einer krebskranken Frau umgehen. Der Ehemann, der nur versuchen kann, gegen den Schmerz »etwas zu tun« und ihn nicht als seinen eigenen empfinden kann, oder der Chirurg, der ihn zu sehr fühlt, werden jeweils in ihrer Rolle versagen.

Wenn wir zwischen den beiden gesonderten Gefühlen unterscheiden, die aus dem aggressiven Arbeiten und dem sexuellen Lieben hervorgehen, machen wir einen Unterschied zwischen zwei sehr verschiedenen Formen der Erregung. Die Erregung des sexuellen Liebens, ob das Objekt nun ein Freund, eine Blume, ein blanker neuer Sportwagen, eine Ehefrau, ein Perserteppich, ein Gemälde von Monet oder ein Song der Beatles ist, ist die Erregung der *Lust*. Im Gegensatz zur Lust der sexuellen Liebe steht das Gefühl der *Befriedigung,* das mit dem Vollzug aggressiver Arbeit verknüpft ist. Sie sind ganz verschiedene emotionale Phänomene, und es ist kein Zweifel, daß ihre Verschiedenheit allgemein in der alten Redensart zum Ausdruck kommt: »Erst die Arbeit, dann das Vergnügen«. Natürlich können wir um so mehr an einer solchen Unterscheidung spitzfindig herumdeuteln, je schärfer wir sie machen. Wir vermischen ja Arbeit und Vergnügen, oft recht erfolgreich. Aber ich glaube, man kann nachweisen, daß doch ein scharfer Unterschied besteht – nicht so sehr zwischen Arbeit und Freizeitbeschäftigungen, sondern zwischen dem Seinszustand der Arbeit und dem der Muße.

Lust ist eine unmittelbare, nicht aufgeschobene, aus einer sinnerfüllten Beschäftigung mit einem Objekt bezogene Erregung. (Das Objekt kann, wie wir uns erinnern, alles außer uns selbst sein.) Herrschaft, Abfolge, Zeit, Messung, Organisation, Manipulation und sogar Verbalisierung sind der Lust fremd. Ein Erlebnis in Worte zu fassen, ist schon eine aggressive Bemühung, die darauf abzielt, das Erlebnis »einzufassen«, zu kategorisieren, zu symbolisieren, es in ein verbales »Produkt« zu verwandeln. Wenn man Erlebnisse numeriert, werden sie beeinträchtigt. Picasso hat einmal gesagt: »Wenn man eine Frau liebt, mißt man nicht Länge und Umfang ihrer Beine.« Und wir können nicht wirklich lieben oder zu unserem Vergnügen ein Buch lesen, während wir an die Uhrzeit denken.

Zur Lust gehört *Aufnahmebereitschaft* (Rezeptivität), nicht *Aktivität.* Ein Patient hat mir diesen Umstand sehr gut verdeutlicht, als er in einer Sitzung einen Segelausflug beschrieb, den er mit Freunden unternommen hatte. »Als Jack mich einlud, mit auf das Boot hinauszukommen, dachte ich, das würde großartig werden. Ich dachte an all die Dinge, die man tun muß, um ein Segelboot in Gang zu bringen. Ich war ganz aufgeregt. Aber dann sagte er, daß sein Boot einen Kapitän und eine Mannschaft hat, die alle Arbeit für ihn tun. Das weckte ein eigenartiges Gefühl in mir. Was würden wir drei, vier Stunden lang auf einem Boot tun? Die Vorstellung, nur das Wasser anzuschauen, ließ mich kalt. Es mag verrückt klingen, aber ich dachte daran, mir etwas von meiner Büroarbeit mitzunehmen. Es wäre eine angenehme, entspannte Umgebung, ohne Ablenkungen. Aber meine Frau sagte, das wäre das Gemeinste, was man einem Freund antun könnte. Sie begreift jedoch nicht, daß es mich höllisch nervös machte, an die ganze verdammte Angelegenheit auch nur zu denken. Ich fand schließlich eine Lösung dadurch, daß ich eine Menge an Fotoausrüstung und eine Angel mitnahm.«

Dieser Mann konnte daraus Befriedigung beziehen, daß er die Segel und den Wind, die Kamera oder das Fischefangen meisterte. Aber er konnte das passive, aufnehmende, auf die Gegenwart ausgerichtete *Vergnügen* der Intimität mit Freunden oder der ruhigen Betrachtung der optischen Eindrücke, der Geräusche und der Düfte eines sonnigen Nachmittags auf dem Wasser nicht ertragen. Die Aussicht darauf erschien ihm unerträglich langweilig, weil es ihn nur nach Aktion verlangte. Dieser Mann lebte für eine Form aggressiver Erregung, die im Gegensatz zur unmittelbaren, fortwährenden sinnlichen Erregung der Lust eine aufgeschobene, auf das Ende und auf das Ziel gerichtete emotionale Erfahrung ist. Sie tritt hauptsächlich am Ende eines linearen Arbeitsvorganges ein, wenn eine Aufgabe erledigt, ein Gegner besiegt ist oder eine Leistung anerkannt wird. Eine gewisse Befriedigung kann auch während eines Arbeitsvorganges eintreten, wenn wir sehen, wie wir unsere Materialien in den Griff bekommen und allmählich beherrschen, und sie kann, wie für diesen Mann, höchst spannend sein. Aber lebte er nicht nur ein halbes Leben?

Wie ich bereits erwähnt habe, hat man die »freie Zeit« immer nur als die Negativseite, nicht das Gegenteil von Arbeit begrifflich gefaßt; man denkt selten an sie als an etwas, das in sich positiv ist. Der Philosoph Josef Pieper ist jedoch ein Denker, der das Wesen wahrer Muße als gleichbedeutend mit Liebe ansah. In seinem Buch *Muße und Kult* (S. 57f.) schrieb er:

Muße ist ein Zustand der Seele ... (nicht) mit den äußeren Fakten von Arbeitspause, Freizeit, Wochenend, Urlaub schon gegeben ... (Sie) ist eine Haltung feiernder Betrachtung ... (die) aus der Bejahung lebt. Sie ist nicht einfach dasselbe wie Nichtaktivität, sie ist nicht das gleiche wie Stille; sie ist wie die Stille im Gespräch der Liebenden, das aus der Übereinstimmung sich nährt ... (Weil der Mensch) ein auf das Ganze des Seins angelegtes Wesen (ist) ... gehört die Kraft zur Muße zu den Grundkräften der menschlichen Seele. Sie ist, ebenso wie die Gabe des kontemplativen Sichversenkens in das Seiende ... die Kraft, in der Überschreitung der Arbeitswelt Berührung zu gewinnen zu übermenschlichen, Leben spendenden Seinsmächten, die uns erquickt und erneuert in den wachen Werktag entlassen.

Daß im Mittelpunkt der »Alltagswelt« die Grenzen stehen, und daß Muße die Fähigkeit ist, sie zu »überschreiten«, sieht man am besten, wenn man Arbeit und Muße in bezug auf den Grad von Festlegung vergleicht, der bei jedem der beiden erforderlich ist. Mein Freund, der während seines Urlaubs am Strand starb, hatte sich, vielleicht zum ersten Mal, auf ein Erlebnis eingelassen, an dem nichts festgelegt war. Die warme Sonne und den weichen Sand zu fühlen, das leise rhythmische Anschlagen der Wellen am Strand zu hören, erfordert kein Lernen, kein System von Strategien oder Verfahrensweisen, keine »sinnvollen« Definitionen von Ausdrücken und Operationen. Es erfordert eine Erweiterung und Streuung des Selbst, keine Vereinfachung der Einstellung auf einen Brennpunkt und keine Konzentration auf Ziele, und ein Verschmelzen unserer Sinne mit der uns umgebenden Welt. Eric Berne hat den Unterschied zwischen einem Erleben, das sich auf die Sinne verläßt, und dem, das im Verstand wurzelt, in Symbole und Definitionen gekleidet: »In dem Augenblick, in dem es dem kleinen Jungen darum geht, welcher Vogel ein Habicht ist und welcher ein Spatz, kann er die Vögel nicht mehr sehen und sie nicht mehr singen hören.« Diese Aussage ist ein wenig übertrieben, aber ich glaube, wir können uns mit ihr befreunden.

Eine der besten Beschreibungen der »Grenzenlosigkeit« kommt in Eugen Herrigels *Zen in der Kunst des Bogenschie-*

*ßens* (S. 25) vor. Herrigel, ein deutscher Philosophieprofessor, schildert seine Erlebnisse in Japan, wohin er gereist war, um etwas über den Zen-Buddhismus zu erfahren. Zu seinen Erfahrungen gehört auch die Ausbildung in der »Kunst des Selbstvergessens« – mehr als fünf Jahre lang übte er täglich das Bogenschießen unter der aufmerksamen, oft schweigenden Aufsicht seines Zen-Meisters. Es war sein Ziel, einen Zustand der »Absichtslosigkeit« zu erreichen, in dem die geistigen Unterscheidungen zwischen dem Selbst, dem Bogen, dem Pfeil und der Zielscheibe ausgelöscht werden und nur mehr die Harmonie der Dinge wahrgenommen wird. Es gibt kein Gefühl der Befriedigung oder Bemeisterung. Es gibt nur die Fähigkeit, zu sagen: »Es schießt«. Der Meister runzelte die Stirn, als Herrigel seine Aufgabe in Begriffe kleidete wie: »Ich habe geschossen« oder »Ich habe die Zielscheibe getroffen«. Das Zen-Ideal ist eine Einheit, ein Verschmelzen aller Elemente zum Erlebnis eines Schusses. Das Selbst »wird« der Schuß, und es gibt keine Grenzen zwischen den Dingen oder um sie herum. Herrigel beschreibt das Gefühl heiteren, aber starken Vergnügens (*nicht* der Befriedigung) über den »scharfen Schlag, (gemischt mit) einem tiefen Summen, das man nie mehr vergißt, wenn man es auch nur einige Male gehört hat: so eigentümlich ist es, so unwiderstehlich greift es ans Herz«.

Ich will diese Zen-Methode nicht als Mittel gegen die Arbeitswut oder als ein Mittel empfehlen, lieben zu lernen, das Leben zu genießen, oder um die eigene Fähigkeit zu steigern, sich dem Spaß und dem Vergnügen hinzugeben. Die Darstellung Herrigels ist einfach eine sehr anschauliche Beschreibung des Zustands von Grenzenlosigkeit, die die Grundlage von Liebe, Muße und Lust ist. Es ist ein Zustand, den viele Menschen, die vor allem Arbeit im Sinn haben, weder ertragen können noch zu schätzen wissen.

Ich möchte hier nicht den Eindruck vermitteln, als beschränke sich meine Auffassung von der Muße auf eine einfältige Befriedigung der Sinne, als schließe sie die Anwendung der höheren Fähigkeiten aus. Es ist mehr eine Frage der Ausgewogenheit und des Grades als des Entweder-Oder. Bei der Muße geht es vor allem um diese selbst, und sie sollte uns nicht von unseren unmittelbaren Empfindungen abziehen, wie es die auf ein in der Zukunft liegendes Ziel gerichtete Arbeit tut. Analytisches Denken und die Konzentration auf die Erzeugung eines »Produkts« hindern uns daran, uns vermittels unserer Sinne in einer unmittelbaren Situation auf Menschen oder Dinge einzulassen. Je zielstrebiger wir werden, desto mehr gefährden wir die Lust unserer Muße.

Ich habe auch nicht die Absicht, die tiefe Befriedigung herabzusetzen, die aus einer aggressiv oder zielgerichtet gestalteten Freizeit entstehen kann. Um z. B. eine Sportart oder ein Hobby genießen zu können, muß man sehr diszipliniert und zielstrebig sein, um die nötigen Fertigkeiten zu entwickeln. Aber damit man den Vorgang der körperlichen Betätigung und die Empfindungen, die man dabei hat, als wahre Muße bezeichnen kann, müssen beide wichtiger sein als das Erreichen irgendeines spezifischen Ziels in der Zukunft. Die Tätigkeit des Fotografierens sollte den Vorrang vor dem Zustandekommen der »einmaligen Aufnahme« haben; das Segeln sollte wichtiger sein als der Sieg in der Regatta. Wenn das Ziel bedeutsamer wird als der Vorgang selbst, haben wir es mit Arbeit zu tun, nicht mit Muße. Bei der wahren Muße hat der Vorgang den Vorrang vor dem Produkt.

Für den Mann, von dem ich schon gesprochen habe, der sich vor dem »Nichtstun« fürchtete, war selbst das Einnehmen einer Mahlzeit eine Art notwendiges Übel. Es hielt ihn von der Arbeit ab, und es war eine Form aufnehmender, passiver Beschäftigung. Es war nicht produktiv. Es war Zeitverschwendung. Er konnte das Vergnügen der Geschmacksempfindungen nicht genießen, und er konnte die optische Schönheit gut zubereiteter Nahrung nicht wahrnehmen. Nahrung war einfach nur ein Mittel, ihn für die Arbeit zu stärken. Ebenso war es mit dem Schlaf, den er widerstrebend als eine Art des Bezahlens akzeptierte, die erforderlich war, damit er seinem Beruf nachgehen konnte.

Sobald wir uns über Gewinn und Verlust Sorgen machen, beginnt sich das Leben in Richtung auf Arbeit zu bewegen. Ein eindringliches, hochintellektuelles Gespräch kann so lange Muße sein, wie die Erregung der unmittelbaren Interaktion unter den Teilnehmern wichtiger ist als das, was bei dem Austausch »herauskommt«, als das »Produkt«. Sobald wir anfangen, zu konkurrieren und zu vergleichen, das Gespräch »beurteilen« und von ihm »zurücktreten«, anstatt uns hineinzustürzen, machen wir es zur Arbeit.

Die Herabsetzung von »Hintergedanken« auf ein Mindestmaß unterscheidet Muße und Spiel sehr scharf von Arbeit. Ein Beispiel dafür lieferte ein Versuch, den zwei Psychologen der Stanford University, Mark Lepper und David Greene, durchführten. Die Ergebnisse waren in einer Abhandlung enthalten, die interessanterweise die Überschrift trägt: »Turning Play into Work« (Wie Spiel zur Arbeit gemacht wird). Zwei Gruppen von Vorschulkindern wurden im Hinblick auf die Dauerhaftigkeit des Interesses getestet, das sie einer bestimmten Form des Spielens als solcher entgegenbrachten. Der einen Gruppe sagte man, wenn sie diese Form des Spielens praktizierten, würden sie am Ende durch die Möglichkeit belohnt, mit einigen sehr begehrenswerten Spielsachen zu spielen. Die andere Gruppe erfuhr vorher nichts von einer Belohnung. Am Ende des Spiels gab man beiden Gruppen besondere Spielsachen zum Spielen, und zwei Wochen später verschaffte man sich auf unaufdringliche Weise Meßdaten über das Interesse der Versuchspersonen an der ursprünglichen Form des Spielens. Jene Kinder, die das Spiel in Erwartung einer Belohnung unternommen hatten, zeigten später signifikant weniger Interesse an dem Spiel als diejenigen, die keine Belohnung erwartet hatten. Für die erste Gruppe von Kindern war das Spiel zum Teil eine zielgerichtete, zukunftsbezogene Tätigkeit, und dies hinderte sie daran, dasselbe Vergnügen an dem Spiel zu haben, das die zweite Gruppe genoß. Ihre Aufmerksamkeit wurde auf die zukünftige Belohnung gelenkt, weg von einem Eintauchen in die unmittelbare Situation. Das Spiel wurde dadurch zur Arbeit gemacht,

daß man eine Konzentration auf ein zukünftiges Ziel herbeiführte. Die Betätigung der Kinder war nicht mehr spontan und unmittelbar, sondern zielstrebig.
»Der Muße pflegen« ist nicht linear, sondern strahlenförmig oder räumlich. Wie der Psychoanalytiker Michael Sacks in seiner aufschlußreichen Schrift über die Psychologie des Sports erklärt hat, bezieht man das Vergnügen beim Sport nicht aus einer zielgerichteten Tätigkeit, sondern die Lust besteht in einem Erlebnis der Verschmelzung und des Zusammenschlusses. Sobald ein Sieg *errungen* ist, können wir ihn uns mit den Sinnen einverleiben und große Lust aus ihm beziehen. Aber das mit dem Erreichen von Zielen verbundene Hauptgefühl ist Befriedigung. Das ist das Erlebnis von Meisterschaft, Macht und »Gewinnen«. Es ist keine Muße.

Mancher spricht vielleicht von seiner »Zeit der Muße«, aber wie ein Erforscher der Dynamik von Arbeit und Muße, Sebastian de Grazia, in seinem Buch *Of Time, Work and Leisure* sagt, sind »Zeit« und »Muße« gegensätzliche Begriffe und gehören nicht zusammen. Zeit bedeutet Grenze, eine Einteilung des Erlebens in Sekunden, Minuten, Stunden und Tage. Das Arbeiten ist unerläßlich, aber es kann die Muße zerstören.
In bezug auf Zeit und Muße muß man dreierlei im Sinn behalten:

1. Bei der Muße ist die Zeit nicht strukturiert und begrenzt, sondern sie fließt ohne künstliche Grenzen dahin. Tatsächlich gibt es in der Muße keine »Zeit«; es gibt nur die »Gegenwart«.
2. Geschwindigkeit und Produktivitätsziffern haben in der Muße keinen Platz. Aus Freizeitbetätigungen mögen Produkte hervorgehen, aber sie sind im Vergleich zum Eintauchen der Sinne und Gefühle in den Vorgang und in die Materialien ihrer Herstellung von untergeordneter Bedeutung.
3. Die Zeit der Muße ist in gewissem Sinn »verschwendete

Zeit«. Tatsächlich *müssen* Tätigkeiten, damit sie als echte Muße bezeichnet werden können, im Gegensatz zum in erster Linie »Nützlichen« »überflüssig« sein.

Der »Arbeitsmensch« möchte, daß »jede Minute *zählt*«; er wünscht sich, daß die Zeit greifbare, meßbare Fortschritte in Richtung auf angestrebte Ergebnisse widerspiegelt. »Tempo« bringt das Zustandekommen eines erwünschten Ergebnisses in einem Mindestzeitraum mit sich. Jemand, der arbeitet, mißt, wie rasch er zu dem angestrebten Resultat kommt, und je kürzer die Zeit, desto größer ist die Befriedigung. Die Beachtung dieser Dimension zerstört die Muße. Ein gutes Buch so schnell wie möglich zu lesen oder in der Mindestzeit »Wellen zu reiten«, ist für das Lusterleben unerheblich. Was macht es aus, ob man seine Gartenarbeit oder sein Klavierspiel *schnell* erledigt?

Überlegungen in bezug auf Produktivität sind in einer Arbeitssituation notwendig und wichtig, aber in der Freizeit sind sie unpassend und destruktiv. Wir haben kein Vergnügen an der Gartenarbeit, wenn wir uns darum kümmern, wie *viele* Narzissenzwiebeln wir in einer Viertelstunde gepflanzt haben. Wo quantitative Überlegungen wichtiger sind als qualitative, sind wir im Reich der Arbeit. In der Liebe und bei der Muße sind die *Qualität* der verbrachten Zeit, der Grad der sensorischen und emotionalen Verschmelzung mit unseren Materialien entscheidend.

In einem interessanten Buch: *How to Get Control of Your Time and Your Life* (Wie man seine Zeit und sein Leben in den Griff bekommt) stellt Alan Lakein kurz die »Arbeitshaltung« im Gegensatz zur »Muße-« oder »Liebeshaltung« gegenüber der Zeit dar. Lakein wird als »Berater für Zeiteinteilung« (time management consultant) von Firmen und Einzelpersonen in Dienst gestellt, um ihrer Fähigkeit aufzuhelfen, die Zeit als Wirtschaftsfaktor einzusetzen und damit Geld zu machen. In der Einführung zu seinem Buch sagt Lakein:

Zeit ist Leben. Sie ist unumkehrbar und unersetzlich. Seine Zeit verschwenden, heißt, sein Leben verschwenden, aber mit seiner Zeit richtig umgehen, heißt, mit seinem Leben richtig umgehen und das meiste daraus machen. ... Nehmen Sie z. B. einmal an, sie hätten noch zehn Minuten, bis Sie zum Zahnarzt gehen müssen. Wenn Sie sind wie die meisten Leute, werden Sie diese Zeit vertrödeln. Aber ich kann Ihnen zeigen, wie Sie diese zehn Minuten so investieren können, daß Sie einen soliden Anfang bei jeder größeren Arbeit machen können, die Sie bisher vielleicht vor sich hergeschoben haben – wie ein Umstellen der Möbel in Ihrer Wohnung oder das Analysieren Ihrer Herstellungskosten.

Lakein gibt sich Mühe, zu betonen, daß er kein Programm empfehlen will, durch das man ein »Zeitnarr« wird, so überorganisiert, daß man jede Minute spürt, die verfliegt. Er ermutigte einen zwanghaft »verplanten« und übermäßig produktiven Klienten, absichtlich ein Stück Zeit zu verschwenden, um ihm zu zeigen, wie »wirksam« das gesteuerte Zeitverschwenden sein kann. Der Klient wurde fähig, am Montagmorgen erfrischt wieder zur Arbeit zu gehen, anstatt von anstrengenden Wochenend-Unternehmungen und -Betätigungen erschöpft zu sein. Tatsächlich gehörte der Vorschlag nicht in den Bereich der »Verschwendung«, sondern beruhte auf einer Technik zur Steigerung der Effizienz.
Zu Lakeins System gehört die methodische Aufzeichnung von Dingen, die für einen den Vorrang haben, sowie von Lebenszielen; außerdem werden genaue, wirksame Pläne gemacht, wie man an jedem einzelnen Tag Schritte tut, die einen diesen Zielen näherbringen. Er bringt in seinem Büro Merkzettel an, die ihn an seine Ziele erinnern sollen, und er überprüft die Liste seiner Lebensziele jeden Tag, wobei er Tätigkeiten festlegt, die jeden Tag unternommen werden müssen, um seine Ziele zu fördern. Der letzte Punkt auf seiner Liste »Wie ich Zeit spare« – der Punkt 21 – heißt: »Ich frage mich fortwährend: ›Wie kann ich gerade jetzt meine Zeit am besten nützen?‹«
Bücher wie dieses sind von erheblichem Nutzen für Menschen, die ihr Leben schlecht organisieren können, die ihre Ziele nur ungenau kennen und allgemein unproduktiv sind. Aber es sollte einen nicht überraschen, wenn dies nicht immer die Menschen sind, die solche Bücher lesen. Die großen Verbrau-

cher von Weisheiten der »Zeiteinteilung«, diejenigen, die mehr darüber erfahren wollen, »wie man seine Zeit und sein Leben in den Griff bekommt«, sind natürlich gerade die Menschen, die sich schon vor allem mit Bewältigung und Steuerung beschäftigen, und die in Wirklichkeit Ratschläge über Zeitverschwendung und Passivität brauchen.

Freizeit, Zeit, die ein »Ding an sich« ist und nicht auf ein Produkt oder ein Ziel »voraus«-projiziert wird, ist wirklich »verschwendete« Zeit. Einen geliebten Menschen zu liebkosen, einer Bach-Kantate zu lauschen und Kindern beim Spielen zuzusehen, sind Tätigkeiten, die vergängliche Gefühle und ein Lustgefühl erzeugen, aber keine greifbaren Produkte, die man für die mit diesen Vergnügungen zugebrachte Zeit vorweisen könnte. In gewissem Sinn werden bei Liebe und Muße unsere höheren Verstandesfähigkeiten nicht genützt. Zur Entspannung fähig sein, sich keine Sorgen machen, heißt, nicht kreativ über die Gegenwart hinauszudenken, an das »Was könnte geschehen, wenn ...?« Zur menschlichen Intelligenz gehört das Vorwegnehmen und Erzeugen von *Folgen,* die zukünftige Ereignisse sind. Je größer unsere Intelligenz, desto größer ist auch unsere Fähigkeit, unseren Geist auf einen zukünftigen Zustand zu richten, Ziele tüchtig, wirksam und schöpferisch zu erreichen. Ein Erleben, das an Reize gebunden ist, das auf Genuß und auf einem Eintauchen der Sinne in die einen umgebende Welt beruht, ist nicht so einzigartig menschlich wie Arbeitsverhalten oder zielgerichtetes Verhalten.

Verschwendung ist der Grundpfeiler des Feierns. Wenn man viertausend Mark »auf den Kopf haut«, um die Hochzeit von zwei Menschen zu feiern, ist es eine enorme Verschwendung, wenn man nur an eine produktorientierte, nützliche Art des Geldausgebens denkt. Zeit und Geld fürs »Feiern« aufzuwenden, dient der Förderung der Lust und dient absolut keinem fernerliegenden Zweck. Einige der emotional am stärksten benachteiligten Menschen, die ich jemals gesehen habe, sind jene, deren Dasein, als sie Kinder waren, nicht durch Ereignisse wie Geburtstagseinladungen gefeiert worden war. Ihre

Eltern haben ihnen vielleicht etwas gekauft oder sind mit ihnen irgendwohin gefahren, aber Einladungen wurden als albern und verschwenderisch angesehen.

Wenn man zu jemandem »verschwenderisch« ist, bekräftigt man, daß der Betreffende einem wichtig ist. Das wurde mir glänzend durch eine Patientin verdeutlicht, die ein Geschenk beschrieb, das sie besorgt hatte, um zu feiern, daß ihr Mann eine Operation überstanden hatte: »Ich ging zu Tiffany und nahm dort eine Uhr für 5000 Dollar mit. Wir haben bei Tiffany ein Konto, aber ich dachte mir, ich würde die Uhr nur einpacken lassen, sie ihm ins Krankenhaus bringen und sie dann in den Laden zurückbringen, damit wir dann zum Juwelengroßhandel gehen und dieselbe Uhr oder eine andere mit Prozenten kaufen könnten, wenn er wieder zu Hause wäre. Aber sie gefiel ihm so gut, als ich sie ihm gab, daß ich nichts darüber sagte, daß man vielleicht dasselbe auch billiger haben könnte. Mir wurde klar, daß es ihm nicht halb so viel bedeutet hätte, wenn ich ihm eine Uhr mit Prozenten gekauft hätte, wie es nun das unglaublich kostspielige Geschenk tat.«

Urlaub ist eine Zeit der Zeitverschwendung – und damit es ein richtiger Urlaub wird, muß die Zeit verschwendet werden. Sobald wir die Urlaubszeit in halbwegs produktive Zeit verwandeln, ist es kein Urlaub mehr. Einer meiner Patienten sagte mir einmal, er wünschte, er könnte auf Urlaub gehen, ohne den Namen des Ortes zu kennen, an dem er sich befinde, und ohne Armbanduhr oder andere Uhren. Er käme dann nicht in Versuchung, die Geschichte und die Bräuche der Gegend zu studieren und sich selbst mit neuen Informationen zu überschwemmen, und er würde auch seine Zeit nicht produktiv organisieren.

Schönheit durch ein Fest oder einfach mit einem liebevollen Blick zu feiern, heißt, Betrachtungen der Gelehrsamkeit und der Herrschaft zu vermeiden. »Zeitvergeuden« bedeutet, zuzulassen, daß ein Erlebnis genossen wird, ohne daß man darauf achtet, es mit Hilfe eines dauerhaften Produkts zu bewahren. Die Zeit der Muße geht passiv verloren, und kein greifbares Denkmal neutralisiert ihren Verlust. Abgesehen vom Vergnügen der Erinnerung ist sie unwiderbringlich.

Man betrachte den psychologischen Unterschied zwischen Spielen wie Baseball, bei dem die Zeit nicht das Gerüst vorschreibt, und Spielen wie Korbball und Fußball, deren Rahmen eine festgelegte Anzahl von Minuten ist. Baseballfans spotten über den Einwand, das Spiel sei langweilig, weil soviel Zeit vergeudet werde. Ein »Pitcher« kann dreißig Sekunden lang an seiner Mütze herumzupfen, bevor er den Ball losschickt, während der »Batter« ein halbes Dutzendmal aus dem »Gehäuse« heraustreten und seine Beine strecken oder mit den Schuhnägeln klappern kann, bevor er einen Schlag ausführt. Einem Baseball-Liebhaber verschaffen gerade diese subtilen, zeitlosen Spielchen sein Vergnügen. Der Begriff des Feierns steckt in der Struktur eines Baseballspiels viel mehr als in der etwa eines Korbballspiels, bei dem die Uhr die Tätigkeit beherrscht und die Spieler antreibt, etwas zu leisten, bevor die Zeit abgelaufen ist. Wenn ein Baseballspieler einen »Home run« schlägt, ist sein langsamer Lauf um die »Bases« nach der Explosion, die sein Schläger hervorgebracht hat, reines »Feiern«. Sein Rundlauf hat keinen anderen Zweck als den, seine Heldentat zu feiern, und er trägt alle Kennzeichen feierlicher Fackelzüge früherer Zeiten. Er ist reine »Verschwendung«.

In seiner Abhandlung »Literature, Sociology and Our National Game« hat Professor Allen Guttman über die mythischen, feierlichen Dimensionen des Baseball und über die Anziehung geschrieben, die das Spiel auf einer sehr grundlegenden emotionalen Ebene auf Amerikaner ausübt. Er sinnt nach über die Verknüpfung von Baseball mit Frühling und Wiedergeburt der Natur, mit offenem Platz im Freien, warmem, klarem Wetter und einem grasigen Feld. Unter unfreundlichen Bedingungen, ungeschützt vor den natürlichen Rhythmen des Wetters, kann man nicht Baseball spielen. In gewissem Sinn ist Baseball ein Spiel, das nicht versucht, die Natur zu bemeistern, sondern das mit ihr fließt.

Strukturierte oder begrenzte Zeit hat einen erwarteten Endpunkt. Wenn wir mit einer Tätigkeit beginnen, wissen wir, wie lange wir bei ihr verweilen werden. Das Ende tritt nicht mit einem heftigen Ruck ein; es wird erwartet, und ein Teil unserer Aufmerksamkeit ist, während wir arbeiten, auf das Ende gerichtet. Das Bewußtsein, daß eine Tätigkeit ein Ende haben wird, und das Hinarbeiten auf dieses Ende bewahren uns davor, uns in dem zu verlieren, was wir jeweils in diesem Zeitraum tun. Dies ist keine Muße; wir lassen nicht ganz los. Eine freie Zeit ohne festes Ende fördert das Eintauchen ins Erleben. Der Endpunkt trifft uns mit viel schmerzlicherer Wucht als in dem Fall, in dem wir im voraus wissen, wann wir aufhören werden. Wenn wir uns im Urlaub in einem guten Buch oder in einem Spiel verloren haben, auf einem Spaziergang durch stille Wälder beim ersten winterlichen Schneefall oder beim Lieben, bringt das Ende dieser Erlebnisse ein viel tieferes Gefühl des Verlusts mit sich, als wenn wir uns gezügelt haben, indem wir uns vorgenommen haben, etwas eine halbe Stunde lang und nicht länger zu tun.

Wir wollen, daß unser Vergnügen weitergeht. Wir empfinden Enttäuschung, wenn ein spannender Roman zu Ende ist. Wir richten nicht im Geist ein Auge auf den Endpunkt unseres Vergnügens. Wir haben sie so außer Kraft gesetzt, daß beide Augen – unser ganzes Sein – an dem Prozeß und seinem Fließen beteiligt sind. Dies ist einer der Gründe, warum auf Arbeit ausgerichtete Menschen es sich oft nicht erlauben, sich einem Vergnügen hinzugeben. Wenn es zu Ende ist, muß man das Gefühl des Verlusts annehmen, ohne ein Mittel zu haben, es zu ändern. Die Steuerung wird aufgegeben. Dies sind unerträgliche Bedingungen für Menschen, die vor allem mit Beherrschung und dem Vermeiden von Verlusten beschäftigt sind.

Intimität oder Nähe und Neuheit sind zwei grundlegende Weisen, die es den Menschen ermöglichen, sich zu vergnügen, und beide haben mit der Auflösung oder Ausweitung von Grenzen zu tun. Wenn wir sagen: »Ich liebe Venedig«, »Ich arbeite gern im Garten« oder »Ich liebe meine Kinder«, sprechen wir von dem Lustgefühl, das uns das Eintauchen unserer Sinne in die Atmosphäre von Venedig, Farbe und Duft des Blumengartens oder das Wesen unserer Kinder bereiten. Die Unterscheidung zwischen uns und dem, was wir lieben, verblaßt, genauso wie bei der idealen sexuellen Intimität – beim Liebesakt. Es findet ein Eintauchen und eine Vereinigung statt. Wenn Freunde von der Nähe und dem gegenseitigen Verständnis in ihrer Beziehung sprechen und von dem tiefen Vergnügen, das sie aneinander erleben, reden sie von einem Verschwimmen der Grenzen zwischen ihnen und um sie her. Hier kann man sehen, was Einfühlung ist, denn zur Einfühlung gehört die Fähigkeit »kilometerweit in den Schuhen eines anderen zu gehen«, zu fühlen, was ein anderer fühlt, nicht aus einer intellektuellen Distanz, sondern aus dem *Inneren* des anderen heraus. Dieses Erlebnis kann einem ein starkes Lustgefühl verschaffen, entweder bei der Art rein sexueller Vereinigung, die sein Prototyp ist, oder bei einer einfühlsamen, intimen Beziehung zur Natur. Das Vergnügen beim Anschauen eines großartigen Theaterstücks oder beim Lesen eines aufregenden Buches setzt die Fähigkeit voraus, sich in dem Erlebnis zu »verlieren«, sich selbst zu »vergessen«.

Ein glänzendes Beispiel von »Selbstvergessenheit« und »Vergnügen« findet sich in einer Beschreibung, die ein berufsmäßiger Hockeyspieler gab, den Studs Terkel für *Working* interviewte, eine Sammlung von knappen, biographischen Skizzen von Persönlichkeiten aus der amerikanischen Arbeitswelt. Der Sportler berichtet von einem Erlebnis, das er hatte, als er eines Tages auf der Straße an einer Eisfläche vorbeikam:

> Der Teufel soll mich holen, ich bin natürlich da hinausgefahren und hab' meine Schlittschuhe angezogen. ... Und ich bin geflogen. Kein Mensch war da. Ich war so frei wie ein Vogel. Ich war wirklich glücklich ... Unglaublich. Es war wunderbar! Man durchbricht die Grenzen der Schwerkraft ... Ich bin auf einer anderen Daseinsstufe, wenn ich einfach nur in reiner Bewegung bin. Ich gehe, wohin ich will. Das ist großartig, wissen Sie.

Man beachte den Gegensatz zwischen dem, wie seine vermutliche Einstellung auf dem Eis ist, wenn er arbeitet, und seiner Einstellung hier, wenn er »spielt«. Bei der Arbeit schafft seine zukunftsbezogene Konzentration auf den Zweck des Spiels, das Gewinnen, eine Festlegung, eine Struktur und eine Gemütsverfassung der Gegnerschaft. Das aufgeschobene emotionale Ziel ist Befriedigung und sein Gehalt. Durch seine Siege wird sein Selbst definiert und erhöht. Es ist ein Erleben voller Grenzen und Bedeutungen. Aber auf der Eisfläche neben der Straße gibt es keine Grenzen, und selbst die Schwerkraft schränkt ihn nicht ein. Es ist eine höchst »intime« Form des Erlebens.

Sicher hätte dieser Hockeyspieler kein solch grenzenloses Vergnügen an seinem Spiel auf dem Eis gehabt, wenn er sich nicht vorher mit großer Disziplin und Konzentration der Entwicklung seiner Fertigkeiten als berufsmäßiger Eisläufer gewidmet hätte. Wenn er sich nur kaum hätte aufrechthalten können, und wenn ihm die Fußknöchel schmerzhaft nach der einen und der anderen Seite umgeknickt wären, hätte er sich niemals so überschwenglich über sein Erlebnis am Straßenrand geäußert. Was sein Erlebnis als Muße definiert, ist jedoch die Tatsache, daß er, wenn er erst einmal an seiner Fertigkeit »gearbeitet« und sie entwickelt hat, Konzentration und Disziplin und die Beachtung der linearen Zielstrebigkeit vergessen kann. Er kann sich auf dem Eis »verlieren«.

»Liebe«, das Erlebnis der Nähe zu einem anderen Menschen, wird oft als gleichbedeutend mit »Geben« angesehen, weil das Geben eine Selbstaufopferung oder Selbstauslöschung für einen anderen bedeutet. Arbeiten ist nicht wirklich ein Geben; es ist auf das Selbst gerichtet, nicht weg von ihm. Wenn man arbeitet, definiert und schärft man sein Selbstbild durch seine Leistungen; man läßt es nicht verschwimmen oder sich zerstreuen wie in der Liebe oder bei Spiel und Muße.

Wir haben bemerkt, was für eine starke Befriedigung auf Arbeit ausgerichtete Menschen daraus beziehen, sagen zu können: »Ich habe es getan«. Für Jogger z. B., die auf Arbeit ausgerichtet sind, ist ihr Sport keine Gelegenheit, eine grenzenlose Kontinuität zwischen ihrem Körper und Erde und Himmel zu empfinden, kein Erlebnis der Intimität, sondern ein Mittel, um Ausdauer zu entwickeln, die Herztätigkeit zu verbessern und die Fähigkeit zu erringen, eine Runde durch den Park in weniger als zehn Minuten zu laufen oder einen Freund zu besiegen. Dies alles ist meßbar, und bei allem spielt ein spezifisches Ziel eine Rolle, dessen Erreichen ein Gefühl des persönlichen Triumphes und eine Verstärkung der persönlichen Grenzen zur Folge hat. Aber diese Menschen geben sich eher einer Arbeit als der Muße hin.

Nach der Nähe ist die zweite Grundart, wie wir Grenzen schmelzen lassen, Lust erleben und »genießen«, durch *Neuartiges,* Ungewohntes. Zwei weit verbreitete Arten des auf Neuheit beruhenden Genusses sind Reisen und Witze. Niemand wird leugnen, daß eine Ortsveränderung oder das Aufsuchen neuer und exotischer Stätten eine fast universelle Quelle des Vergnügens ist. Ebenso sind das Anhören und Erzählen von Witzen offensichtliche Arten, Spaß zu haben.

Einer der ersten »Ausflüge«, die kleine Kinder machen, besteht darin, daß sie vorsichtig hochgeworfen und wieder aufgefangen werden. Die meisten Babies strahlen dabei vor Begeisterung und würden sich endlos in die Luft werfen lassen, würden nicht die Arme ihrer Eltern müde. Durch den abrupten Stellungswechsel verliert das Kleinkind die Orientierung, seine »Konturen«, wenn man will, und dies wird als lustvoll erlebt.* Eine Reise von Chicago nach Tahiti im Urlaub ebenso wie eine einfache »Radtour« durch den Park erlauben uns, ein Gefühl der Erweiterung zu genießen. Die Erweiterung des Selbst durch den Erwerb neuer Erfahrungen oder neuer Erlebnisse ist eine weitere Facette des Lusterlebens durch die Veränderung von Ichgrenzen. Nachdem wir Paris gesehen haben, sind wir

* Eine äußerst interessante Analyse dieses Phänomens in bezug auf die Entwicklung der Affekttheorie findet sich in der Abhandlung »On the Child's Laughter« in: *Depression: Comparative Studies of Normal, Neurotic, and Psychotic Conditions* von Edith Jacobson, New York, 1971.

nicht mehr dieselben Menschen wie zuvor. Wir haben uns verändert, wir sind »ausgeweitet«, und für die meisten von uns ist diese Erweiterung der Grenzen des eigenen Selbst ein spannendes Erlebnis.

Auch Witze geben uns gewissermaßen das Gefühl, als würden wir plötzlich in die Luft geworfen. Jemanden zu beobachten, dem ein Witz erzählt wird, ist so ähnlich, als beobachte man ein Baby, das jemand im Arm hält, und das dann plötzlich herumgeworfen wird. Die Pointe reißt den Zuhörer von seinem Ankerplatz los. Ungereimtheiten sind klassische Elemente in Witzen, die einen abrupten Bruch unserer *Erwartungen* darstellen, welche in sich selbst Grenzen sind. Wenn Woody Allen eine »Bande von groben, unheimlichen Burschen« beschreibt, »die den Bürgersteig entlanggehen und eine Sozialarbeiterin *dribbeln*«, werden wir von der Unangemessenheit und der plötzlichen Neuartigkeit angestoßen, und wir erleben ein einzigartiges Vergnügen. Unsere bequemen Bezugssysteme, die zu erwartenden Grenzen einer Beschreibung oder einer Situation werden sanft erschüttert, und wir werden auf angenehme Weise mitgenommen. Ich sage »sanft erschüttert«, weil ein zu starkes Zerreißen der Grenzen zu Verwirrung, Entfremdung und Schrecken führen kann. Aber es gibt ein optimales Maß, das für das Lusterleben nötig ist.

Witze können bei der zielgerichteten Arbeit nützlich sein, um einen potentiellen Kunden oder Arbeitgeber anzuwärmen, oder um eine Versammlung von Menschen aufzulockern, die eine Ansprache erwarten. Aber das Witzeerzählen als Selbstzweck paßt nicht zu der Ernsthaftigkeit, mit der wir die Arbeit automatisch verbinden.

Das lustvolle Erlebnis der Grenzenlosigkeit in Muße und Liebe hängt davon ab, daß man zunächst feste persönliche Grenzen *errichtet* hat. Ein vages und zerstreutes Selbstgefühl, ein Zustand fortwährender schwacher Identität und ungenauer Konturen fördert die Liebesfähigkeit nicht. Wie sonst auch, muß man zuerst etwas haben, um es dann zu verlieren. *Man muß ein festumrissenes Selbst haben, um es in Muße oder Liebe wirklich zu verlieren.* Arbeit als Voraussetzung für die Errichtung ausgestalteter persönlicher Grenzen geht nicht nur in dem praktischen Sinn der Muße voraus, daß man genug Geld verdienen muß, um seine Freiheit genießen zu können. Sie geht ihr auch im psychischen Bereich voraus.

# 5 Mutterschaft

In bezug auf die Geschlechterrollen in der Gesellschaft besteht kein Zweifel, daß man herkömmlicherweise den Männern den aggressiven, produktiven, beherrschenden Pol zugewiesen hat. Frauen waren gemeinhin am anderen Ende, dem der »Liebe« angesiedelt, völlig davon in Anspruch genommen, die Qualität ihrer unmittelbaren Umgebung und das Leben der Menschen in diesem Raum zu verbessern. Männer wurden auf die ferne Zukunft ausgerichtet, auf Berufsziele und auf die weite Welt außerhalb des Erfahrungsbereichs der Sinne; Frauen sahen sich damit beschäftigt, die Welt der Gegenwart und des Wahrnehmbaren zu erhalten und zu bereichern.

Wenn ich anmerke, daß die Männer üblicherweise das Geld verdient haben, um die Familie zahlungsfähig zu halten, während die Frauen sich den Möglichkeiten gewidmet haben, es auszugeben, sind mir die sexistischen Folgerungen aus einer solchen Äußerung klar. Aber die Frauen haben tatsächlich herkömmlicherweise die *Verantwortung* dafür getragen, Geld auszugeben, um die Lebensqualität ihrer Familien aufrechtzuerhalten. Das Reich der Ehefrau und Mutter war allgemein dadurch definiert, daß sie für Nahrung, Kleidung und ein warmes Obdach zu sorgen hatte. Das Schlüsselwort ist hier »aufrechterhalten«. Die traditionelle Frauenrolle war darauf konzentriert, ein dauerndes Wirken zu pflegen und liebevoll zu erhalten, und nicht auf die Entwicklung weiterreichender Unternehmungen. Es ist eine im wesentlichen selbstlose Rolle, nicht auf Selbstbereicherung angelegt. Aus dieser Rolle heraus entstehen keine persönlich geschaffenen »Werke«, die die Identität der Frau auf Dauer symbolisieren könnten. Die Selbstlosigkeit der liebenden Rolle steht nirgends in deutlicherem Gegensatz zur Selbstbetätigung der Arbeitsrolle als bei der Betätigung als Mutter.

Ich möchte betonen, daß ich hier keine Werturteile über die jeweiligen Verdienste von berufstätigen Männern, berufstätigen Frauen und Müttern abgebe. Jede Rolle hat ihre eigenen Schwierigkeiten und Befriedigungen. Mir sind keine überzeugenden Beweise dafür bekannt, daß die Arbeit das Amt der Männer und die Liebesdienste das Amt der Frauen sein sollten. Nach meiner Erfahrung eignen sich manche Ehemänner besser dazu, der primäre Elternteil zu sein, als ihre Frauen, und es ist bedauerlich, daß gesellschaftliche Konventionen solchen Menschen so oft eine unpassende Rolle aufzwingen. Wir wissen aber immer noch nicht, welche Wirkung es auf die kindliche Entwicklung haben würde, wenn die Rollen von Männern und Frauen in der Elternschaft fließender definiert wären. Da Umkehrungen der traditionellen Rollenkategorien immer häufiger vorkommen, sollte die nächste Generation für die Beurteilung mehr Erfahrung zur Verfügung haben. Inzwischen werde ich überwiegend den Ausdruck »Mutterschaft« anstatt des zur Zeit modernen Wortes »Elternschaft« benützen, da der erste die wahre heutige Situation widerspiegelt, nicht eine Situation, wie wir sie uns vielleicht wünschen.

In unserer Kultur, in der die Arbeit glorifiziert wird, und in der die »Selbstverwirklichung« schon fast religiöse Dimensionen annehmen kann, hat man oft versucht, die Mutterrolle als eine edle Form der *Arbeit* zu kennzeichnen. Eine Patientin entgegnete ihrem zynischen Ehemann empört: »Ich arbeite ebenso schwer wie du. Der *einzige* Unterschied ist der, daß ich nicht dafür bezahlt werde.« Aber die Beschäftigung der Mutter und Hausfrau ist, obwohl sie viele schwierige und komplizierte Tätigkeiten enthält, ihrem Wesen nach nicht Arbeit. Der Versuch, ihr Würde zu verleihen, indem man sie Arbeit nennt, erweist ihren einzigartigen Eigenschaften einen schlechten Dienst.

Man sehe sich den folgenden Fall einer Frau an, die bei mir Hilfe suchte; ich möchte sie Virginia Graves nennen. Sie kam in meine Praxis und klagte über ein zunehmendes, aber unklares Gefühl der Demoralisierung in bezug auf ihr Leben und den alles durchdringenden Verdacht, der manchmal auftauchte, in

Wirklichkeit sei sie überhaupt nichts wert. Virginia war neunundvierzig und hatte drei Kinder – zwei Söne von achtzehn und fünfzehn Jahren und eine Tochter von dreizehn. Sie hatte mit Auszeichnung den Abschluß eines Spitzen-Colleges geschafft und einen akademischen Grad in Kunstgeschichte erworben und hatte geheiratet, als sie im dritten Jahrgang im College war. Damals arbeitete ihr Mann an einer benachbarten Universität auf seine Promotion hin, und sie beendeten ihre Ausbildung zur gleichen Zeit. Nach ihrer Abschlußprüfung arbeitete sie in einem New Yorker Verlag als Lektoratsassistentin, während ihr Mann seine sehr erfolgreiche Karriere im Immobiliengeschäft begann. Virginia und ihr Mann wünschten sich Kinder, und nach zweijähriger Ehe wurde sie schwanger. Ihr Einkommen war für den Familienunterhalt nicht notwendig, und im sechsten Monat der Schwangerschaft gab sie ihre Stellung auf, um sich auf die Geburt ihres ersten Kindes vorzubereiten. Erst vierundzwanzig Jahre später kehrte sie wieder zur Berufstätigkeit zurück.

Während all dieser Jahre hatte Virginia ihre Aufmerksamkeit den Bedürfnissen ihrer heranwachsenden Kinder, der Instandhaltung ihres Heims und der sozialen Organisation ihres Privatlebens mit ihrem Mann, ihren Kindern, Freunden und anderen Verwandten gewidmet. Sie nahm gelegentlich tagsüber an Kursen an verschiedenen Museen und Universitäten am Ort teil, hatte viele Freunde, darunter einige nahe, und hielt sich, wie auch die Menschen, die sie kannten, für einen glücklichen und ausgefüllten Menschen.

Das Versorgen und Aufziehen ihrer Kinder war nicht einfach. Jedes von ihnen forderte die enorm anstrengende und persönlich erschöpfende Aufmerksamkeit, die typisch ist für das, was junge Menschen brauchen, während sie die schwierigen Phasen der Kindheit und des Jugendalters durchmachen. Aber die Befriedigungen waren auch vorhanden. Trotz der rauhen Stellen hatte jedes Kind eine einzigartige und interessante Persönlichkeit, und sie entwickelten sich, wenn auch ungleichmäßig, zu liebevollen und tüchtigen Individuen.

Virginia und ihr Mann hatten eine anscheinend solide, von gegenseitiger Achtung bestimmte Beziehung gehabt. Virginia und anderen erschien die Zeit, die sie miteinander verbrachten, ungezwungen und von gemeinsamen Freuden erfüllt. Ein Jahr bevor sie mich aufsuchte, hatte ihr Mann ihr jedoch mitgeteilt, daß er etwa zwei Jahre lang eine Affäre mit einer verheirateten Geschäftspartnerin gehabt hatte. Er versicherte ihr, die Sache sei zu Ende, und sie hatte Gründe, ihm zu glauben. Seine Erklärungen drehten sich vor allem um seine eigenen persönlichen Spannungen während dieser Zeit, und eine erfolgreiche Eheberatung hatte ihre Beziehung wieder in einen stabilen, wenn auch unwiderruflich veränderten Zustand versetzt. Im letzten halben Jahr hatte Virginia jedoch angefangen, Selbstzweifel wie nie zuvor zu empfinden. Zum ersten Mal war sie sich ihrer bewußt geworden, als ihr ältester Sohn ein College im Mittleren Westen bezog.

Freunde begannen, sie zu fragen: »Was machst du jetzt, mit nur noch zwei Kindern im Haus?« Die beiden jüngeren Kinder waren fünfzehn und dreizehn, und die ständige Verfügbarkeit der Mutter war zwar immer noch sehr bedeutsam für sie, aber nicht mehr so offensichtlich unerläßlich wie früher, als sie noch jünger waren. Dennoch war sie, wenn eines von ihnen krank war und nicht zur Schule gehen konnte, glücklich (und das Kind auch), daß sie da sein und ihnen Hilfe und emotionalen Beistand leisten konnte.

Nach Virginias Vorstellung waren die Führung des Haushalts und des geselligen Lebens und die Tatsache, daß sie das emotionale Zentrum für die Familie war, immer noch eine ernsthafte Tätigkeit, aber sie hatte immer weniger das Gefühl, sie als »wichtig genug« rechtfertigen zu können, besonders nach der psychischen Belastung durch die Affäre ihres Mannes, die nicht wieder gutzumachen war.

Sie hörte immer eindringlicher die Frage: »Bist du berufstätig?«, und sie machte ihr allmählich Gewissensbisse. Sie merkte, daß sie diese Frage nicht beantworten konnte, ohne defensiv und streitsüchtig zu klingen. Die Erwiderung: »Ich arbeite – ich bin Mutter und Hausfrau«, brachte die meisten Leute aus der Fassung und klang zermürbend. Aber »nein« zu sagen oder »Ich bin nur Hausfrau«, war für sie ebenso unbefriedigend, denn sie wußte, daß sie tatsächlich schwer arbeitete.

Virginia hatte das unbehagliche Gefühl, sie könnte nicht ehrlich sagen, sie arbeite in dem Sinn, in dem »arbeiten« gemeinhin gemeint ist. Sie hatte ihre Funktionen als Mutter und Ehefrau gerngehabt, war stolz gewesen auf ihren Beitrag zum Familienleben, aber sie konnte daraus nicht dieselbe konkrete Befriedigung beziehen, wie sie etwa ihre Freunde aus ihrer Beschäftigung zogen, die Bankiers, Sekretärinnen oder Architektinnen waren. Ihre Arbeit kam ihr wie etwas sehr Andersartiges vor.

Virginias Arbeit machte sie empfindlich und verletzlich gegenüber Zurückweisungen wie der, die sie wegen der Affäre ihres Mannes erlitten hatte. Eine Freundin, die als Mode-Designerin arbeitete, sagte einmal zu Virginia, ihre Tätigkeit verschaffe ihr außer einem Einkommen, das von dem ihres Mannes unabhängig sei, auch noch ein Gefühl der Stärke, ein Polster gegen emotionales Leiden. Wenn ihre Ehe scheitern sollte, würde wenigstens nicht ihre Identität mit ihr zugleich in die Brüche gehen. Im Gegensatz dazu hatte Virginia das Gefühl, ihr eigenes Selbstgefühl sei wacklig. Es war in hohem Maß vom Status ihres Mannes und von seinem Verhalten in der Welt abhängig. Die neue Welle des Feminismus hatte zweifellos der bezahlten Arbeit und der beruflichen Entwicklung hohen Wert verliehen, und sie fragte sich, ob sie sich ihre kunstgeschichtliche Ausbildung zunutzemachen und in einem Museum, einer Galerie oder im Verlagswesen arbeiten sollte. Sie fragte sich, ob eine solche Veränderung ihr Selbstgefühl verbessern und sie befähigen könnte, sich eine von ihrem Mann unabhängige Identität aufzubauen.

Der Tätigkeitsbereich Virginia Graves' unterscheidet sich von anderen nur durch das Fehlen einer direkten Bezahlung für

Dienstleistungen. Die Tätigkeit einer Mutter ist eine gesonderte und einzigartige Kategorie der Berufserfahrung, deren Wert im Empfinden, Ausdrücken und Mitteilen von Liebe besteht. Gewiß enthält die Rolle viele spezifische Einzelaufgaben, die zweifellos der Definition »Arbeit« entsprechen: ein Kind baden, eine Mahlzeit zubereiten, das Wohnzimmer reinigen, Lebensmittel bestellen oder Krankenpflege. *Aber das Wesen der Tätigkeit einer Mutter und Hausfrau ist nicht Herrschaft und Lenkung.* Zuviel Beachtung der Herrschaft, Steuerung und Befriedigung des Selbst sind in diesem persönlichen Bereich zerstörerisch. Bei der Arbeit gibt es keine übermäßige Besorgnis um Meisterschaft; sie ist wesentlich für das Streben nach vorzüglichen Leistungen. Aber ein Familienleben kann man nicht betreiben wie ein Geschäft, eine gelehrsame oder künstlerische Unternehmung.

Das Bemuttern und die Gestaltung eines behaglichen Heims sind Rollen, die sich in erster Linie aus dem Geschlechtstrieb herleiten, dem Trieb zum »Zusammensein«, zur Einfühlung, Selbstlosigkeit und zum Erleben von Lust und Freude, die im Zusammenhang des Liebens stehen. Für Menschen in dieser Rolle ist es schwierig, ihren Selbstwert richtig einzuschätzen. Das Selbst oder das Ich ist nicht der Brennpunkt von Erlebnissen, die aus der Sexualität stammen. Vielmehr gehört zum sexuellen Erleben ein *Verschwimmen* der Selbst-Definition, eine Hingabe des Selbst und ein Verschmelzen mit anderen Objekten; sexuelles Erleben – Liebe – ist kein solcher »Ego-Trip« wie die Arbeit.

Das »Produkt« der Mutter- oder Elternschaft ist das Kind. Eine Witzzeichnung in *The New Yorker** zeigt einen strengen Herrn in enganliegendem Anzug und mit gestärktem Hemdkragen, der in der düsteren Halle eines privaten Herrenclubs einem Freund seinen Sohn vorstellt. Der Junge steht wie ein Soldat sehr gerade, sieht hinter seinen runden Brillengläsern etwas blaß aus; der Vater hat ihm besitzergreifend den Arm um

* 9. Oktober 1978, S. 162.

die Schultern gelegt. Die Unterschrift lautet: »Howard ist mein Erstgeborener und mein Meisterstück.« Ein Kind kann jedoch nicht, wie eine Reihe von Bilanzen, ein Gemälde oder ein erfolgreicher Handel mit Investment-Zertifikaten, das »Meisterstück« eines Vaters (oder einer Mutter) sein. Die Steuerung des Ergebnisses einer schöpferischen Geschäftstransaktion erfordert ein methodisches, systematisches, sorgfältig orchestriertes lineares Vorgehen, bei dem sich die Aufmerksamkeit des »Schöpfers« notwendigerweise auf den von ihm gewünschten Endpunkt konzentriert. Aber das Wesen einer erfolgreichen Kindererziehung wird zerstört, wenn man die Entwicklung des Kindes einfach nur als das Ergebnis der Lenkung, Beherrschung und Kreativität eines Elternteils ansieht. Die Beherrschung des »Produkts« und der Materialien bei seiner Erschaffung gilt für schöpferisches Tun und Arbeit, aber nicht für Liebe. Liebende Eltern schaffen eine Atmosphäre, in der die selbständige Entwicklung eines Kindes gedeihen kann. Wenn dies Arbeit ist, ist es die einzige Art von Arbeit, bei der das Produkt ein Eigenleben hat, das *von Anfang an* respektiert werden muß.

Weil das Wesen des Erlebens der Mutterschaft nicht vom Aggressionstrieb, sondern vom Sexualtrieb herstammt, sind ihm systematische »Techniken« des Bemutterns fremd. Als Mutter (oder Vater) »macht« man nicht jemanden, sondern man liebt jemanden. Wenn man versucht, aus einem Kind etwas zu »machen«, scheitert man, auch wenn es einem gelingt. Wenn gute Eltern überhaupt an Ziele denken, stellen sie sich nur die allgemeinsten und flexibelsten vor: »Ich möchte, daß sie mit Selbstvertrauen aufwächst, daß sie mit der Welt fertigwerden und am Leben Freude haben kann.« Normen der »Vortrefflichkeit« haben in der Elternfunktion keinen Platz; wenn sie doch vorhanden sind, schränkt ihre Anwendung die Eltern-Kind-Beziehung stark ein und bringt Probleme mit sich, die die Entwicklung des Kindes zutiefst stören können.

Viele Eltern glauben irrtümlicherweise, daß Fachleute – Kinderpsychologen und Psychiater – ihnen definieren könnten, welchen Fortschritt ihre Kinder auf dem Weg dazu machen, »Persönlichkeiten« zu werden. Sie erwarten, daß die Fachleute wissen, welche Arten spezifischer Maßnahmen ergriffen werden sollten, damit die Entwicklung ihrer Kinder gefördert und ihre Probleme gelöst werden. Zwar können solche Auskünfte ganz allgemeine Richtlinien geben, aber die menschliche Entwicklung ist nicht festgelegt. Wir wissen viel besser, was ein »gutes« oder »großartiges« Foto ist, als wir sagen können, was ein »gutes« oder »großartiges« Kind ist. Bei Arbeitsvorhaben werden Normen genau formuliert, weil diese Normen durch klare Ziele festgelegt werden. Wenn unsere Ziele bei Kindern zu klar und zu bestimmt sind, zerstören wir die Persönlichkeit. Wenn Eltern mit Kindern »Schwierigkeiten haben«, besteht die Rolle eines Psychotherapeuten öfter darin, die Schranken zu beseitigen, die eine liebevolle Haltung gegenüber dem Kind verhindern (wie z. B. das Bedürfnis, das Kind zum Sündenbock zu machen, um Konflikte zwischen den Eltern zu entschärfen), als darin, bestimmte Ratschläge über Kindererziehung zu erteilen.

Die wichtigen, wesentlichen Qualitäten der Elternschaft liegen nicht im Bereich meßbarer Technik oder in der Anwendung methodischer, intellektueller Vorstellungen, sondern in der zwanglosen, spontanen Atmosphäre von Wärme, Anteilnahme und Liebe. Die Beachtung von Genauigkeit und Steuerung muß ihre Grenzen haben, oft ist sie auch abzulehnen. Wenn Eltern gute Eltern sein sollen, können sie nur dann sagen, daß sie »es gut machen«, wenn sie leicht Fehler ertragen und Zerstreutheit und Unvollkommenheit hinnehmen können.

Es gibt keine »Arbeit«, bei der diese Eigenschaft, nicht zu fordern, das Ideal ist, wo »Fachleute« keinen Vorteil haben oder wo »Vortrefflichkeit« keinen Platz hat. Es ist tatsächlich verhängnisvoll, wenn Eltern behaupten, ihre Kinder seien »Musterkinder«, folgsam und »in jeder Hinsicht vollkommen«. Solche elterlichen Behauptungen sind auf tragische Weise bezeichnend für die Vorgeschichte junger Erwachsener, bei denen man Schizophrenie diagnostiziert. Die Persönlichkeitsschäden der Schizophrenie treten zutage, wenn ein Kind, dessen Charakter als symbiotische Erweiterung der Ziele und Bestrebungen eines Elternteils geformt worden ist, sich im Lauf der natürlichen Entwicklung von diesem Elternteil lösen muß – das Elternhaus verlassen, um aufs College zu gehen, eine Stellung anzutreten und dergleichen. Bei Schizophrenen hat sich keine gesonderte, unabhängige Identität ausgebildet. Es ist kein »Selbst« da; es ist nur die Nachschöpfung der unangebrachten Ziele eines Elternteils vorhanden. Anstatt mit einer Person hat man es mit einem »Produkt« zu tun. Mäßige »Schwierigkeiten« mit einem heranwachsenden Kind sind normalerweise ein Zeichen dafür, daß das Kind versucht, eine von seinen Eltern gesonderte Identität zustande zu bringen, und man sollte es dabei nicht unterdrücken.

Wir haben schon festgestellt, daß die Geometrie der persönlichen Situation nicht linear sein kann, sondern räumlich sein muß. Atmosphäre ist entscheidender als Produktivität. Wenn die Mutter und Hausfrau im Familienheim eine liebevolle, behagliche Atmosphäre schafft, muß sie sich vor linearer Vortrefflichkeit hüten. Fertigkeiten sind hier keine erstrangigen Eigenschaften. Etwas, das »wie bei Muttern« schmeckt, ist kein Feinschmeckerprodukt, kein wundervoll angerichtetes Festbankett. Meist stellt man sich darunter ein Essen vor, das auf einfache Art serviert wird und den liebevollen Wunsch einer Mutter ausdrückt, ihre Kinder auf schmackhafte, appetitanregende, lebensspendende Weise zu ernähren. Dieselbe Vorstellung gilt für die Haushaltsführung im allgemeinen. Das Ziel einer Hausfrau ist nicht, ein zwanghaft reinliches, geordnetes Schaustück zu »produzieren«, sondern eine warme, einladende Atmosphäre zu schaffen.

In meiner Praxis und während meiner klinischen Ausbildung habe ich viele »arbeitssüchtige« Mütter und Väter gesehen, die aus ihrer Elternrolle eine zielgerichtete Arbeit gemacht haben. Ihre Kinder werden mit genau definierten Zielen aufgezogen. Die Reinlichkeitserziehung wird mit methodischer Ernsthaftigkeit erledigt. Die Entwicklung von Fertigkeiten wird mit einem systematischen Zeitplan betrieben. Diese Menschen widmen sich mehr dem *Ausbilden* ihrer Kinder als dem *Lieben.* Zwar ist ein gewisses Training unerläßlich, aber die Gewichtsverteilung ist bei solchen Menschen umgekehrt. Manche Frauen studieren Psychologie, um »bessere« Mütter zu werden, und mit ihrem Haushalt gehen sie ebenso um. Sie »arbeiten« daran, ihre »perfekte« Umwelt und ihre »vollkommene« Ehe aufrechtzuerhalten. Ein Gast, der auf dem Sofa sitzt, fühlt sich so, als betrachte er ein Kunstwerk, das unberührt bleiben sollte. Man stellt ein Dienstmädchen an, aber seine Arbeit wird nachgeprüft oder neu geordnet, sobald es fort ist. Dies sind oft Frauen, die große Mengen von Feindseligkeit in aggressive Arbeit entladen und verschieben müssen, weil ihr Selbstgefühl äußerst wankend ist. Die Produkte ihrer Arbeit geben ihnen ein Gefühl, etwas Greifbares zustandegebracht zu haben, das eine lockerere Einstellung zu ihrer Rolle als Hausfrau und Mutter nicht erzeugen würde.

Aber Frauen, die zu Hause als arbeitswütig erscheinen, zeigen nicht immer unangebrachte Bedürfnisse. Die Mutterrolle bietet keine einfachen Möglichkeiten der Selbst-Definition und keine leicht zugänglichen Abfuhrwege für normales Aggressionsbedürfnis. Die Frustrationen sind enorm, und Befriedigung wird gewöhnlich aufgeschoben oder ist bestenfalls vorübergehend. Außerdem werden Arbeit, Dienst und Verpflichtungen mehr gewürdigt als Liebe. Eine Frau hat in der *New York Times* darüber berichtet, wie sie diese Tatsache einmal bei einer Party überprüft hat, bei der die meisten Gäste Geschäftspartner ihres Mannes waren. Sie hatte es satt, in bezug auf ihren Beruf als Hausfrau, Ehefrau und Mutter von fünf Kindern defensiv zu sein.

Eine Frau Putdown fragte mich, wer ich sei. Ich sagte, ich sei Jack Hekkers Frau. Das wirkte elektrisierend auf sie. Sie nahm meine Hand und fragte mich, ob das alles sei, was ich von mir hielte – nur jemandes Frau? Ich hatte nicht vor, ihr die fünf Kinder zu verraten, aber als sie weiter in mich drang, erwähnte ich sie, erzählte ihr aber, es seien nicht meine Kinder, sondern die meiner verstorbenen Schwester. Und dann sonnte ich mich in den Strahlen ihrer warmen Anerkennung. Es ist absolut wahr, daß man zwar für dumm gehalten wird, wenn man zu Hause bleibt und seine *eigenen* Kinder aufzieht, daß es aber recht heldenhaft ist, wenn man es für die Kinder eines anderen tut. Jemandem die Wirtschaft zu führen, ist annehmbar – solange es nicht der *eigene* Haushalt ist, den man führt. Einen Ehemann mit aufmerksamer Hingabe zu behandeln, ist völlig richtig – solange er nicht der eigene Ehemann ist.*

Die ganze Erfahrung dieser auf das Familienheim konzentrierten, liebenden Rolle ist – im Gegensatz zu einer echten »Arbeitsrolle« – einer genauen Versinnbildlichung und verbalen Beschreibung nicht zugänglich. Vielleicht ist dies der Grund, warum nur ein Dichter oder ein Romanautor versuchen kann, über Liebe zu schreiben, während man fast jedem Menschen beibringen kann, Geschäftsbriefe oder einzelne Abschnitte eines Jahresberichts zu schreiben. Die vom Geschlechtstrieb herstammenden Eigenschaften führen zu einer Selbstaufgabe, nicht zu einer Bestimmung und Abgrenzung des Selbst. Sie führen nicht zu den konkreten Produkten, Symbolen der Bemeisterung, Symbolen des Selbst des Erzeugers, die man in genauen, objektiven Einzelheiten beschreiben kann.
Eine Mutter hat nie das Recht, in bezug auf die gelungene Entwicklung ihrer Kinder auf dieselbe Weise zu sagen »Das habe ich zustandegebracht«, wie es ein Rennfahrer, ein Verkäufer, ein Chirurg oder ein Gärtner im Hinblick auf seine Leistungen sagen kann. Die »Heldentaten« von Berufstätigen lassen sich versinnbildlichen, messen, vorhersagen, kategorisieren und nachprüfen. Eine Mutter jedoch muß von ihren Produkten getrennt bleiben, wenn sie heranwachsen sollen. Die alte Redensart: »Der Mann mag von morgens bis abends arbeiten, aber die Arbeit einer Frau ist nie getan«, bezieht sich genau auf diese »produktlose« Dimension der Mutterrolle.
Den Haupttätigkeiten einer Mutter fehlt es meist an Bedeutung in Form erkennbarer Symbole in der Öffentlichkeit. Ohne

* Terry Hekker: »The Satisfactions of Housewifery and Motherhood in an Age of Do Your Own Thing«, *The New York Times,* 20. Dezember 1977.

systematisch strukturierte und definierte Aufgaben fällt es uns im Westen schwer, »Bedeutung« zu finden. Wenn nichts klar definiert oder symbolisiert ist, und wenn die Zeit ohne Unterbrechungen oder Maßeinheiten dahinfließt, ist es ähnlich, als wenn man einen Ball ohne Linien oder Netz hin und her schlägt. Wir können keine Punkte zählen. Die Struktur des Platzes gibt dem Spiel »Bedeutung«. Das Spielfeld einer Mutter ist sehr persönlich, und es verändert sich oft von einer Situation zur anderen. Für sie muß die »Bedeutung« etwas sehr Privates, Selbstgeschaffenes sein, das sich nicht leicht in Worte fassen und oft gar nicht leicht erspüren läßt.

Dasselbe gilt auch für jedes andere Erleben, das aus dem Sexualtrieb entsteht. »Bedeutung« ist in diesem Bereich ein höchst persönliches Phänomen, das mit Empfindung und Gefühl zu tun hat und sich nicht leicht sinnbildlich darstellen läßt. Eines der schlimmsten Klischees in unserer auf Informationen ausgerichteten Gesellschaft ist der Begriff von der »bedeutungsvollen Beziehung« (meaningful relationship). Bei einer guten und liebevollen Beziehung sind die wichtigsten Faktoren der symbolischen Definition, der verbalen Vereinfachung und der »Be-deutung« *nicht* zugänglich. Das ganze Konzept von der »guten Kommunikation« wird oft mißverstanden als die Fähigkeit, sich mit Worten *über die Beziehung* zu äußern, »über uns zu reden«. Paare, die zwanghaft *an* ihrer Beziehung *arbeiten*, verwandeln sie in ein symbolisches Arbeitserzeugnis, in ein schöpferisches, auf Bemeisterung ausgerichtetes Erlebnis, nicht in ein Liebeserlebnis. Die Leute reden von der »Beziehung«, der »Kommunikation«, aber nicht von der »Liebe«. Wir müssen uns mit Ausdrücken begnügen, die nur ungenau bezeichnen, was für eine liebevolle Beziehung unter Menschen oder zwischen Menschen und Dingen wesentlich ist.

Diejenigen Menschen, für die das ganze Leben eine Form von »Therapie« wird, gehören zu den schlimmsten Arbeitswütigen, die ich kenne. Das Leben selbst wird ihnen zum Material für beständige Arbeit und Selbstverbesserung. Ruhe gibt es nicht.

All ihre Aufmerksamkeit gehört dem Fortschritt. Aber eine dauernde »Verbesserung des Verstehens und der Kommunikation« in einer Beziehung tritt an die Stelle eines Zusammenseins im Sinn von Muße und Liebe. Derartige Beziehungen stellen oft eher ein Verlangen nach aggressiver Befriedigung als eine Versenkung in eine liebevolle Partnerschaft dar.
Eine Frau beschrieb einmal die »Bedeutungslosigkeit« ihrer Mutterrolle auf folgende Weise: »Die Firma meiner Freundin beschloß, um den Geschäftsgang zu fördern, müßten sie eine neue Firmenidentität entwickeln. Sie zahlten irgendeiner modischen Agentur 250000 Dollar, damit sie ihnen ein neues Image kreierte, von einem neuen Emblem bis zu neuen Parolen für Werbe- und Absatzförderungskampagnen. Alle Angestellten wurden in Techniken ausgebildet, wie sie ein schickes, den achtziger Jahren entsprechendes Firmenimage ausstrahlen könnten, das anders sein sollte als ihr altes, graues, konservatives. Damit läßt sich bei dem, was ich tue, nichts vergleichen. Stellen Sie sich vor, wie lächerlich es wäre, wenn man als Mutter versuchen wollte, ein neues Image zu entwickeln. ›Hallo, hallo! Hier kommt die neue Mammi, sexy wie noch nie!‹ Parolen, Symbole, Embleme, Etiketts – es wäre ein fürchterlicher Witz.«
Aber solche Bilder haben im Bereich der zielgerichteten Arbeit ihren Platz. Eine Künstlerin kann sich als »abstrakte Expressionistin der New Yorker Schule der fünfziger Jahre« sehen. Diese symbolische Kategorie gilt, weil die Malerin Meisterwerke aus ihrem Inneren heraus erschafft und Produkte herstellt, die sie als Person definieren. Sogar Uniformen versehen die Arbeitswelt mit reichhaltiger Bedeutung, deren wir uns alle bedienen, um eine Arbeitsidentität herzustellen. Die Frau, die konservative, blaue und braune Schneiderkostüme, einfachen Schmuck und eine Brille mit Schildpattgestell trägt und eine lederne Aktentasche mit sich führt, wird durch diese »Uniform« sofort als Anwältin, leitende Angestellte oder Schwindlerin eingeordnet. Noch formellere Uniformen – von Krankenschwestern, Stewardessen und Polizistinnen – schaffen durch

diese symbolische Gestaltung der Kleidung ein Selbstgefühl, das eine Frau, deren »Beruf« im Privatbereich liegt, nicht zur Verfügung hat.
Bekleidungsvorschriften bei verschiedenen Tätigkeiten und Firmen sind nicht unbedingt eine Unterdrückung. Sie liefern oft Definitionsaspekte, die die Betroffenen brauchen, um in ihrer jeweiligen Umgebung Ordnung und zwangloses Erkennen zu ermöglichen. Gelegentlich entstehen Konflikte und Wut im Hinblick auf Gegensätze zwischen privaten und von der Firma gewünschten Besonderheiten der Kleidung. Und das ist kein belangloses Problem, obwohl an der Oberfläche Bärte, die Länge von Koteletten und das Tragen oder Nichttragen von Krawatten im Brennpunkt stehen.

Eine Frau, deren Mann zwei Wochen lang den Haushalt und die Versorgung der Kinder übernehmen mußte, während sie wegen einer Operation im Krankenhaus war, berichtet über die Reaktionen ihres Mannes: »Er sagte zu mir, er habe sich gefühlt, als sei er zwei Wochen lang in der Vorhölle gewesen. Er hatte nur Unterhaltsarbeit zu tun, nichts Kreatives. Es gab kein Projekt, das einen Anfang und ein Ende hatte, außer wenn er z. B. den Küchenfußboden einwachste. Aber selbst dabei wanderten die Kinder, zehn Minuten, nachdem er fertig war, wieder mit ihren schmutzigen Turnschuhen darüber, und der Boden sah so schlimm aus wie vorher. Im Beruf hätte er mit Recht empört sein können, wenn man ihm ein abgeschlossenes Geschäft ruiniert hätte. Aber bei dem Fußboden konnte er nur mit den Zähnen knirschen, vor sich hinlächeln und dann wieder nachputzen. Wenn die Kinder Angestellte gewesen wären, hätte er sie entlassen können. Ein andermal stritten sich die Kinder darüber, wer zum Nachtisch eine größere Portion Kuchen bekommen habe. Er fing an, sie anzuschreien, sie sollten mit dem Streiten aufhören. Je mehr er schrie, desto lauter brüllten sie. Er wollte immer noch lauter schreien, um sie zum Aufhören zu bringen, aber sie brüllten einfach so, daß sie nicht zu bändigen waren. Er konnte sie in keiner Weise überwältigen, um die Situation wieder in die Hand zu bekommen. Nach fünf Minuten des Tohuwabohus rief er mich im Krankenhaus an, und ich sagte ihm, er solle einfach fünf Minuten still sein und jedem Kind einen Kuß geben. Das war's, was sie brauchten. Es funktionierte.«

Mit Aggression war die Situation nicht zu bewältigen. Mit Einfühlung ging es.

Einfühlung ist der Eckstein und das entscheidende Element guter Elternschaft. Sie ist eine Haltung, die von der Definition her »selbstlos« ist, weil es dabei im wesentlichen darum geht, ein anderer Mensch zu »werden«, um zu begreifen, was er oder sie fühlt und braucht. Eine Mutter ist natürlich nicht immer in dieser Geistesverfassung. Sie muß zuweilen autoritär, belehrend oder aggressiv auf eine Aufgabe orientiert sein. Aber die kritische und wesentliche Dimension ist ihre Fähigkeit, sich in ihre Kinder einzufühlen.

Das Unterhalten einer warmen, liebevollen, stützenden Umgebung verschafft einem nicht das Gefühl, etwas zustandegebracht oder geleistet zu haben, außer durch die Triumphe derjenigen, die von dieser Umgebung getragen werden. Die Mutterrolle ist eine *befähigende,* nicht eine aggressiv schöpferische oder produktive Rolle. Wenn die Dienstleistungen bezahlt würden, würde sich die Einzigartigkeit des gesamten Erlebens unwiederbringlich verändern. Die Idee des Mutterseins würde sich in eine produktorientierte Situation verwandeln, bei der die Aufmerksamkeit letzten Endes auf Leistung, festgelegte Produktivität, Tempo und Effizienz gerichtet wäre, anstatt auf das selbstlose Mitempfinden des Wachstums und der Entwicklung anderer. Wenn eine Mutter sagt, sie habe keinen eigenen »Wert«, dann sagt sie etwas Zutreffendes. »Ein Maß erfüllen«, etwas »wert sein«, sind Begriffe, die sich auf konkrete Maßnormen beziehen, auf die Welt der Zentimeter, Kilogramm und Mark. Sie lassen sich leichter auf unsere Produkte, unsere Werke, unsere Leistungen anwenden – auf definierte, begrenzte Einheiten, die man wiegen und messen kann – als auf Liebestaten. Eine Mutter tut etwas, das man in Wirklichkeit auf

normaler Grundlage nicht »messen« oder »bewerten« kann, weil es dabei nicht um die aggressive Erzeugung symbolischer Produkte geht. Die Tätigkeit der Mutter ist selbstlos und erschöpfend; sie erfordert eine enorme Charakterstärke und eine sehr hohe Frustrationstoleranz.
Mütter, die versuchen, ihrer Rolle größere Würde zu verleihen, indem sie behaupten, sie seien ebensoviel wert wie berufstätige Frauen, betrügen sich selbst. Frauen, die ihre ganze Zeit der Mutterschaft opfern, sollten die Einzigartigkeit ihres »Liebesberufs« als etwas anerkennen und würdigen, das sich grundlegend von der aggressiven, zielgerichteten Arbeit unterscheidet.

Zwei ehrgeizige und mutige Freunde von mir führten in ihrer eigenen Familie ein »Experiment« des Rollentausches durch. Ein Jahr lang übernahm der Ehemann, ein Psychiater, die Rolle des Hausmanns und der primären Bezugsperson für den vierjährigen Sohn und die zweijährige Tochter. Die Frau, die bis zur Geburt ihrer Kinder als Architektin gearbeitet hatte, kehrte zu ihrer Firma zurück. Im folgenden gebe ich einige der Anmerkungen des Ehemanns aus dem Tagebuch wieder, in dem er über seine neue Rolle und die Dynamik seiner Anpassung schrieb. Seine Einsichten öffneten mir die Augen; sie weckten viele Fragen, die dazu führten, daß ich über die Unterschiede zwischen Arbeit und Liebe nachdachte, und daß ich dieses Buch schrieb.
»Als ich meinen Beruf ausübte, hatte jeder Arbeitstag einen festgesetzten Anfang und ein festgesetztes Ende. Wenn ich nach Hause kam, hatte ich frei, und selbst gelegentliche Anrufe von Patienten in Not konnten in wenigen Minuten leicht erledigt werden. Wenn ich die Termine an einem Tag absagen wollte, wenn ich krank war oder etwas anderes zu tun hatte, konnte ich es ohne große Schwierigkeiten tun. Aber wenn man Kinder versorgt, hat jeder Tag weder einen Anfang noch ein Ende. Was die Rolle definiert, ist der Umstand, daß man sich fortwährend der Bedürfnisse der Kinder bewußt ist, nicht eine Reihe spezifischer Aufgaben. Es gibt keine Möglichkeit, sich

von dieser subtilen Verwicklung mit ihnen zu befreien, nicht einmal, wenn man nicht mit ihnen zusammen ist. Es ist eine Tätigkeit, die man nicht aufgeben kann wie andere; man kann auch nicht um eine Versetzung bitten, einen neuen Vorgesetzten oder eine andere Abteilung.
Bei dieser Rolle habe ich niemals das Gefühl, ich könnte etwas wirklich anfangen und beenden. Es gibt keine Möglichkeit für ein Gefühl, eine Arbeit gut gemacht zu haben. Als ich praktizierte, hatte ich nicht eine Arbeit; es waren in Wirklichkeit sehr viele Arbeiten. Jeder Patient stellte in einem allgemeinen Sinn eine spezifische Herausforderung dar, und wenn eine Behandlung erfolgreich abgeschlossen wurde, war dies ein Weg zur Befriedigung. Dann gab es einzelne Sitzungen mit Patienten, die mir jeden Tag das Gefühl einer abgeschlossenen, erfolgreichen ›Arbeit‹ geben konnten, das Gefühl, ein besonders schwieriges klinisches oder theoretisches Problem in den Griff bekommen zu haben. Es gab eine bestimmte Menge deutlich abgegrenzter Herausforderungen um mich herum, und jede bot eine klare Möglichkeit zur Bewältigung und zum Abschluß. Bei den Kindern ist es eine fortwährende emotionale Beziehung, ohne jede Unterteilung in einzelne Herausforderungen. Gewiß, Mahlzeiten müssen zubereitet werden, Betten gemacht, Überschuhe angezogen, Babysitting muß organisiert, das Einkaufen muß geplant und erledigt werden, man muß Fieber messen und Entscheidungen fällen, die scheinbar tiefgreifende psychische Folgen haben. Aber diese Aufgaben sind nicht das Wesentliche an der Tätigkeit. Die Aufgabe liegt im Herzen, in den Gefühlen, in der Besorgnis um das Wohl der Kinder, in der Liebe zu ihnen, die man empfindet, und das ist etwas sehr Diffuses.«
Dieser Mann stellte fest, daß er in seiner Elternrolle Entscheidungen anders fällte als früher, in seiner Arbeitssituation. Seine Entscheidungen waren viel intuitiver und mehr von Stimmungen motiviert als von Logik und Systematik.
»Ich fragte mich, ›Sollte ich heute mit Sandy zum Spielplatz oder ins Museum gehen?‹ ›Was soll Gaby zur Party anziehen?‹

Es gibt kein Gefüge von Regeln und kein logisches System, nach dem man sich richten könnte. Es war zunächst sehr verwirrend. Wenn man Psychiatrie praktiziert, ist die Entscheidung, einen Patienten ins Krankenhaus zu schicken, die Folge einer logischen, schrittweisen Analyse. Man muß sich der Langzeitfolgen seiner Alternativen bewußt sein, die einigermaßen klar definiert sind. Für diese Entscheidungen wird man ausgebildet. Man geht auf die Hochschule, um etwas darüber zu lernen, wie man sie trifft, und die Information, die man dort bekommt, läßt sich verallgemeinern. Die Reichweite meiner Entscheidungen ist jetzt mehr persönlich und emotional. Es ist, als spielte man nach Gehör, anstatt nach Noten. ›Fachleute‹ können einem nur ein wenig sagen, was das eigene Kind betrifft. Das übrige kann nur eine Mutter oder ein Vater intuitiv beurteilen.«

Die Rolle des primären Elternteils ist anders als das Arbeiten gemäß Effizienz und Verschwendung. Man kann z. B. die Entscheidung darüber, ob man einem Kind ein neues Spielzeug kaufen soll oder nicht, nicht einer Kosten-Nutzen-Analyse unterziehen, wie man es bei der Arbeit tun würde.

»Ich erinnere mich, daß Gaby unbedingt ein bestimmtes Spielzeug haben wollte, von dem ich schon wußte, daß es kaputtgehen würde, wenn sie es zum ersten Mal in die Hand nähme. Ich konnte sehen, daß es billig gemacht war, und daß ihr, selbst wenn es heil bliebe, nicht lange etwas daran liegen würde. Es war auch noch ziemlich teuer. Aber ich hatte das Gefühl, das Spielzeug müßte gekauft werden, weil sie es sich so sehr wünschte, und weil es sehr wichtig für sie wäre, wenn ich es ihr schenkte. Meine Vorahnungen in bezug auf das Spielzeug bewahrheiteten sich alle, aber diese wirtschaftlichen Überlegungen waren in Wirklichkeit belanglos. Es bedeutete ihr so viel, das Spielzeug zu bekommen. Im Umgang mit den Kindern muß man sich an alle Arten von Verschwendung gewöhnen und sie ertragen: Zeitverschwendung, Verschwendung von Nahrungsmitteln und von Geld. Aber wenn man sich zu sehr bemüht, die Verschwendung zu vermeiden, glaube ich, verfehlt

man den ganzen Sinn dessen, was es heißt, ein guter Vater oder eine gute Mutter zu sein.«
Eines der Merkmale, das seine neue Rolle von der alten am drastischsten unterschied, war das Gefühl der kleinen Welt, in der er sich befand.
»Wenn man arbeitet, hat man das Gefühl, daß die eigenen Leistungen eine weitreichende Wirkung haben – eine Menge Leute sind von dem betroffen, was man als Psychiater und Dozent der Klinischen Psychologie tut. Patienten, Familien und ganze Generationen zukünftiger Psychiater werden durch den Kontakt mit einem zutiefst beeinflußt. Abhandlungen, die ich veröffentliche, erreichen die ganze Welt. Es bedeutet soviel – in dem Sinn, daß ich meine Wirkung auf so viele andere Leute sehe. Ich glaube, das ist bei jeder beruflichen Arbeit der Fall. Aber jetzt ist meine Welt eingeschränkt. Sie besteht aus mir, meinen zwei Kindern und meiner Frau. Es gibt keine sichtbare Wirkung auf jemand anders, und keine direkte Anerkennung für einzelne Leistungen. Diese Rolle ist etwas sehr Ausschließliches. Es ist jedoch sehr schwer, sie ohne die Verstärkung durchzuhalten, die einem die Arbeitswelt gibt. Ich muß, um mich aufrechtzuerhalten, wirklich an das glauben, was ich tue. Ich muß die Kinder lieben, es muß mir Freude machen, wie sie heranwachsen, wie sie glücklich sind. Es gibt kein Festessen zu deinen Ehren, kein steigendes Einkommen, keine Uniform, an der man dir deinen Status ansieht, keinen internationalen Briefwechsel. Ich bekomme von den Kindern keine spezifischen Zeichen der Hochschätzung, wie Patienten sie mir geben würden. Das, was ich für sie tue, erwarten sie von mir als ihr angestammtes Recht, und das ist es ja auch. Aber ohne die Verstärkung, die ich bei der Arbeit bekommen habe, kann ich verstehen, daß Mütter manchmal anfangen, Ressentiments zu empfinden oder sogar glauben, sie seien nichts wert. Das Opfer, das sie bringen, ist enorm. In vieler Hinsicht ist es viel, viel schwerer, diese Art von Arbeit zu tun, als berufstätig zu sein.«
Er fand keinen wesentlichen Anlaß zu persönlichem Stolz, den

er einigermaßen regelmäßig hätte empfinden können, und er hatte die Vorstellung, wenn seine Kinder erwachsen und glücklich wären, würde er glühende Selbstzufriedenheit fühlen. »Vielleicht wird es so, vielleicht auch nicht. Aber darauf kann ich noch lange warten. Und selbst dann ist es nicht wie ein statisches Produkt, das ich geschaffen habe, und das ich mir anschauen und auf das ich stolz sein kann. Menschen verändern sich ständig. Da sind fortwährend Wechsel und Probleme. Wenn ich Architekt wäre, könnte ich mit Stolz ein Gebäude anschauen, das ich geschaffen hätte, und in fünfzig Jahren wäre es immer noch da. Die Kinder werden niemals einfach nur ein Denkmal für mich sein. Sie werden zu Leuten mit ihren eigenen Rechten. Um Denkmäler zu schaffen, muß ich wieder in den Beruf zurück.

Ich habe sehr viel mehr Einblick in die weibliche Psyche bekommen, als ich je zuvor hatte. Frauen, die nicht berufstätig sind, die ausschließlich Haus und Kinder ›versorgen‹, haben kein Ventil für Aggressionen. Sie können nicht sagen, ›Ich habe es getan‹ oder ›Ich habe es gemacht‹, und auf ein bestimmtes dauerhaftes Produkt hinweisen, das bleibt und sich nicht von jedem Tag zum nächsten ändert, etwas, mit dem sie sich geplagt haben, und das sie mit eigenen Händen und eigenem Verstand in Form gebracht haben. Ich glaube, darum erscheinen sie ihren Männern manchmal übermäßig fordernd oder wollen sich eine Menge Dinge kaufen. Sie brauchen eben Möglichkeiten der Steuerung und Beherrschung. Darum geht es bei der Kreativität, und jeder Mensch braucht das. Sie versuchen, das Kommen und Gehen ihrer Männer zu regeln. Ich glaube, darum hat Freud verzweifelt gefragt: ›Was wollen die Frauen eigentlich?‹ Sie brauchen Ventile für ihre Aggression wie alle anderen, aber ihre Rolle in Heim und Familie stellt ihnen dieses Ventil nicht zur Verfügung. Ich stelle fest, daß ich meine Frau jetzt mehr gängeln möchte; ich will immer wissen, wo sie ist; ich will sie nicht verreisen lassen. Ich beschäftige mich auch viel mehr damit, etwas zu kaufen, Sachen fürs Haus. Wenn ich schon nicht sagen kann, ›Ich habe es getan‹ oder ›Ich habe es gemacht‹, kann ich doch wenigstens sagen, ›Ich habe es‹. Das gibt mir ein Gefühl des Besitzes, der Kontrolle, der Macht. Meine berufstätige Frau hat keinen Spaß an Einkäufen. Sie hat ihre schöpferischen Möglichkeiten für Aggression und Befriedigung.«

Das Schwierigste, was dieser Mann in seiner Rolle zu bewältigen hatte, hatte mit dem Verstreichen der Zeit und einem Gefühl des Verlusts zu tun. Jeder Tag ging fließend in den nächsten über, und die Abgrenzungen waren undeutlich. Es gab keine Möglichkeiten, die Zeit in dem Sinn anzuhalten, daß er etwas machte, was von Dauer war und nicht verschwand.

»Ich backe einen Kuchen, er wird gegessen. Ich plane eine Party – in vier Stunden ist sie vorbei. Die einzige Art, damit fertigzuwerden, ist, daß ich mir sage, ich werde ein Buch über meine Rolle als Vollzeit-Vater schreiben. Dann werde ich etwas Selbstgemachtes haben, 250 Seiten in einem farbenfreudigen Einband mit meinem Namen darauf. Es wird sich nicht von einem Tag zum andern ändern, wird mir nicht frech widersprechen oder älter werden. Ich glaube, manche Eltern reden immer darüber, wie es war, als ihre erwachsenen Kinder noch kleiner waren, damit sie ein Gefühl der Dauer und Festigkeit genießen können. Ihre Erinnerungen sind Produkte. Schnappschüsse. Meine Eltern wollten immer Fotos von mir. Manchmal hatte ich das Gefühl, das Fotoalbum sei wichtiger als ich. Sie brauchten etwas, das nicht ständig älter wurde und sich veränderte. Wenn man in einen Einfühlungsvorgang verstrickt ist, gibt es einem ein fortwährendes Gefühl des Verlusts. Das Erleben kann man nicht steuern, es fließt einfach immer weiter.«

Jemand hat einmal gesagt: »Eine der kleinen Tragödien des Lebens ist, daß Frauen Männer lieben, und Männer die Arbeit.« Mein Freund behauptete, er habe die Bedeutung dieses Ausspruchs bis zu seinem »Experiment« niemals verstanden. *Er* war nun »die Frau«. Und seine Frau war so mit ihrer Arbeit beschäftigt, daß sie seine körperliche Gegenwart weniger zu brauchen schien als vorher.

»Ich merke, daß ich die Zuneigung und Aufmerksamkeit meiner Frau mehr als jemals vorher brauche, als ich noch meinen Beruf ausübte. Ich glaube nicht, daß ich sie mehr liebe, es ist einfach so, daß ich ihre Liebe mehr *brauche* als je zuvor. Im Beruf hatte ich ein klares Selbstgefühl durch ein Gefühl der Kompetenz und bekam Anerkennung für meine Leistungen. Jetzt ist meine Kompetenz etwas Unbeschreibliches; sie ist in erster Linie eine Sache des Herzens. Ich brauche das Gefühl, daß Ellen herüberkommen und mich küssen möchte, daß sie von meiner Gegenwart im Bett erregt wird, daß sie mit mir irgendwohin gehen möchte. Als ich noch im Beruf war, war dies alles auch sehr schön, aber es war etwas Zusätzliches. Heute ist es wesentlich. Wenn sie zu tun hat, denke ich immer wieder daran, in den Beruf zurückzukehren. Wenn sie emotional auf mich eingeht, scheine ich nicht an die Berufsarbeit zu denken.«

# Teil III: Warum wir arbeiten

## 6 Das Selbstgefühl

Es ist eine denkwürdige psychische Leistung, wenn das heranwachsende Kind lernt, »ich« zu sagen. Das Bewußtsein des Säuglings unterscheidet seine Wahrnehmungen nicht in definierte, abgegrenzte Objekte. Alles ist ein ozeanisches Kontinuum. Mit zunehmender Entwicklung beginnen wir Grenzen zwischen Dingen zu begreifen, und die bedeutsamste dieser Grenzen ist die zwischen »Ich« und »Nicht-Ich« oder »Selbst« und »Objekt«.

Die ersten Regungen eines Selbstbegriffs stammen vom Körper. Als Säugling fangen wir an zu spüren, daß unser Körper getrennt ist von anderen Dingen, die wir fühlen und sehen. Die Mutter mag den Raum verlassen und wiederkommen, aber das, was wir später unsere Arme und Beine nennen werden, tut das nicht. Wir nehmen ein Selbstgefühl wahr, sobald wir Reize aus dem Inneren des eigenen Körpers erleben, die wir mit anderen Teilen unseres Körpers auslösen und wieder zum Verschwinden bringen können. Wir berühren vielleicht unsere Genitalien mit diesen »Händen«, die, im Gegensatz zu anderen Dingen, nie zu verschwinden scheinen, es sei denn, *wir* wollten es, und wir erleben eine lustvolle Körperempfindung, die wir nach Belieben beenden oder neu beginnen lassen können. Die »Mutter«, die erscheint und verschwindet, ist nicht nötig, damit diese Lustempfindung eintritt. Tatsächlich verleiht das Erscheinen und Verschwinden aller *anderen* Objekte unserer Säuglingsumwelt uns durch Ausschluß ein Gefühl der Dauer und Abgegrenztheit unseres eigenen Körpers.

Die Entdeckung und die Bestätigung des Selbst durch den Körper setzt sich während des ganzen Lebens fort. Eine der wichtigsten Arten, wie wir unsere Auffassung von uns selbst bereichern und aufrechterhalten, ist das körperliche Empfinden. Bei sportlicher Betätigung tragen selbst die Schmerzen, die wir in der Brust, in den Waden und in den Knöcheln spüren, und der kühlende Schweiß auf der Haut zu einem sicheren Gefühl vom eigenen »Selbst« bei.

Bestimmte Zustände, die wir als krankhaft bezeichnen, stellen eine Unfähigkeit dar, über die »Sprache des Körpers« als Mittel der Selbstdefinition hinauszugelangen. Man sehe sich den Fall eines jungen Mädchens an, das ins Krankenhaus eingewiesen wurde, weil es sich wie unter Zwang immer wieder in die Handgelenke schnitt. Selbst im Krankenhaus, wo es unter strenger Aufsicht stand, fand es immer wieder meisterhaft Mittel und Wege, sich ins Handgelenk zu schneiden und Blut fließen zu lassen. Abgesehen von der rebellischen Befriedigung, die das Mädchen daraus bezog, die Aufsichtspersonen zu überlisten, sprach es davon, sein eigenes Blut zu sehen, gebe ihm das Gefühl, »real« zu sein. Es brauchte eine aus der Tiefe seines eigenen körperlichen Seins stammende konkrete Bestätigung seines unversehrten Selbst. Auf Grund erheblicher Störungen seiner emotionalen Entwicklung konnte es sich nicht auf abstraktere Quellen der Selbst-Definition verlassen. Es war krankhaft auf die früheste Stufe der Selbst-Kenntnis fixiert – auf jenes Stadium, in dem die einzige Information über das eigene Selbst aus dem eigenen Leib kommt. Menschen, die sich selber absichtlich Schmerz zufügen, versuchen auch oft, sich aus unmittelbar leiblichen Quellen ein Gefühl des eigenen Selbst zu retten. Ein weiter verbreiteter Ausdruck der Selbstdefinition durch Beachtung des körperlichen Empfindens ist die Hypochondrie. Hartnäckige Klagen über Schmerzen und Wehwehchen sind oft die einzige Möglichkeit des Hypochonders, ein Gefühl seines Selbst zu erlangen.

Der Begriff vom Selbst pflegt sich normalerweise in der frühen Kindheit zu erweitern, und er wird über einfache Wahrnehmungen im Körperinneren hinaus bereichert. Ein plötzliches Lächeln im Gesicht der Mutter (des Vaters), wenn das Kind ins Zimmer kommt, eine Umarmung oder ein Kuß geben dem Kind eine positive symbolische Bestätigung seiner Existenz als wirklicher Wesenheit. Die Gegenwart des Kindes nicht zu beachten, ist verheerend für die Entwicklung eines sicheren Selbstgefühls, ebenso wie eine verwirrend inkonsequente Reihe von Reaktionsmustern der Eltern das Selbstgefühl des Kindes zerstören kann.

Andere Reaktionen der Eltern auf das Verhalten des Kindes tragen zu seinem Selbstgefühl bei. Das Setzen von Grenzen, z. B. indem man seine Hand wegzieht, wenn es von einer Zimmerpflanze Blätter abreißt, wirkt verstärkend auf das primitive Identitätsgefühl des Kindes. »Wenn ich in den Menschen und Gegenständen um mich herum diese Reaktionen auslösen kann, bin ich etwas.« Es versteht sich von selbst, daß die Verstärkung des Selbstgefühls durch Reaktionen auf unsere Gegenwart und unser Verhalten, die wir an anderen wahrnehmen, unser Leben lang weitergeht. Ein Stirnrunzeln »bedeutet« das eine, Lächeln etwas anderes. Ein Klaps auf den Rücken, ein schroffer Ton, ein kräftiger Händedruck, ein durchdringender Blick, ein Faustschlag ins Gesicht sind einige der symbolischen Verhaltensweisen, die wir als Reaktionen auf unser »Selbst« wahrnehmen, Reaktionen, die positiv oder negativ zu der Art und Weise beitragen, wie wir uns »definieren«. Wenn wir lernen, die Sprache zu beherrschen, wenn wir sprechen und von anderen um uns her angesprochen werden, beginnen wir, eine unendliche Menge verbaler Reaktionen auf unser »Selbst« anzusammeln. Wir werden beschrieben, bezeichnet und mit Worten beurteilt.

Menschen, die ungewöhnlich schüchtern und zurückhaltend sind, haben Ängste vor den Reaktionen aufgebaut, die sie, wie sie gesehen haben, bei anderen ausgelöst haben, besonders vor den frühen Reaktionen der Eltern. Eine Art Phobie in bezug auf persönliche Interaktion kann sich entwickeln. Eine an quälender Schüchternheit leidende Patientin beschrieb Erinnerungen aus ihrer Kindheit folgendermaßen: »Mein Vater war bei uns zu Hause nur dem Namen nach gegenwärtig. Er war freiberuflicher Wirtschaftsprüfer, und er arbeitete jeden Abend mindestens bis zehn Uhr in seinem Büro. Samstags arbeitete er bis fünf, und die Sonntage verbrachte er damit, den ganzen Tag Papiere für seine Arbeit am Montag vorzubereiten. Wir aßen fast nie mit ihm zusammen. Wenn ich als Kind jemals zu ihm hinüberging, um ihn zu berühren oder ihm einen Kuß zu geben, pflegte er mit einem eigenartigen Blick zurückzuschrekken und sich von mir zu entfernen, als hätte ich irgendeine Krankheit. Es gab mir ein merkwürdiges Gefühl in bezug auf mich selbst. Er kam nie zu einer meiner Abschlußfeiern, nicht einmal, als ich in der High School die Abschiedsrede halten durfte. Meine Mutter war während meiner ganzen Kindheit niedergeschlagen und schlechter Laune. Wenn ich aus der Schule nach Hause kam, schlief sie immer, und wenn ich oder meine Brüder irgend etwas anstellten, pflegte sie zu drohen, sie würde von zu Hause weggehen. Sie sagte, sie könne es nicht ertragen, mit uns zusammenzusein. Es war, als löste alles, was wir taten und was ihr mißfiel, eine fürchterliche Überreaktion in ihr aus. Wenn wir uns anständig benahmen, beachtete sie uns einfach nicht.« Die Schüchternheit und Zurückhaltung dieser Patientin diente nicht nur als Abwehr gegen Ablehnung, sondern auch als eine Möglichkeit, die ungeheure Wut nicht herauszulassen, die sie unbewußt ihren Eltern gegenüber immer noch hegte.

Am gestörtesten ist das Selbstgefühl bei Menschen, die als schizophren diagnostiziert werden. Gewöhnlich haben die Eltern auf sie in der Kindheit irrational und unbeständig reagiert. Solche Eltern reagieren manchmal mit erdrückender Nähe auf das Verhalten des Kindes, ein andermal aber löst dasselbe Verhalten eisige Gleichgültigkeit oder sogar Wut aus. Die verschlingende Nähe der Eltern kann total sein – daß die Mutter das Kind selten aus den Augen läßt, es immer festhält, Selbständigkeit sogar so weit hintertreibt, daß sie es nicht allein laufen läßt, mit ihm zusammen schläft und badet – so daß es

dem Kind unmöglich ist, ein Gefühl eines eigenen Daseins und eines gesonderten Selbst zu entwickeln. Die Aufgabe wird noch unüberwindlicher, wenn dieselbe Mutter zwischen dieser Reaktionsweise und extremer Kälte hin- und herschwankt.
Die Erfüllung des Bedürfnisses nach einer von Liebe erfüllten, beständigen Atmosphäre zwischen Eltern und Kind, in der das Kind spürt, daß es von seinen Eltern warmherzig, fürsorglich und unkritisch angenommen wird, ist unerläßlich für die Entwicklung eines sicheren Selbstvertrauens und Selbstgefühls. Das allgemeine Erlebnis der »Unsicherheit« im Hinblick auf uns selbst, das uns unser Leben lang begleiten kann, wurzelt in einer unzulänglichen oder widersprüchlichen liebevollen Verstärkung und Reaktionsweise unserer Eltern auf unser Selbst in der frühen Kindheit.

Sobald wir mit etwa fünf Jahren in den Kindergarten und in die Schule kommen und sobald in neuer Weise die Entwicklung von Fertigkeiten, Leistungen und Arbeit betont wird, ist unser Selbst nicht mehr nur durch unser leibliches Sein oder die allgemeinen Reaktionen auf unser Verhalten oder unsere Anwesenheit bestimmt. Was wir tun, was wir machen, wie wir es tun und was wir leisten, wird nun gleichbedeutend damit, wer wir sind. Wir fangen an, sowohl für unsere Fertigkeiten und unsere »Werke« als auch für uns selbst Liebe zu brauchen. Aber, gleichgültig, wie erfolgreich wir im Leben in bezug auf Arbeitsleistungen werden, ein sicheres Selbstgefühl wird sich dabei nicht einstellen, wenn wir in der frühen Kindheit nicht genug oder unbeständig geliebt worden sind.
Tatsächlich kommt »Arbeit« in unserem Leben zum ersten Mal in der Phase der Reinlichkeitserziehung zum Ausdruck, denn hier wird unser Verhalten zum ersten Mal auf ein spezifisches Endprodukt hin organisiert. Unsere Eltern regen sich auf wegen unserer »Produkte« und der Disziplin, die wir anwenden müssen, um sie zu »machen«. Die Lust am unmittelbaren Körperempfinden wird in den Hintergrund gedrängt zugunsten der Erreichung des Ziels, rasch und wirksam. Linearität und

Ausrichtung auf ein zukünftiges Ziel sind bei dieser Tätigkeit nicht zu leugnen. Sie ist Arbeit.

In der Phase der Reinlichkeitserziehung erleben wir zum ersten Mal in unserem Leben, daß unser Verhalten einer symbolischen Definition unterzogen wird. Unsere Leistungen auf dem Topf werden »bewertet« und durch Begriffe wie »gut«, »schlecht« und »rechtzeitig« vereinfacht. Wir können nicht länger ausschließlich der sinnlichen Lust und der spontanen körperlichen Entladung frönen. Wir fangen jetzt an, uns auf eine Form der linearen, produktiven, definierten Tätigkeit zu konzentrieren.

Diese »anale« Phase kann einen Menschen im Bereich des Empfindens von Verlusten besonders sensibel machen. Ein Kind empfindet seinen Kot als einen wirklichen Teil des Körpers, der ausgestoßen und in der Toilette hinuntergespült wird. Je nachdem, wie sensibel die Eltern gegenüber dieser Dimension der kindlichen Vorstellung sind, kann das Erleben eines Verlusts entweder auf ein Mindestmaß herabgesetzt oder traumatisch übertrieben werden. Die erregenden neuen Symbole »gut« und »sauber« schaffen mehr oder weniger einen Ausgleich für den Verlust. Das heißt in der Vorstellung des Kindes: »Ich hab meinen Kot verloren, aber etwas anderes gewonnen.« Das erklärt die Befriedigung, die manch einer empfinden mag, wenn er auf dem Block seines Scheckhefts eine Zahl einträgt, die für einen gemachten Einkauf steht. Man hat Geld »verloren« oder »ausgegeben«, aber das Gefühl des Verlusts wird (gewöhnlich unbewußt) gemildert durch das Buchführungssymbol, das an seine Stelle tritt.

Oft können Kinder, die im übrigen frustriert oder sogar traumatisiert werden, ein besonderes Gefühl der Kompensation und der Anerkennung für den Verlust ihres Kots erleben, und diese Dynamik kann sehr stark zur Erregung von Arbeitssucht beitragen. Der Arbeitssüchtige wird von seinem greifbaren Arbeitsprodukt und den Symbolen, die es umgeben, geradezu besessen; sie sind für ihn ein Mittel, ein Gefühl des Verlusts und der Unsicherheit zu überwinden, das ihn in anderen Bereichen seines Lebens zu überwältigen droht. Ein ordentliches, sauberes, meßbares, sichtbares »großes Geschäft« kann für ein Kind das einzige Mittel sein, die Zurückhaltung seiner Mutter zu durchbrechen und ihr ein Lob zu entlocken. Eine positive Reaktion der Mutter auf »Schwerarbeit« und Reinlichkeit kann den Wert der »Arbeit« verstärken und den Weg für eine Haltung der Arbeitsbesessenheit im Erwachsenenleben bereiten. Manche Menschen beschäftigen sich sogar als Erwachsene in Gedanken ziemlich viel mit ihrem Kot, planen ihren Stuhlgang und beziehen erhebliches Vergnügen aus einem »großen Geschäft«, das gut funktioniert hat.

In manchen Gesellschaften gibt es keine emotionale Verstärkung für die »Arbeit des Darms«, und diese Kulturen bringen keine Arbeiten, ja, nicht einmal Arbeit in unserem Sinn hervor. Beim Stamm der Aranda in Zentralaustralien, den der Psychoanalytiker Geza Roheim untersucht hat, pflegten Erwachsene und Kinder zwanglos und öffentlich ihr Geschäft zu verrichten, wann und wo immer der Drang sie überkam. Die einzige Geste der Beachtung, die dem Stuhlgang bei Kindern (oder Erwachsenen) zuteil wurde, war die, daß man den Kot mit etwas Sand bedeckte, um die Fliegen abzuhalten. Es gab kein Lob und keine Beachtung für das, was wir als Reinlichkeit ansehen. Auch die Einstellung der Aranda zur Arbeit und zu Arbeitserzeugnissen ließ sich darauf zurückführen, daß bei ihnen die Darmprodukte keine emotionale Verstärkung erfahren. Roheim beschreibt ein Beispiel für ihre Unempfindlichkeit gegenüber persönlichen Verlusten:

> Wenn man im Busch umherwandert, kann man oft einen völlig wohlerhaltenen Bumerang finden. Der Eigentümer hat ihn einfach weggeworfen, weil er seiner müde ist. Er macht sich dann einen neuen, und der Verlust an Zeit und Arbeitsaufwand macht ihm nicht das geringste aus.*

In unserer eigenen Kultur jedoch sind unsere Werke und ihr dauerndes Vorhandensein entscheidend für unser Wohlbefin-

* G. Roheim, *Psychoanalyse und Anthropologie.*

den. Bei den meisten von uns beruht die Entwicklung und Aufrechterhaltung eines sicheren Selbstgefühls auf der Erschaffung von Symbolen des Selbst durch »Werke«. Mit dem Erwerb verschiedenartiger Fertigkeiten lernen wir, Aufgaben zu erfüllen, und streben danach, konkrete Symbole des Selbst in unseren Arbeitserzeugnissen und Arbeitsleistungen zu schaffen. Das Gefühl unserer eigenen »Wirklichkeit« wird erhöht, wenn wir unser »Selbst« durch unsere Werke definiert sehen. Freud hat geschrieben: »Keine andere Technik der Lebensführung bindet den einzelnen so fest an die Realität als die Betonung der Arbeit ...«*

Die Probleme der Krise in der Lebensmitte und nach Beendigung des Arbeitslebens drehen sich genau um dieses Problem der Selbstdefinition durch Arbeit. Besonders für Menschen, deren Erfolg symbolisch in Beförderungen innerhalb von Firmenorganisationen zum Ausdruck kommt, stellt die Krise in der Lebensmitte das Nachlassen der Leistungen dar. Firmenhierarchien haben die Gestalt einer Pyramide. Wir können rasch vorankommen, solange wir noch an der Basis der Pyramide sind, aber wenn wir aufsteigen, verengt sich der Raum, und es ist nur noch für wenige Platz, weiter aufzusteigen. Die meisten Menschen bleiben stehen. Das Einkommen und die Titel steigen nicht weiter an. Ohne Verstärkung durch diese äußeren Symbole wird das Selbstgefühl anfällig. Im Leben der meisten Menschen sind Leistungen ein Dauerbedürfnis, weil ständig die Zeit vergeht, verlorengeht, und weil wir immer mehr Zeichen der Erfüllung brauchen, um deren Verlust zu bewältigen. Unsere Hoffnung besteht darin, daß das Produkt des Selbst bleibt, wenn die Zeit seiner Erzeugung vorbei ist.

Der Ruhestand bringt einen noch extremeren Grad der »Identitätskrise« mit sich. Ohne ein fortwährendes lineares Fortschreiten von Leistungssymbolen vergeht die Zeit unbarmherzig. Es gibt kein Gefühl, man beherrsche die Zeit

* S. Freud, *Das Unbehagen in der Kultur*, S. 438.

durch das Erschaffen »bleibender« Werke, die die Vergangenheit »bewahren«. Noch verheerender ist für viele Menschen das Aufhören konkreter Zeichen der Selbstdefinition. Wenn ihnen gesagt wird, nun könnten sie sich »entspannen« und das Leben »genießen«, ohne den Zwängen der Arbeit unterworfen zu sein, kann es für manche Menschen ganz und gar entnervend sein. Nicht nur die äußere Welt ist nun unstrukturiert und ohne spezifische Ziele und zukunftweisende Zwecke, sondern auch die innere Welt wird zu einem wirren und verwirrenden Durcheinander. Ohne spezifische Produkte ihrer Arbeit, die ein Selbstgefühl definieren und verstärken könnten, erleben viele Menschen den Ruhestand als ein Stadium, in dem das Selbst stirbt. Für sie ist, emotional gesehen, der Unterschied zwischen Ruhestand und dem wirklichen Tod unter Umständen minimal.

Die Aussicht auf ein zu schaffendes Werk kann uns selbst während der schrecklichsten Erlebnisse Kraft und Selbstbestätigung geben. In *Man's Search for Meaning* (1963) gibt uns Viktor Frankl, ein Psychiater, der die Schule der Logotherapie gegründet hat, ein ergreifendes Beispiel dafür:

> Als ich ins Konzentrationslager ... gebracht wurde, wurde eines meiner zur Veröffentlichung bereiten Manuskripte beschlagnahmt. Gewiß hat mir mein tiefer Wunsch, dieses Werk neu zu schreiben, geholfen, die Ungeheuerlichkeiten des Lagers zu überleben. Zum Beispiel habe ich, als ich an Typhus erkrankt war, viele Notizen auf kleine Papierfetzchen gekritzelt, die mich in die Lage versetzen sollten, das Manuskript neu zu schreiben, falls ich den Tag der Befreiung erleben sollte. Ich bin sicher, daß diese Rekonstruktion meines verlorenen Manuskripts in den finsteren Baracken eines bayerischen Konzentrationslagers mir geholfen hat, die Gefahr des Zusammenbrechens zu überwinden. (Und Frankl sagt weiter:) ... geistige Gesundheit beruht auf einem gewissen Grad der Spannung, der Spannung zwischen dem, was man schon *geleistet* hat, und dem, was man noch *erreichen* sollte, oder der Lücke zwischen dem, was man *ist,* und dem, was man *werden* sollte ... Was der Mensch wirklich braucht, ist nicht ein spannungsloser Zustand, sondern vielmehr das Streben und Kämpfen um ein *Ziel,* das seiner wert ist. (Hervorhebungen v. Verf.)

Viktor Frankls »Selbst« war in diesem Manuskript enthalten und durch es versinnbildlicht, und die Vollendung des Manuskripts war gleichbedeutend mit seinem Überleben. Ohne die Vorstellung, fähig gewesen zu sein, das Manuskript zu retten und wiederauferstehen zu lassen, hätte für ihn das bloße physische Überleben dennoch den Tod eines wichtigen Teiles seines »Selbst« bedeutet.

# 7 Das Gefühl der Sicherheit

Wir alle brauchen unser Leben lang irgendeine Form beständiger liebevoller Reaktion auf unser Dasein und unser Verhalten, wenn wir uns ein Gefühl emotionaler Sicherheit bewahren sollen. Der Psychiater, der den Versuch mit dem Rollentausch durchgeführt hat, den ich im 5. Kapitel beschrieben habe, hat von der umgekehrten Beziehung zwischen den Bedürfnissen, geliebt zu werden, und dem Bedürfnis, berufstätig zu sein, gesprochen. Als er nicht im Beruf war, brauchte er den Eindruck, daß sein Dasein liebevolle Reaktionen seiner Frau auslöste, daß sie aus eigenem Willen zu ihm kam und ihn küßte und liebkoste. Er brauchte es, daß sie lächelte und ausdrücklich ihre Anerkennung für seine Bemühungen mit den Kindern äußerte.

Er hatte das Gefühl, wenn er in seinem Beruf arbeitete, brauche er diese Bestätigung nicht in gleichem Maß, und er bemerkte, daß seine Frau viel weniger physische Zuwendung von ihm brauchte, wenn sie tief in ihrer Arbeit steckte. Wir können hieraus schließen, daß *die Arbeit als eine verborgene Quelle von Liebe und Zuneigung, und daher auch Sicherheit, dienen kann.* Manche Menschen blühen tatsächlich durch diesen Aspekt der Arbeit auf.

In diesem Kapitel werfen Menschen mit »Problemen« ein Licht auf eine normale Dynamik des Arbeitsbedürfnisses. Wenn etwas »glatt läuft«, können wir oft nicht sehen, wie es funktioniert. Oft muß etwas erst zusammenbrechen oder auseinanderfallen, bevor wir seinen Mechanismus untersuchen können.

Als Richard Chapmans Ehe sich aufzulösen begann, wurde ihm seine Arbeit zum Ersatz dafür. Chapman war ein erfolgreicher Zahnarzt in einem Vorort mit einer überwiegend der oberen

Mittelschicht angehörenden Bevölkerung. Den meisten Menschen, die ihn kannten, erschien er als freundlich, interessant und großzügig. Er war sehr aktiv in Gemeindeangelegenheiten, intelligent, sehr belesen, nachdenklich und aufgeschlossen gegenüber wichtigen sozialen Fragen. Allem Anschein nach waren er, seine Frau und ihre drei Kinder eine glückliche Familie.

Mit neunundzwanzig Jahren hatte er Anita Connelly geheiratet, eine junge Frau, die drei Jahre vorher angefangen hatte, als Zahnarzthelferin bei ihm zu arbeiten. Sie war vier Jahre jünger als er und war in einer ziemlich einfachen, engherzigen Arbeiterfamilie aufgewachsen. Ein Jahr, nachdem sie angefangen hatte, bei ihm zu arbeiten, spann sich ein persönliches Verhältnis zwischen ihnen an. Er fand sie recht anziehend und war gerührt über ihre Naivität und Unschuld. Anita war in sexueller Hinsicht etwas gehemmt, und Richard respektierte ihren Wunsch, den Geschlechtsverkehr so lange aufzuschieben, bis sie sich an den Gedanken gewöhnt hätte. Sie vergötterte ihn.

Es war von Anfang an nie eine Beziehung unter Gleichen. Er war der gütige »ältere Mann«, der die Anbetung der jüngeren Frau genoß. Aber sie schienen große Freude aneinander zu haben, und diese Ausgewogenheit dauerte an, bis Anita Chapman zwei Jahre nach der Hochzeit schwanger wurde. Sie arbeitete weiter mit Richard zusammen bis drei Monate vor der erwarteten Niederkunft. Die Schwangerschaft und die geistige Vorbereitung auf ihre neue Rolle als Mutter bewirkten bei Anita eine Reifung, die auf subtile Weise in ihrem Mann Spannungen hervorzurufen schien. Obwohl ihm immer noch sehr viel an ihr lag, fing er an, wegen belangloser Dinge an ihr herumzumäkeln, und verfiel leicht in »schlechte Laune«. Er fand Gründe, jeden Tag länger in der Praxis zu bleiben, war plötzlich von Veröffentlichungen und fachlichen Tätigkeiten in Anspruch genommen und verlängerte seine Sprechzeit an Samstagen, »weil wir mehr Geld brauchen, wenn wir erst das Baby haben«.

Obwohl der äußere Anschein es nicht zeigte, begann sich das Gefüge der Beziehung zwischen den Chapmans zu ändern, wärend die Familie sich vergrößerte. In sechs Jahren bekamen sie drei Kinder. Da Anita als Frau reifte, konnte sie ihre eigenen Bedürfnisse offener ausdrücken und die ihrer Kinder wirksam vertreten. Richard war an der Oberfläche liebenswürdig, entgegenkommend und zärtlich, aber auf einer tieferen Ebene fühlte er sich in der weniger beherrschenden Stellung, in der er nun war, unsicher. Er fand es schwieriger, an seinem Klavierspiel und an seiner Fotografie zu arbeiten, wie er es vorher hatte tun können, ohne dabei unterbrochen zu werden, und er schrieb dies dem Umstand zu, daß Anita mehr an den Kindern liege als an ihm. Er hatte das Gefühl, sie »mißbrauche« ihn, wenn sie ihn bei der Pflege der Kinder helfen ließ. Weder verstehe noch würdige sie seine Bedürfnisse, sagte er. Er merkte zwar kaum, daß es geschah, aber die Arbeit wurde allmählich zur Zuflucht für ihn. Er verschaffte sich die Art von Bestätigung, die er zu Hause entbehrte, von seinen Patienten, die ihn anbeteten, von seiner jungen, respektvollen Helferin und von seinen Berufskollegen, die ihn zum Vorsitzenden der örtlichen zahnärztlichen Vereinigung wählten. Die Arbeit war ein Schauplatz, wo er herrschen konnte. Er brauchte eine Art der Versorgung und Fütterung, die ihm sein Familienleben nicht mehr bieten konnte. Dort forderte man von ihm, mehr zu geben als zu empfangen, und das machte ihn, obwohl er es bewußt leugnete, unsicher und besorgt.

Richard Chapman beurteilte die allmähliche Verschlechterung der Beziehung zwischen sich und seiner Frau so, daß sie ihn nicht mehr so liebe wie in jenen seligen Zeiten, als sie noch für ihn gearbeitet hatte. Um zu spüren, daß seine Frau ihn wirklich liebte, brauchte Richard offenkundige Zeichen ihrer Zuneigung und Unterstützung. Er wollte, sie sollte ihm seine Bedürfnisse von den Augen ablesen, ohne daß er sie äußern mußte. Unbewußt prüfte er ständig ihr Verhalten, um die Qualität der Liebe zu messen, die sie ihm gegenüber zum Ausdruck brachte. Auch nur die Andeutung von Kritik schmerzte ihn, und wenn Anita irgendeinen persönlichen Kummer über ihre eigenen Tätigkeiten äußerte, nahm er dies als Anklage wahr, als Feststellung, er sei als Ehemann unzulänglich. Er hatte kein Vertrauen dazu, daß seine Frau oder andere ihn liebten. Er brauchte ständige Anerkennung und konkrete Bestätigung, und wenn sie ausblieben, fühlte er sich abgelehnt.

Auch die Sexualität war für die Chapmans problematisch. Richard sah Anita als »zu bedürftig« an. Sie wünschte sich öfter Verkehr als er. Richard gab zu, daß seine sexuellen Bedürfnisse oft durch Onanie stärker befriedigt wurden als durch Geschlechtsverkehr. Es machte ihm Spaß, Fotos von molligen Frauen mit großen Brustwarzen anzuschauen, die in verschiedenen Zeitschriften »für ihn« posierten. Besonders gern hatte er Fotos, auf denen die Frau direkt in die Kamera blickte, als sehe sie nur ihn an. Der Augenkontakt nährte seine Fantasie, die Frau werde von ihm erregt, und das diente zur Befriedigung seines Bedürfnisses, sich gebraucht und sicher zu fühlen.

Pornographie verschaffte Richard ein Maß der Herrschaft, das er in der Beziehung zu seiner Frau nicht hatte. Er konnte in der Fantasie genau das, was er wollte, haben, wann immer er wollte, jede Frau, die er begehrte, stand ihm so zur Verfügung, wie es seinen Wünschen entsprach. Er konnte die Fantasie genießen, angebetet zu werden, wenn Fotomodelle ihn von der Seite einer Zeitschrift direkt ansahen. Es war nicht so, daß er das Bedürfnis hatte, Frauen sadistisch zu überwältigen und zu beherrschen. Seine Abhängigkeitsbedürfnisse und seine Angst vor Verlust und Trennung waren die primäre Motivation für seinen Wunsch, zu beherrschen, seine »Brustwarze« zu jeder Zeit, wann immer er es wünschte, zur Verfügung zu haben. In Wirklichkeit wünschte er sich mehr die Liebe einer Mutter als die einer Frau.

Die Liebe einer Mutter ist eine wahrhaft selbstlose Liebe dort, wo es um ihre Kinder geht. Richard Chapmans Frau hatte in der Anfangszeit ihrer Beziehung ihren Mann kritiklos angebetet und sorgfältig all seine Bedürfnisse erfüllt. Sie war immer da, wenn er nach ihr verlangte. Als sie reifer wurde und ihre unabhängige Selbstdefinition sich herauskristallisierte, fand sie die Situation, in der sie sich mit Richard befand, ziemlich frustrierend. Sie war psychisch gewachsen und hatte sich so weit entwickelt, daß sie ihn zwar noch liebte, aber ihn nicht mehr so *brauchte* wie früher. Richard behauptete zwar, genau das wünsche er ja auch, aber sein unbewußtes Bedürfnis, sie solle von ihm abhängig sein, blieb auf eine Weise unerfüllt, die ihn frustrierte und sogar lähmte.

Im Idealfall ist die Liebe einer Mutter spontan, biologisch und unkritisch. Eine Mutter trifft keine Auswahl; sie sucht sich nicht unter vielen Kindern, die sie kennt, eines aus, um es zu lieben. Ihre Liebe ist kontinuierlich, unendlich zuverlässig und wird gelenkt durch die Wünsche ihres Kindes. Es stimmt natürlich, daß sich die Mutter-Kind-Beziehung entfaltet, und die totale Selbstlosigkeit der Mutter dem Säugling gegenüber wandelt sich, während ihr Sprößling heranwächst. Aber im wesentlichen bleibt die Liebe einer Mutter das ganze Leben lang gleich. Für Richard Chapman schien die sichere Mutterliebe wichtiger als alle anderen Formen des Liebeserlebens.

Die Liebe einer Ehefrau ist nicht dasselbe wie Mutterliebe. Sie ist nicht selbstverständlich, kritiklos und biologisch; sie kann ebenso plötzlich und dramatisch wieder verschwinden, wie sie gekommen ist, ihr Prototyp ist nicht Anbetung, sondern die gegenseitige, einfühlsame Interaktion zwischen selbständigen Gleichgestellten. Kritik wird ungezwungen geäußert, und Selbstlosigkeit ist nicht das Wesen der Gattenliebe, im Gegensatz zur Mutterliebe. Die Aufrechterhaltung der Gattenliebe hängt von einer mehr oder weniger fortwährenden Beachtung seiner oder ihrer Bedürfnisse ab; anders als Mutterliebe kann man sie nie als selbstverständlich ansehen, zumindest nicht ohne schwerwiegende Folgen.

Richard Chapman war zur Welt gekommen, als seine Mutter siebzehn Jahre alt war. Sein Vater war ein ziemlich erfolgreicher Geschäftsreisender, zehn Jahre älter als die Mutter, der sehr viel auf Reisen und bei Frauen sehr beliebt war. Richards Mutter war eine ängstliche, unglückliche Frau, die noch vier weitere Kinder, lauter Mädchen, bekam, bevor Richard sieben Jahre alt war. Einen Großteil seines ersten Lebensjahres war sie mit ihm allein, da sein Vater drei von vier Monaten unterwegs war. Sie wurde schwanger mit ihrem zweiten Kind, als Richard vier Monate alt war.

Richards Erinnerungen an seine frühe Kindheit waren vage; er wußte nur ganz allgemein, daß er seiner Mutter immer beim Versorgen von Babies zugesehen hatte. Er war ein sehr arbeitsamer, tüchtiger Junge, der ihr half, wenn sie ihn darum bat, was oft vorkam. Zwei seiner jüngeren Schwestern waren kränklich; er paßte häufig auf die Geschwister auf und half der Mutter beim Hausputz und beim Einkaufen. Er hatte schon recht früh ein starkes Verantwortungsgefühl und spielte nicht viel mit Freunden, weil er zu Hause gebraucht wurde.

Für den heranwachsenden Richard war die Beziehung zum Vater schmerzlich. Sein Vater hatte nicht nur praktisch nichts mit seinem einzigen Sohn zu tun, sondern darüber hinaus schien ihm Richard zu mißfallen, und er demütigte ihn ohne Erbarmen. Wenn er nicht auf Reisen war, war er entweder mit Kunden oder mit Freundinnen unterwegs, oder er war auf der Rennbahn. Auf die Pferde zu wetten, war seine Leidenschaft, und er verlor ständig Geld, das der Familie hätte zugute kommen können. Er hatte ein ziemlich hohes Einkommen, aber seine Frau und seine Kinder bekamen selten etwas davon zu sehen. Richards Mutter wurde immer von Vermietern und Schuldeneintreibern belagert, und sie und ihre fünf Kinder lebten in ständiger Furcht vor dem Läuten der Türglocke. Die Mutter war eine Frau, die niemals lächelte. Es schien für Richard keine Möglichkeit zu geben, ihr eine Freude zu machen, obwohl er es auf alle möglichen Weisen versuchte, indem er in der Schule und zu Hause ein sehr braver, hingebungsvoller Junge war.

Auch den Vater konnte Richard anscheinend mit nichts, was er tat, zufriedenstellen. Wenn sich der Vater einmal die Zeit nahm, Richards Zeugnis anzusehen, was sowieso selten vorkam, wurde er sogar wegen seiner guten Noten verspottet. Wenn sein Vater jemals mit ihm Ball spielte, wies er immer nur auf die Dinge hin, die Richard falsch machte; er lobte seinen Sohn nie für das, was er richtig machen konnte. Er schien sich ein Vergnügen daraus zu machen, Richard in sportlichen Wettkämpfen zu besiegen, für die der Junge noch zu klein war, um sie gut zu beherrschen.

Wenn Richards Vater auf Reisen war, war Richard der einzige »Mann« im Haus, und ihm wurden Verantwortlichkeiten übertragen, für die er sich belohnt fühlte. Bei solchen Gelegenheiten konnte er sich der Fantasie hingeben, er sei für die Erhaltung der Familie unentbehrlich. Aber wenn sein Vater zu Hause war, wurde Richard grob und abrupt verdrängt. Die Mutter war seinem Vater vollständig ausgeliefert. Oft kam Richard nach Hause und fand seine Eltern im Wohnzimmer beim Liebesakt vor. Der Vater pflegte über Richards verlegene Reaktion darauf zu lachen und machte nicht einmal eine Geste, um den Geschlechtsakt zu verbergen. Zu anderen Zeiten, wenn sein Vater nicht reiste, war die Mutter oft bis spät abends außer Haus, und Richard mußte für seine Schwestern etwas zu essen machen und sie ins Bett bringen.

Trost fand er in der Schule. Hier hatte er eine Umwelt, die beständig und geregelt war, ein Gegenmittel gegen das Chaos und das völlige Auf-sich-selbst-Gestelltsein, das ihm zu Hause aufgezwungen wurde. Das Lernen, der Erwerb von Fertigkeiten und Fachwissen und ein Gefühl von Erfüllung, Leistung und Anerkennung waren außerordentlich befriedigend und boten ihm ein Mittel, seinem Leben Ordnung und Ziel zu geben. Soziale Kontakte anzuknüpfen, war für ihn zu unvorhersehbar und zu gefährlich. Er sah andere Menschen als »Nehmende«, während die Arbeit ihn mit Befriedigungen versorgte, die lenkbar und bedeutsam waren. An der Oberfläche war er ganz einnehmend und freundlich, aber er vermied tiefe Freundschaften.

Als Erwachsener reagierte Richard Chapman in seinem

überstarken Bedürfnis nach Liebe so auf das Leben, als sei er immer noch in der Albtraumsituation seiner frühen Kindheit. Obwohl sich die objektiven Umstände seines Lebens verändert hatten und die Menschen in seinem Leben gänzlich andere waren, stand er unter dem Zwang, diese neuen Verhältnisse so wahrzunehmen und so auf sie zu reagieren, als seien sie immer noch die alten aus seiner Kindheit. Für Richard blieben die Gefühle der Enttäuschung, der Verlassenheit und der Ablehnung durch seine Eltern frisch und waren im Überfluß vorhanden. Sein Leben war darauf angelegt, diese Gefühle zu kompensieren, und er fühlte sich gezwungen, es so zu organisieren, daß er sich das Gefühl maximaler Herrschaft verschaffen konnte. In seinen sexuellen Fantasien ließen ihn die Frauen nie allein, wie es seine Mutter getan hatte; sie waren immer da, wenn er sie brauchte. Er, nicht sein Vater, war der primäre Brennpunkt ihrer sichtbaren sexuellen Erregung. Sie lächelten nur für ihn. Seine Versuche, mit seiner jungen Frau eine ähnliche Welt aufzubauen, waren zum Scheitern verurteilt, weil die Entwicklung seiner Frau nicht seinen Bedürfnissen nach Liebe und Sicherheit unterworfen war.

Aber seine Arbeit war es. Hier war ein Bereich, in dem Richard die emotionale Befriedigung immer in der Hand hatte. Der disziplinierte Erwerb bestimmter Fertigkeiten befähigte ihn, als Zahnarzt fest umrissene Ergebnisse zu erreichen. Seine vollendeten, künstlerisch geschaffenen »Produkte« waren eine fortwährende Bestätigung seiner selbst und seines Wertes. Dies wurde natürlich noch verstärkt durch die Verehrung seiner Patienten und den Respekt seiner Kollegen. Die Beziehungen zu diesen Menschen in seinem Arbeitsleben waren so stark formalisiert, oberflächlich und diskontinuierlich (wie es alle mit der Arbeit verbundenen Beziehungen sein müssen), daß er sich einfach wegen seiner tüchtigen Arbeit geliebt fühlen konnte. Er wurde durch seine Arbeit auf eine Weise »gefüttert«, die einen Ausgleich für die Gefühle des Abgelehntwerdens bot, welche er empfunden hatte, wenn er zusah, wie seine Mutter die vier Schwestern fütterte, während er daneben stand. Das

Gefühl, von seiner Arbeit gehalten und erfüllt zu werden, verschaffte ihm die besänftigende Empfindung, von einer liebenden Mutter im Arm gehalten und umfangen zu werden. Wenn Richard davon sprach, in der Praxis zu sein, eifrig an der Arbeit mit seinen Patienten, benützte er sehr oft den Ausdruck »im Geschirr«. Er beschrieb das Vergnügen, das er empfand, wenn der Montagmorgen wieder herankam und er »wieder im Geschirr« war. Der Ausdruck ist ein Bild der Passivität, vom Gelenktwerden und Gefesseltsein, angetrieben von einem äußeren Meister. Richard Chapman fühlte sich in diesem Zustand behaglich. Selbst in Situationen, in denen er es war, der die Initiative ergriff, um bestimmte Pläne zu machen oder Ereignisse herbeizuführen, zog er es vor, von seinen Tätigkeiten mit Ausdrücken des Zwangs zu sprechen: »Ich *muß* dies tun, ich *muß* jenes tun.« Er pflegte z. B. zu sagen, er könne an einem bestimmten Tag nicht um zwei Uhr zu mir kommen, »weil ich dann Patienten behandeln muß«. Als ich ihn darauf hinwies, daß er doch die Freiheit habe, sich seine Arbeitszeit auf jede Weise einzurichten, die er wünsche, stimmte er widerstrebend zu, fügte aber rasch hinzu: »Ich muß alle diese Patienten behandeln, weil ich ein bestimmtes Einkommensniveau aufrechterhalten muß.« Wenn ich ihn darauf hinwies, daß er ebensogut sagen könnte: »Ich *will* ein bestimmtes Einkommensniveau aufrechterhalten« wie »ich *muß*«, pflegte er zu antworten: »Ja, aber so fühlt es sich nicht an.«
Es war klar, daß er Freiheit als Alleingelassenwerden erlebte. Die Arbeit, selbst seine schöpferischen Freizeitbetätigungen, wie Fotografieren und Musizieren, waren einschränkender und dem »Geschirr« ähnlicher als entspannte, nicht zielgerichtete Muße oder Liebe. Wenn wir arbeiten, können wir nie so wirklich spontan oder frei sein, das Maß an persönlicher Initiative zu ergreifen, das uns im Privatleben zur Verfügung steht. In welchen Arbeitsbereich wir auch kommen, immer ist schon eine geformte Struktur vorhanden, der wir uns einfügen. Jeder Arbeitsaufgabe sind die Grenzen inbegriffen, die auf den Beschränkungen der Materialien der jeweiligen Arbeit beru-

hen. Methoden, Verfahren, Übereinkünfte, Regeln und systematische Techniken gelten für das Schreiben eines Gedichts ebenso wie für das Füllen eines Loches im Zahn; sie sind das Geschirr, das wir alle tragen müssen, wenn wir an eine Arbeit herangehen.

Richard Chapman boten die »warmen« Einschränkungen der Arbeit ungewöhnliche Erquickung. Die Beziehungen zu seinen Mitarbeiterinnen, seinen Patienten und seinen Berufskollegen waren durch spezifische Rollen festgelegt. In der Intimität der persönlichen Zusammenkünfte war er der Strukturen und Merkmale beraubt, die oberflächlichere Interaktionen bestimmen. Er mußte ein Gespräch ohne eine vorbereitete Formel oder eine erlernte Technik beginnen. Seine Arbeit verschaffte ihm eine sichere, besänftigende Atmosphäre, die ihn leitete und sein Bedürfnis, sich geliebt und versorgt zu fühlen, befriedigte. Da wir gewöhnlich die Vorstellung von Passivität mit untüchtigen, erfolglosen Menschen verbinden, mag es paradox erscheinen, daß dieser extrem aktive, beruflich erfolgreiche Mann für sein Bedürfnis, von einer starken Mutter im Arm gehalten, gestillt und versorgt zu werden, durch seine Arbeit Befriedigung fand. Aber Passivität und Untüchtigkeit sind Eigenschaften, die auftauchen, wenn die Sehnsucht der betreffenden Menschen nach Abhängigkeit *direkt* zum Ausdruck kommt. Solche Leute klammern sich offen an andere. Bei Leuten wie Richard Chapman wird dasselbe Verlangen nach Abhängigkeit sublimiert und *indirekt* in höher entwickelter, produktiverer und kreativerer Form ausgedrückt, aber das darunterliegende Bedürfnis, mit einem Muttterersatz in enger Fühlung zu bleiben, ist oft sehr ähnlich.

Das Bedürfnis, von der eigenen Arbeit eingespannt, festgehalten und besänftigt zu werden, erklärte die tiefe Traurigkeit, die mir ein Romanautor beschrieb (den ich einmal behandelt habe), und die eintrat, als er schließlich sein Manuskript zur Veröffentlichung vorlegte. Dieses »Produkt«, mit dem er fünf Jahre lang engen Kontakt gehabt hatte, war nun fort. Es hatte nun ein Eigenleben, und nun konnte er nicht mehr zärtlich und liebevoll einen Satz oder einen Abschnitt überarbeiten, wenn er das Bedürfnis danach hatte. Er empfand ein tiefes Gefühl des Verlusts, wie über das Fortgehen einer liebenden Mutter. Dies war eine normale Kummerreaktion.

Als der Astronaut »Buzz« Aldrin im Wasser aufgekommen war und seine Raumkapsel nach einer erfolgreichen Fahrt zum Mond in der Raumfähre Apollo 11 verlassen hatte, äußerte er ähnliche Gefühle in lebendiger Ausführlichkeit. Die Kapsel war eine Art Mutter gewesen, die für jedes seiner Bedürfnisse gesorgt hatte. Er wurde in einem Hubschrauber von ihr fortgetragen und hatte dabei folgende Gedanken:

Während der Fahrt (im Hubschrauber), die etwa zwei Minuten dauerte, hatte ich ein eigenartiges Gefühl des Verlusts. Erst als ich nach unten blickte, konnte ich das Gefühl begreifen. Unten im Wasser war *Columbia,* unser Raumgefährt, klein, kompakt und praktisch eine Erweiterung von uns allen. Nun ließen wir sie zurück. Wir hatten sie zurückgelassen, unseren Kokon abgeworfen. Sie wirkte klein und hilflos, aber noch vor wenigen Minuten hatte sie Sicherheit und Geborgenheit bedeutet.*

Dies ist eine ergreifende Beschwörung dessen, wie es sich anfühlt, die »Heimat« zu verlassen. Die Beendigung unserer Arbeit und der Abschied von unserem Produkt, das praktisch auch eine »Erweiterung von uns selbst« ist, kann in uns dasselbe traurige Gefühl erwecken.

Trotz seines bereits anstrengenden Arbeitstages konnte Richard Chapman es niemals über sich bringen, einen Patienten mit Zahnweh abzuweisen, der ihn einfach um elf Uhr nachts aufsuchen *mußte,* oder einen Redakteur einer Zeitschrift, der innerhalb einer Woche einen Originalbeitrag von ihm brauchte. Wenn er auf solche Forderungen nicht einging, hatte er das Gefühl, er sei faul oder drücke sich von der Arbeit, und er fürchtete, man werde ihn dafür bestrafen. Wenn er für sein Mittagessen mehr als zwanzig Minuten brauchte, fürchtete er, seine Helferin oder einer seiner Assistenten würde anfangen, über seine Faulheit und seine Disziplinlosigkeit zu munkeln.

* E. Aldrin, *Return to Earth.*

Zu der Fantasie, kritisiert zu werden, gehört immer ein Stärkerer über einem, jemand, der mit elterlicher Autorität und Wichtigkeit ausgestattet ist. Wenn man diese Fantasie beibehält, erhält man auf diese Weise auch die fortwährende Gegenwart eines beteiligten, mächtigen, aber besorgten Elternteils aufrecht. Man ist nicht wirklich selbständig, fällt seine eigenen Entscheidungen und folgt seinem eigenen Rhythmus, sondern man wird immer noch von einer Fantasiemutter (einem Fantasievater) beobachtet und sorgfältig beurteilt. Menschen, die sagen, es fehle ihnen an Selbstvertrauen, und die überempfindlich gegen Kritik sind, möchten oft unbewußt eine kritische Mutter (einen kritischen Vater) in ihrer Nähe behalten. Sie statten jeden in ihrer Umgebung mit elterlicher Gewalt aus; das ist eine verborgene Möglichkeit, eine Mutter oder einen Vater bei sich zu behalten, der oder dem man dann fortwährend zu gefallen versucht.

Die Fantasie enthält auch den Wunsch, all diesen »Kritikern« solle wirklich so viel an einem liegen, daß sie Kritik üben und tadeln; sie nehmen so viel Anteil, daß sie ständig sehr, sehr sorgfältig aufpassen. Richard Chapman wollte nicht glauben, daß er nicht im Mittelpunkt des Interesses aller Menschen in seiner Umgebung stand, und daß ihn nicht alle durch ein Vergrößerungsglas betrachteten, wie es vielleicht eine übereifrige Mutter tun würde. Wie wir gesehen haben, war seine Mutter entschieden zu wenig eifrig, wo es um ihn ging, und der Mangel an Erfüllung seines Bedürfnisses nach mütterlicher Fürsorge und Anteilnahme hatte sehr viel mit seinem Bedürfnis zu tun, durch seine Arbeit Erfüllung zu finden.

Das Gefühl, für Patienten und Berufskollegen »unentbehrlich« zu sein, das Chapman manchmal aus seiner Arbeit bezog, ist ein weiteres Zeichen für sein Bedürfnis, eine Eltern-Kind-Situation zu schaffen oder sich zu bewahren, nicht eine Situation unter Erwachsenen. Nur ein Elternteil empfindet ein Kind als unersetzlich. Der schmerzlichste, lähmendste Verlust, den ein Mensch erleiden kann, ist der Tod seines Kindes. Kein anderer persönlicher Verlust, gleichgültig, wie schmerzlich er sein mag, kommt der lebenslangen Trauer einer Mutter (eines Vaters) über den Tod oder das Verschwinden eines kleinen Kindes gleich. Ehepartner sind letzten Endes ersetzbar. Noch leichter ersetzbar sind Mitarbeiter oder Fachleute, die uns Dienste geleistet haben. Ganz gleich, ob man jemandem sagt, er sei für seine Arbeitsstelle unersetzlich (oder ob er selber das Gefühl hat), es besteht kein Zweifel, daß er am Ende vergessen werden kann. Wenn die Patienten Richard Chapmans auf ihn verzichten müßten, könnten sie jemand anders finden, der ihre Zähne behandeln würde, und sie würden nicht ihr Leben lang an lähmendem Kummer leiden. Wie sehr er es nötig hatte, sich ihnen unentbehrlich zu fühlen, entspricht dem Maß, in dem er die Fantasie aufrechterhalten mußte, das angebetete Kind einer liebenden Mutter zu sein.

Keine lebensfähige Beziehung unter Erwachsenen kann diese Fantasie nähren. Richard Chapman versuchte, sie zu nähren, indem er eine junge, naive Frau heiratete, die ihn eine Zeitlang wegen ihrer eigenen Abhängigkeitsbedürfnisse anbetete und hochschätzte; er versuchte es wieder, indem er über Pornographie fantasierte. Manche Männer und Frauen weisen die Möglichkeit einer intimen Beziehung auf lange Zeit zurück, indem sie dauernde Serien von zwei oder drei Verabredungen mit verschiedenen Leuten haben. Auf diese Weise können sie das Gefühl der Erregung über eine »neue« Beziehung, das Gefühl, daß jemand anders von ihnen sehr erregt ist, aufrechterhalten. Sie lassen es nicht zu, daß diese Beziehungen sich über die erste, oberflächliche Phase, in der ihr Anruf oder ihre Anwesenheit im anderen spürbares Entzücken weckt, hinaus entwickeln und reifen. Natürlich eignen sich gereifte Beziehungen nicht dazu, dieses Frühstadium der idyllischen Verschmelzung beizubehalten.

Am Ende ist für Menschen wie Richard Chapman die sicherste Möglichkeit, wie von einer Mutter angebetet und getröstet zu werden, durch das Medium der Arbeit zu finden. Die offene, lässige Kritik, die das Familienleben kennzeichnet, ist in der Praxis oder im Büro unangebracht, wo wir an formale, wenn auch unausgesprochene Regeln gebunden sind. In der Arbeitswelt erfordert es nur sehr geringe Mühe, von den Menschen in der Umgebung bewundert zu werden. Richard Chapman war seinen Mitarbeitern und allen seinen Patienten gegenüber sehr höflich und besorgt, und dafür wurde er »geliebt«. Aber er mußte mit Ihnen nicht zusammenleben, und die meisten sah er nicht öfter als zweimal im Jahr.

Wie gesagt, in der eigenen Familie gibt es keine Belohnungen und Zeugnisse, die das Bedürfnis nach elterlicher Anerkennung befriedigen oder die Illusion einer solchen Anerkennung schaffen können. Im Bereich des Persönlichen, wo die Fähigkeit, mitzufühlen und zu verstehen und geduldig und gebend zu sein, die wichtigste Variable ist, kommt es einfach nicht sehr auf Produktivität und Leistung an. Bei unserer Arbeit sind »Ergebnisse«, die man messen und denen man Beifall zollen kann, das wesentliche, und wie wir persönlich sind, ist mehr oder weniger belanglos.

Außerhalb des künstlerischen oder schöpferischen Bereichs sind Arbeitsergebnisse gewöhnlich keine einzigartigen persönlichen Aussagen. Die »perfekten« Zahnprotesen, die Richard Chapman herstellen konnte, waren gewiß Symbole seiner selbst, aber Symbole mit nicht ganz demselben Gehalt an persönlichem Ausdruck wie z. B. seine Lebensführung, die Art der Bilder an seinen Wänden, sein Musikgeschmack oder seine Gespräche mit der Familie am Abendbrottisch. Wir sind schließlich ebenso das, »was wir lieben«, wie das, »was wir tun«. Die Reaktion der Öffentlichkeit auf unsere Leistungen mag uns veranlassen, uns geschätzt und geliebt zu fühlen, aber sind es unsere persönlichen Eigenschaften oder unsere Werke und Taten, die geliebt und angebetet werden? Jemand, der ein starkes Bedürfnis hat, sich geliebt zu fühlen, unterläßt es oft, diesen Unterschied zu machen. Tatsächlich kann jemand wegen seiner »Werke« geliebt, bewundert oder geachtet werden, selbst gegen seinen Willen. Einige unserer berühmtesten Menschenfreunde machten jenen das Leben schwer, die sie angeblich liebten und für die sie sorgten.

Es gab noch einen Ausdruck, den Richard wiederholt benützte: »Lassen Sie mich zur Sache kommen.« Wie »im Geschirr« war auch dies mehr als eine bedeutungslose Redegewohnheit. Die Arbeit ist ein zielgerichteter oder, genauer, ein auf eine Sache gerichteter Vorgang. »Zur Sache kommen« bedeutet, den kürzesten und schnellsten Weg zum Arbeitsprodukt oder zum Ziel einschlagen.

Der Prototyp jedes zielgerichteten Verhaltens, der ursprüngliche zielstrebige Akt ist die Suche des Säuglings nach der Brustwarze. Die Brustwarze ist die erste »Sache«, auf die ein Mensch zu kommen versucht. Wenn jemand wie Richard Chapman seinen Wunsch wiederholt, »zur Sache zu kommen«, offenbart er nicht nur etwas über sein starkes Bedürfnis, von einer Brustwarze Nahrung und Befriedigung zu erlangen, sondern er sagt uns auch etwas über eine psychologische Bedeutung von Ergebnissen, Zielen, Zwecken und Arbeitsprodukten.*

Über Geld sprach Richard Chapman folgendermaßen: »Wissen Sie, eine der Freuden der Arbeit ist, daß das Geld nur so *hereinströmt,* wenn man gute Arbeit leistet. Es gibt mir schrecklich viel *Befriedigung,* all diese Schecks ankommen zu sehen. Es ist fast, als würde ich *hungrig,* und dann kann ich mich *satt* fühlen. Wenn ich eine Dürrezeit durchmache, in der die Praxis auf niederen Touren läuft, ist es sehr frustrierend. Im Privatleben muß ich nur Schecks schreiben, das Geld geht *raus.* Bei der Arbeit kommt es einfach nur *herein.*«

Die hervorgehobenen Wörter sind hier hauptsächlich »oral« und beziehen sich prototypisch auf das Erlebnis des Gestilltwerdens. Chapmans Bedürfnis, das Hereinströmen dieser Befriedigung zu kontrollieren, erklärt auch seine Unfähigkeit, Arbeit an andere zu delegieren. Er wollte alles selber machen. Wo es die Realität forderte, daß jemand anders eine Arbeit für

* Eine besonders aufschlußreiche Erörterung der Beziehung zwischen bildlicher Ausdrucksweise und infantilen Körpererfahrungen findet sich bei E. Sharpe in: »Psychophysical Problems Revealed in Language: An Examination of Metaphor«, *International Journal of Psychoanalysis,* Bd. 21, 1940, S. 201.

ihn übernehmen mußte – sein Steuerberater, seine Putzfrau, seine Helferin – überwachte er die Betreffenden wie ein Habicht. Wegen des enormen Umfangs seiner Praxis machte er einmal den Versuch, einen Assistenten einzustellen. Der Versuch war für alle Beteiligten eine Katastrophe. Richard konnte es nicht ertragen, wenn jemand zwischen ihn und seine Patienten trat. Diese Kontrolle über die Quelle seiner Befriedigung konnte er nicht aus der Hand geben. Und sein Assistent wurde dadurch erstickt, daß Richard seine Arbeit ständig überwachte. Das Experiment dauerte zwei Wochen.

Er war auch äußerst *ungeduldig* in bezug auf das Erlangen seiner Befriedigung. Wenn er ein Projekt begann, »mußte« er es mit fieberhafter Entschlossenheit zu Ende bringen. Wenn er ein gutes Buch las, legte er es nicht aus der Hand, bevor er es zu Ende gelesen hatte. Und er las niemals dicke Bücher; Kurzgeschichten waren alles, was er ertragen konnte. Bei ihnen mußte er nicht zu lange warten, bis er sich gesättigt fühlte.

Richard Chapman sagte einmal: »Die Arbeit ist etwas, an dem ich mich immer festhalten kann, etwas Greifbares. Wenn ich versuche, in Urlaub zu gehen, fühle ich mich, als sei ich auf See, verirrt und irgendwie allein. Ich habe nichts, woran ich mich orientieren kann, nichts hat einen *Zweck.*«

Bei Menschen, deren Arbeit ihnen das Gefühl verschafft, geliebt zu werden, wird die Krise, die eintritt, wenn sie in den vierziger Jahren und mit Anfang Fünfzig ihre Leistungen plötzlich nicht mehr steigern können, oft durch Anerkennung im sexuellen Bereich gelöst. Die Bewunderung, die junge Frauen Männern mittleren Alters zollen und immer mehr auch junge Männer Frauen mittleren Alters, wird vielleicht mit der Zeit das verlorene Vergnügen der öffentlichen Anerkennung ersetzen, welche die Betroffenen vorher durch Arbeitsleistungen errungen hatten. Einer meiner Patienten beschrieb das Phänomen einmal, wie er es selbst erlebt hatte: »Da war immer das Gefühl persönlichen Fortschritts, als ich in der Firmenhierarchie immer höher stieg. Ich kam auch so rasch voran, daß ich

fast einen kühlen Luftzug im Gesicht spüren konnte, während ich höher und höher kletterte. Ich bin ganz allein aus Ungarn hierhergekommen, als ich siebzehn war, und ich fing bei meiner Bank als Pförtner an. Ich habe nie weitere formelle Schulbildung genossen; Sie können sich also vorstellen, was es mir bedeutet, daß ich heute, dreiunddreißig Jahre später, einer der Vizepräsidenten einer der größten Banken der Welt bin. Mit zweiundzwanzig Jahren habe ich ein Mädchen aus der alten Arbeitergegend geheiratet, wo ich wohnte. Damals war ich Kassierer. Wir hatten vier nette Kinder. Im Rückblick kann ich sehen, daß meine Frau und ich von der Zeit an, als ich sechsundzwanzig war und in die Geschäftsleitung der Bank aufstieg, nicht mehr viel gemeinsam hatten. Ich entwickelte mich weiter, sie nicht. Sie blieb in ihrer Entwicklung stehen und kümmerte sich nur um das Haus und die Kinder. Verstehen Sie mich nicht falsch. Sie hat ihre Sache sehr gut gemacht. Aber ihre Arbeit half anderen, sich zu entwickeln, mich eingeschlossen – aber nicht ihr. Ich nehme an, ich glaubte, die Kluft, die immer weiter wurde zwischen uns, nur überwinden zu können, indem ich mich in meine Arbeit stürzte. Ich fing an, abends sehr spät nach Hause zu kommen; ich blieb entweder im Büro oder ging mit Kunden aus. Je höher ich aufstieg, desto mehr geschäftliche Empfänge waren zu besuchen, und manchmal aß ich zwei Wochen hintereinander nicht mit meiner Familie zu Abend. Meine Vorgesetzten haben mich ständig hervorragend unterstützt, und meine Karriere war wirklich meteorhaft. In dem bißchen Freizeit, das mir blieb, las und studierte ich wie verrückt, und es zahlte sich alles aus. Während dieser Jahre gab es keine anderen Frauen, obwohl meine Frau und ich manchmal ein halbes Jahr lang keinen Verkehr hatten. Es schien mir nichts auszumachen. Mein Leben war meine Arbeit.
Etwa vor fünf Jahren war ich in dieser Bank so weit gekommen, wie ich konnte. Ich war fünfundvierzig. Meine mangelnde Ausbildung holte mich ein, und nun war es zu spät, das Fehlen von Beglaubigungsschreiben wettzumachen. Ich war nun seit fünf Jahren in derselben Stellung. Keine Vorwärtsbewegung

mehr, kein Luftzug im Gesicht. Es gibt kein Gefühl des Erfolgs mehr, und es ist, als ob niemandem mehr etwas an mir liegt. Meine Frau und meine Kinder sind wie Fremde. Ich hab' eine Menge erreicht. Aber ich brauche jetzt mehr als das, und es scheint, als könnte ich das, was ich brauche, nur von den jungen Mädchen bekommen, mit denen ich Verhältnisse habe, Sekretärinnen und Bankvolontärinnen. Ich weiß jedoch, daß keine dieser Beziehungen real ist, denn sobald ich ein Mädchen lange genug kenne, daß es was Gegenseitiges werden könnte, mach' ich Schluß. Ich nehme an, für mich geht das Gefühl verloren, daß jemandem etwas an mir liegt und daß jemand zu mir aufblickt.«

Das Gefühl der Sicherheit ist unser grundlegendstes emotionales Bedürfnis. Seine Wurzeln gehen zurück bis in die frühesten Phasen der psychischen Entwicklung, bis zur warmen, nährenden, umhüllenden Liebe der Mutter im Säuglingsalter. Das ganze Leben lang bleibt der Wunsch nach Sicherheit stark, aber die Quellen, aus denen wir sie beziehen, vervielfältigen sich über die direkte mütterliche Fürsorge und Fütterung hinaus. Wie wir gesehen haben, ist im Erwachsenenleben eines der häufigsten Sammelbecken emotionaler Geborgenheit die Arbeit. Der geistig-seelische Prozeß der zielgerichteten, strukturierten Arbeit selbst kann einem Menschen ein tiefes Gefühl von Schutz und Behagen verschaffen, wie der Fall Richard Chapmans es deutlich gemacht hat. Die Arbeitsumwelt verstärkt außerdem häufig dieses Gefühl der Geborgenheit durch die herzliche Anerkennung von Kollegen, Klienten, Kunden, Patienten, Untergebenen usw. Menschen, denen in der Kindheit in diesem Bereich der grundlegenden Fürsorge nicht viel Befriedigung zuteil geworden ist, neigen dazu, ein übertriebenes und unablässiges Bedürfnis nach Geborgenheit und Liebe zu empfinden. Aber ihr Zwangsverhalten ist nur eine quantitative Abweichung vom normalen, fundamentalen menschlichen Bedürfnis nach Sicherheit.

# 8 Kompetenz, Macht und Selbstachtung

Die Freude an der Arbeit ist die Freude, zu fühlen, daß unsere Tätigkeit *den Widerstand der äußeren Welt überwindet,* die Freude, zu fühlen, daß etwas uns zuteil wird, das unserem Willen zunächst *hartnäckig feindlich* war ... die *Freude siegreicher Kraft. ... Je vollständiger ... die Arbeit einen Menschen autark und selbstbestimmt macht, desto mehr neigt er dazu, allein auf sich selber stolz zu sein, im Bewußtsein seiner eigenen Kraft und seiner eigenen Fähigkeit.* Nicht mehr durch die Vollendung eines so und so definierten Stücks Arbeit findet der Geist Frieden, sondern durch Arbeit im allgemeinen, jede Art von Arbeit, *allein schon dadurch, daß er sich auf Kampf und Eroberung einläßt** (Hervorhebung v. Verf.).

Wie der Historiker Adriano Tilgher in diesem Zitat bemerkt, hängt die Selbstachtung eng mit dem Gefühl von Macht und »siegreicher Kraft« zusammen. Kompetenz *bedeutet* Macht. Menschen, die keine Möglichkeit haben, konstruktive, das eigene Selbst definierende Bewältigung in aggressiver Arbeit zu praktizieren, die wegen rassischer Vorurteile und anderer sozialer und wirtschaftlicher Faktoren ihre Kompetenz nicht zum Ausdruck bringen können, verwandeln ihr Machtbedürfnis oft in die selbstzerstörerische Aggression des Alkoholismus oder der Drogensucht. Bei untergeordneten Tätigkeiten, wo sich die Leute nicht mit den Zielen ihrer Arbeit identifizieren können, beziehen sie unter Umständen mehr aggressive Befriedigung ihres Machtbedürfnisses und mehr Stolz aus der Sabotage oder aus Auflehnung gegen die Autorität als aus einem kreativen »Anpacken« der Aufgaben.

Machtlosigkeit ist gleichbedeutend mit niedriger Selbstachtung. Arbeitspsychologen sind sich sehr wohl dessen bewußt, daß Arbeitende es nötig haben, im Bereich ihrer Arbeit ein Gefühl der Selbständigkeit, der Verantwortung und der Macht zu genießen. Jene, deren Arbeit zu sorgfältig beobachtet und

* A. Tilgher, »Work Through the Ages«.

überwacht wird, werden rasch demoralisiert, gleichgültig, was für einen Status oder was für ein Einkommensniveau sie haben. Ein gutes Beispiel hierfür ist der Fall eines fünfundfünfzigjährigen leitenden Angestellten aus der Werbebranche, der zu mir in die Therapie kam, weil er immer stärker an geringem Selbstvertrauen und Minderwertigkeitsgefühlen litt. Das war nicht immer so gewesen. Noch vor zehn Jahren war er der Chef einer kleinen Werbeagentur gewesen, die er gegründet hatte. Das Angebot, man werde seine Einkünfte verdoppeln, hatte ihn bewogen, seine eigene Agentur zu verkaufen und Vizepräsident einer großen Firma an der Madison Avenue zu werden. Aber zum ersten Mal seit vielen Jahren hatte er nun einen Vorgesetzten. Er begann, das Gefühl der Eigenständigkeit und der letzten Verantwortung für ein vollendetes Projekt zu verlieren, von dem er gar nicht gewußt hatte, daß er es so hoch schätzte, als er noch selbständig gearbeitet hatte.

Infolgedessen repräsentierte und bestätigte ihn seine Arbeit nicht mehr so vollständig wie früher. Sein Chef war ein brillanter, aber tyrannischer Arbeitswütiger, der bei seinen Untergebenen keine Selbständigkeit duldete. Alle Anzeigen, alle Manuskripte und alle Entscheidungen mußten von ihm gutgeheißen werden, bevor irgend etwas in Gang kommen konnte, und er behielt sich auch bei den meisten Routine-Einzelheiten das Recht vor, sie selber »abzusegnen«. Mein Patient empfand dies als einen Angriff auf all seine Fachkenntnis auf diesem Gebiet; er war seiner kreativen Motivation und seines Selbstvertrauens beraubt. Noch schlimmer wurde die Sache dadurch, daß er sich an diese Stellung gefesselt fühlte, denn mit sechsundvierzig Jahren konnte er nicht sehr leicht kündigen und woanders hingehen.

Wenn der Chef geschäftlich unterwegs oder auf Urlaub war, und wenn mein Patient von der sonst ständig anwesenden »Autorität« befreit war, die ihm über die Schulter blickte, kam sein Selbstvertrauen wieder an die Oberfläche. Er hatte seine Aufgaben völlig in der Hand, und die endgültigen Entscheidungen hatte er zu treffen. Aber nur für kurze Zeit. Wenn sein

Chef zurückkam, verschwand sein vorübergehendes Gefühl der Kompetenz und Herrschaft, und damit auch seine Selbstachtung.
In diesem Fall ging es nicht um langandauernde Probleme des Selbstwertgefühls, sondern um ein durch die Situation bedingtes Dilemma, das ein oberflächliches Schwinden von Selbstvertrauen und Selbstachtung bewirkte. Bei manchen Menschen liegt jedoch das Problem der Selbstachtung erheblich tiefer und hat allgemeinere Störungen zur Folge als bei diesem Mann.

In der folgenden Fallgeschichte wird ein Mann beschrieben, der in eine tiefe Depression verfiel, als er früh in den Ruhestand trat und der Quelle seiner Macht und seines Stolzes beraubt wurde.
Paul Harrison war ein einundfünfzigjähriger Bauland-Erschließungs-Fachmann, der mit Hilfe einer kleinen Erbschaft sein eigenes Geschäft gegründet hatte, als er dreiundzwanzig Jahre alt war. Er wurde ungewöhnlich erfolgreich und hatte sein Unternehmen für mehrere Millionen Dollar verkauft. Ein Jahr darauf begann er, an einer schweren Depression zu leiden. Er ging zu früh in den Ruhestand, weil es, vom Geschäftlichen her gesehen, der richtige Zeitpunkt für den Verkauf war, nicht weil er sich aus dem Geschäftsleben zurückziehen und die Früchte seiner schweren Arbeit genießen wollte. Tatsächlich war für Paul die Frucht der Arbeit immer noch mehr Arbeit. Jedes neue Projekt zog unweigerlich wieder ein nächstes nach sich. Die Entwicklungsmöglichkeiten waren bei seiner Arbeit unendlich; es tauchten immer neue Ziele auf, die die alten erweiterten und bereicherten.
»Jemand hat mich einmal gefragt, was ich mir vom Leben wünsche. Die Antwort fiel mir ziemlich leicht. Ich habe einen Hauptwunsch: es in der Welt zu etwas zu bringen. Ich möchte den Leuten als bedeutender Mann in Erinnerung bleiben, als jemand, der die Welt anders zurückgelassen hat, als er sie vorfand. Es mag albern klingen, aber ich hab' manchmal die Fantasie, jemand zu sein, dem in der *New York Times* ein

langer Nachruf gewidmet wird. Wieviele Menschen, welcher Prozentsatz von denen, die sterben, bekommen dort eine Schilderung ihres Lebens? Ein sehr, sehr kleiner Prozentsatz, das ist sicher. Man muß eine Menge leisten, eine Menge vorzeigen können, um da hineinzukommen. Man kommt nicht hinein, indem man Urlaub macht und mit den Kindern im Garten mit der Wurfscheibe spielt.«

Paul war ein Mann mit vielen Interessen. Er las viel auf den Gebieten von Kunst, Literatur und Politik und war ein ernstzunehmender Hobbykoch. Aber sein Beruf war das Zentrum seines Lebens, und ohne ihn waren seine anderen Interessen verblaßt.

»Ich bin jemand, der etwas *tun* muß, um glücklich zu sein. Ich muß aktiv sein. Ich brauche Herausforderungen, Dinge, gegen die ich kämpfen und über die ich Macht haben kann. Sie können sich nicht vorstellen, wie aufregend es ist, einen Besitz für zehntausend Dollar zu kaufen und ihn acht Jahre später im Handumdrehen für eine Viertelmillion wieder zu verkaufen. Das Gefühl von Stolz und Befriedigung ist unglaublich. Als ich mein Geschäft verkaufte, habe ich dies verloren, dies alles. Ich hab' mit meiner Frau einen langen Urlaub gemacht, aber mir war klar, wie verzagt ich wurde. Ich hatte gewiß genug Geld, um mir ein bequemes Leben zu machen, um alle möglichen Dinge zu genießen und um mir nicht Sorgen machen zu müssen. Aber, so komisch das klingen mag, es ist fast, als wollte ich etwas haben, worum ich mir Sorgen machen könnte. Besorgnis gibt einem einen Brennpunkt und eine Herausforderung. Man entwickelt Strategien, man ist wachsam, man ist voller Energie und man ist erregt. Ich vermisse es wirklich – ja, mehr noch, ich kann anscheinend nicht ohne Sorgen leben.

Es gefällt mir eigentlich gar nicht an mir, aber ich scheine durch Schwierigkeiten zu gedeihen. Wenn sich Schwierigkeiten anbahnen oder wenn Probleme auftauchen, gibt es etwas, womit man sich auseinandersetzen, was man überwinden kann. Wenn man das Problem überwindet, fühlt man sich mächtig. Es ist wie Krieg und Frieden. Obwohl ich sage, daß ich für den Frieden bin, und ich tue wirklich was dafür, ich setze mich in vielen Organisationen stark für den Frieden ein, glaube ich, daß mich der Frieden entnervt und verwirrt. Vielleicht ist das der Grund, warum es Kriege und Feindseligkeiten überhaupt *gibt*. Es ist merkwürdig, aber ich weiß, daß mir der Umgang mit Feinden leichter fällt als der mit Freunden. Auch das gefällt mir nicht an mir. Ich kenne nicht viele Menschen, die ich Freunde nennen würde. Ich nehme an, Freundschaft ist für mich zu unklar; ich weiß in der Freundschaft nicht, wo ich stehe, und es gibt zuviel, was ich verlieren könnte. Bei einem Gegner weiß man genau, wie man vorgehen muß, was für Ziele man hat, was man genau will, und man hat nichts zu verlieren.«

Paul Harrison sprach von dem größten Wunsch seines Lebens, eine Spur zu hinterlassen. Seine »Wünsche« beruhten fast ausschließlich auf dem Verlangen nach Empfindungen, die mit dem Aggressionstrieb und mit zukunftsbezogenen Leistungen zu tun hatten. Die Versenkung in die körperliche Unmittelbarkeit der mit der Sexualität verknüpften Erlebnisse um ihrer selbst willen war Paul fremd. Aber es war erregend, in seiner Gesellschaft zu sein. Seine Energie schien keine Grenzen zu kennen, und seine Interessen betrafen alles und jedes, wenn er sich auch kaum für irgend etwas nur um des reinen Vergnügens willen interessierte. Wenn er Tennis spielte, mußte er sich für die Klubmeisterschaft vorbereiten. Wenn er sich hinsetzte und einen Romas las, mußte er hinterher das Gefühl haben, er könnte eine intelligente Kritik darüber schreiben. Wenn er sich eine Kunstausstellung ansah, mußte er vorher über das Werk des ausgestellten Künstlers einen kritischen Artikel lesen. Wenn er eine schöne Landschaft sah, fühlte er sich unbehaglich, wenn er nicht ein Foto von ihr vorzuweisen hatte oder eine Verszeile zitieren konnte, in der sie eingefangen war. Die Mahlzeiten, die er zubereitete, konnten nur Extravaganzen sein, eines Drei-Sterne-Restaurants würdig. Er war ein faszinierender Mann, aber diejenigen, die ihn gut kannten, empfanden den Druck, der dahinterstand, daß er immer das Gefühl haben mußte, in allen Dingen »an der Spitze« zu sein.

Im Ruhestand hatte Paul einfach nicht genug Ventile für seinen Aggressionstrieb. Die Herausforderungen, die er sich schaffen konnte, waren zu begrenzt und zu persönlich, als daß sie sein Verlangen nach Bemeisterung und Triumph in großem Maßstab hätten befriedigen können. Er versuchte es mit dem Langstreckenlauf und wurde immerhin so gut, daß er sich für das Boston Marathon qualifizierte. Aber daß er fähig war, bei dem 36-Meilen-Lauf drei Stunden zu unterschreiten, gab ihm einfach nicht ebensoviel wie die Entwicklung eines Immobilien-Projektes im Umfang von mehreren Millionen Dollar in der Pariser Innenstadt. Gleichgültig, was er ausprobierte, und gleichgültig, wie sehr er sich auszeichnete – er hatte immer das peinigende Gefühl, es sei nicht genug. Wie Alexander der Große hatte er keine neuen Welten mehr zu erobern, durch die er »seine Spur« hätte hinterlassen können. Beim Verkauf seines Geschäfts hatte er sich jedoch verpflichtet, nicht in die Welt des Immobilienhandels zurückzukehren.
Paul Harrisons Kindheit erklärt sein etwas übertriebenes Bedürfnis nach Macht, Unabhängigkeit und Selbstachtung, und die Dynamik seiner Familienbeziehungen lehrt uns etwas darüber, wie gerade diese Bedürfnisse durch Arbeit auf passende Weise befriedigt werden. Zwar sind seine Bedürfnisse extremer als die der meisten Menschen, aber seine Geschichte veranschaulicht sehr lebhaft die Beziehung zwischen persönlichem Stolz und produktiver Arbeit.
Paul war das einzige Kind von zwei außerordentlich überbesorgten Eltern, die sich aber zugleich sehr einschränkend verhielten. Seine Mutter war eine »totale« Mutter, die, als er ein Säugling war, jedes Wimmern schon voraussah, und in seiner Kindheit und Jugend für all seine Bedürfnisse immer zur Verfügung stand. Sie war eine Frau, die außerhalb des eigenen Heims fast gar keine sozialen Kontakte hatte; ihre Aufmerksamkeit schien sich ausschließlich auf ihren einzigen Sohn zu konzentrieren. Als Pauls Eltern sich innerhalb eines Jahres nach seinem College-Abschluß und nach dem Beginn seiner Karriere in der Immobilienbranche scheiden ließen, kam er

endlich zu dem Schluß, sie hätten ihre einzige wirkliche Verbindung nur durch ihn gehabt. Im übrigen hatten sie fast gar keine gemeinsamen Interessen.
Als Paul Klarinettenunterricht nahm, begleitete ihn der Vater nicht nur zum Studio des Lehrers, sondern saß auch während der Stunden dabei. Dies dauerte an, bis Paul vierzehn war und plötzlich die Klarinette aufgab und sich auch im übrigen »rebellisch gebärdete«, wie seine Eltern es nannten. Er wurde zweimal von der High School verwiesen, weil er im Unterricht geraucht und sich allgemein aufrührerisch verhalten hatte.
Immer wenn Paul daranging, sich auf etwas einzulassen, womit seine Mutter nicht einverstanden war – gewöhnlich etwas, das ihn von ihr entfernte, wenn auch nur für kurze Zeit – erkrankte sie an ihren zahlreichen Leiden. Sowohl sie als auch Pauls Vater waren höchst kritisch gegenüber allen Freundschaften, die Paul von sich aus schloß, und sie brachten immer ernstliche Gründe vor, warum er nicht bei Freunden übernachten, in ein Sommerlager gehen oder die Ferien mit der Familie eines Schulkameraden verbringen sollte. Ihr Mittel, ihn von solchen Unternehmungen abzuhalten, bestand darin, ihm wegen der Angst und dem Kummer, die er seinen Eltern bereite, wenn er selbständig handle, Schuldgefühle einzuflößen. Um all dies zu krönen, hatte Paul auch noch das Pech, am Geburtstag seiner Mutter zur Welt gekommen zu sein; sein Leben lang hatte sie von ihm in Gegenwart anderer immer als von ihrem »Geburtstagsgeschenk« gesprochen; diese Äußerung zeigte, wie vollständig sie ihn als ihr Eigentum betrachtete.
Paul erkannte in der Therapie allmählich, daß sein Bedürfnis, strenge Grenzen und eine feindliche Distanz zwischen sich und der übrigen Welt zu errichten, eng mit der erstickenden Nähe seiner Eltern zusammenhing. Um sich eine eigene Identität aufzubauen und aufrechtzuerhalten, hatte er eine absolute Hingabe an die Arbeit entwickelt, an den einzigen Vorgang, bei dem er das Gefühl hatte, durch ihn könnten *seine* konkreten Leistungen, Symbole *seines* einzigartigen Selbst, ungehindert zutagetreten. Er fürchtete und leugnete jedes Erleben, in dem

sich für ihn das Gefühl der identitätslosen Verschmelzung mit Mutter und Vater aus der frühen Kindheit wiederholte. Sich im reinen Vergnügen zu »verlieren«, ließ das Gespenst aufsteigen, er könnte sich für immer »verlieren«, er könnte in den gefährlichen Zustand des »Nicht-selbst-Seins« der Kindheit zurückgestoßen werden. Sein Zwang, zu kämpfen und sich zu mühen, sicherte ihm eine gewisse Unabhängigkeit und verschaffte ihm eine Möglichkeit der Abwehr gegen die ständig vorhandene Gefahr, von einem anderen Menschen überwältigt zu werden.

Weil Paul es nötig hatte, sich gegen die starre Autorität seiner Vorgesetzten zur Wehr zu setzen, waren seine drei Jahre als Soldat beim Heer sowohl anstrengend als auch aufregend. Er fühlte den Zwang, Streiche anzuzetteln, die diese Vorgesetzten in Verlegenheit brachten und demütigten, und meistens war er so geschickt, daß man ihn nicht erwischte. Seine Siege verschafften ihm ein Hochgefühl, und er schien bei der potentiellen Gefahr der von ihm geschaffenen Situationen zu gedeihen.

In Wirklichkeit war die Soldatenzeit erst ein späteres Kapitel in der Geschichte seiner ursprünglichen Bemühungen, sich ein Gefühl der Freiheit von äußerer Herrschaft zu verschaffen. Er erinnerte sich, daß er als kleines Kind häufig Einläufe bekommen hatte; man wollte den Stuhl mit Gewalt herausbefördern, den er trotzig tagelang verhalten konnte. Außerhalb des Machtbereichs seiner Eltern hatte er oft »explosiven« Stuhlgang, womit er ihnen die Befriedigung versagte, die sie unaufhörlich aus ihm herauszupressen versuchten. Er verfuhr auch später nach diesem Drehbuch, als er in einem Volksschul-Klassenzimmer Bier trank oder mit dem Hausmeister der High School in einen Faustkampf geriet, nachdem er den Flur mit Papierfetzen »verziert« hatte. Als er älter wurde, drückte sich sein allumfassendes Bedürfnis, sich eine eigene Identität zu schaffen, immer weniger durch selbstzerstörerisches Ausagieren aus und immer mehr durch produktive Leistungen.

Aber Paul gedieh immer noch bei Gefahr, durch die Spannung

des »Sieges«, wenn er ein Risiko einging und gewann. Anders als Richard Chapman, der wollte, daß das Geld »hereinströmte«, gab Paul es gern in großen Brocken aus und fand das Gefühl erregend, daß er vielleicht »zuviel« ausgegeben hatte. Oft war ihm Unordnung lieber als Ruhe und Ordnung, denn sie stellte eine Herausforderung dar. Er lernte mit achtundvierzig Jahren Reiten und Hindernisreiten und nahm an Veranstaltungen teil, bei denen Stürze mit schweren Folgen wie lebenslangen Behinderungen nicht selten waren. Mit seinen Worten: »Nichts auf der Welt kommt dem Gefühl gleich, dieses unglaublich starke Tier völlig zu beherrschen. Es ist unglaublich.« Er pflegte Elektroreparaturen in seinem Haus vorzunehmen, ohne die Sicherungen herauszuschrauben und setzte sich der Gefahr eines Stromschlages oder sogar dem Stromtod aus. Aber er verstand genug von der Elektrizität, um auch damit ungeschoren davonzukommen. Er hatte auch die Gewohnheit, den Tank seines Autos bis zum letzten Tropfen leerzufahren.

Paul Harrison hatte sich nie mit dem Zwangscharakter seines Verhaltens oder mit der wahren Tiefe seiner negativen Gefühle gegenüber seinen Eltern auseinandergesetzt, bis er in seine Depression verfiel. Tatsächlich hatte er schon seit vielen Jahren unter den Symptomen einer leichten Klaustrophobie gelitten, aber sie waren nie so schlimm, daß er ihretwegen Hilfe gesucht hätte. Bei vielen Gelegenheiten empfand er ein erschreckendes Gefühl des Erstickens, und es war nicht ungewöhnlich, daß er flüchten mußte, weil er plötzlich im Taxi in einen Verkehrsstau geriet, in einem überfüllten Aufzug oder auch nur in einem stickigen Konferenzzimmer war. Die Flucht aus solchen Situationen verschaffte ihm ein Gefühl der Erleichterung, ja, sogar der Überlegenheit. Mit Hilfe der Analyse seiner Träume, Fantasien, Erinnerungen und Assoziationen begann er, Verbindungen zwischen diesen Erstickungsgefühlen und seiner Kindheitsumgebung bei seinen Eltern herzustellen.

Die Gefahren für Pauls Identität und Selbstgefühl kamen nicht nur von außen, in der von ihm wahrgenommenen Form der »Anschläge« anderer gegen ihn, sondern auch von innen.

Diese innere Bedrohung stammte von Pauls eigenen unbewußten Wünschen (die er bewußt sehr lange leugnete), diesen Absichten *zuzustimmen,* passiv zu *werden* und sich von jemand Mächtigem versorgen zu lassen. Obwohl er jetzt über die unerhörten Versuche seiner Mutter scherzen konnte, ihn zu gängeln, war er in bezug auf sie immer noch ambivalent. Es bestand eine starke unbewußte Versuchung, ihrer Besorgnis und der Gängelung, die unweigerlich folgte, nachzugeben. Dies war die »innere Bedrohung« der Entwicklung seiner unabhängigen Persönlichkeit.

Im Verlauf unserer Entwicklung beziehen wir unsere Selbstachtung zunächst aus dem Gefühl, geliebt zu werden, und dann aus dem Gefühl respektiert zu werden. Richard Chapman, über den wir im vorigen Kapitel gesprochen haben, benützte die Arbeit, um das Erlebnis zu hegen, geliebt und gebraucht zu werden, während Paul Harrison dringend den Respekt brauchte, den er durch Kompetenz, Überlegenheit und Herrschaft errang. Während Richard Chapmans Probleme ihren Ursprung in der »oralen« Phase der Entwicklung hatten, begannen Pauls Schwierigkeiten in der »analen« Phase, der Phase der Reinlichkeitserziehung, in der sich für ein Kind Gefühle der Selbständigkeit und der Selbstbeherrschung allmählich herauskristallisieren sollten. Wegen der tiefgehenden Frustrationen, die jeder dieser Männer während einer entscheidenden Entwicklungsphase erlitten hatte, blieben ihre Bedürfnisse nach Liebe und Respekt im Erwachsenenleben so stark. Ihre Geschichte ist jedoch keine Entstellung der normalen Erfahrung; sie ist nur eine Vergrößerung.

# 9 Der Sieg über die Zeit

Eines der dringlichsten Bedürfnisse, die aus den Erfahrungen der frühen Kindheit hervorgehen (besonders aus der »analen« Phase, auf die wir am Ende des vorigen Kapitels Bezug genommen haben), ist der Wunsch, die Zeit zu »besiegen«. Wir alle haben mehr oder minder das Gefühl, zu wenig Zeit zu haben. Zeit zu gewinnen für Projekte, die wir zu Ende bringen wollen, ist einfach nur die andere Seite von der quälenden Vorstellung, nie genug Zeit für viele Dinge zu haben, die wir tun möchten. Wir sprechen auch vom »Zeitaufwand« und hoffen darauf, daß auch diese Art von »Aufwand« einen guten Gewinn abwirft.

Außer dem Gewinnen und dem »Aufwenden« von Zeit gibt es für viele Menschen nichts Verheerenderes als die Vorstellung »Zeit zu verschwenden«. Wenn die Zeit vergeht, ohne etwas Greifbares hervorzubringen – eine abgeschlossene Tätigkeit, ein erzeugtes Produkt, ein handfestes Ergebnis oder wenigstens Schritte auf dem Weg zu diesem Ergebnis –, wird sie unter Umständen schmerzlich als »verschwendete Zeit« wahrgenommen. Ein unausgefüllter »Zeitraum« wird oft als etwas angesehen, das man »totschlagen« muß. Wenn wir eine Viertelstunde Zeit übrig haben, bevor eine Zusammenkunft beginnt, haben wir vielleicht den Drang, diese Zeit für irgend etwas zu »nützen«. Wir lassen uns vielleicht die Schuhe putzen, lesen Zeitung, bezahlen ein paar Rechnungen, führen einige Telefongespräche oder tragen die Termine der nächsten Woche in unseren Taschenkalender ein. Mit der inneren Einstellung des Arbeitenden versuchen wir immer, für die Zeit, die wir »verbraucht« haben, ein konkretes Produkt vorzuweisen. Viele Leute versuchen schon von vornherein, niemals »Zeit übrig« zu haben. Sie gestehen sich selten zusätzliche Zeit für eine Aufgabe zu; im Gegenteil, ihr gewöhnliches Verhaltensmuster besteht in dem Versuch, zuviel in einen gegebenen Zeitraum hineinzupressen, um sicherzustellen, daß keine Zeit »vergeudet« wird. Sie kommen zu Terminen »im letzten Augenblick«. Für den Weg von einem Büro zum anderen berechnen sie vielleicht nur das absolute Zeitminimum, so daß vollkommene Verbindungen nötig sind, um sie genau auf die Minute pünktlich an ihr Ziel zu bringen.

Zeit, die durch festgelegte Zeitpläne begrenzt ist, wird oft so angesehen, als hätte sie mehr Würde und Ernsthaftigkeit als unbegrenzte Zeit. Es gibt natürlich praktische Gründe dafür, Flugzeiten und Zeiten für Ausschußsitzungen zu beachten. Aber viele Leute schreiben der Art von ungeplanter, unbegrenzter Zeit, die sie verwenden, um mit ihren Kindern zu spielen oder am Strand zu sitzen, keinen großen Wert zu. Das Einfügen einer Tätigkeit in einen Zeitplan verleiht dieser Tätigkeit gewöhnlich eine Achtbarkeit und eine Ernsthaftigkeit, die sie sonst nicht hätte.

Viele Menschen teilen die Zeit in immer kleinere »Portionen« ein, um das Gefühl zu haben, sie hätten *mehr* Zeit. Sechzehn eingeteilte Zeitabschnitte von je dreißig Minuten geben ihnen ein größeres Gefühl der Zufriedenheit (weil sie ihnen die Möglichkeit von sechzehn Einzelprodukten bieten) als ein einziger Zeitraum von acht Stunden. Der Kunsthistoriker Bernard Berenson soll gesagt haben: »Ich wollte, ich könnte mich an eine belebte Straßenecke stellen, mit dem Hut in der Hand, und die Leute bitten, mir all ihre vergeudeten Stunden hineinzuwerfen.« Der Ausdruck läßt vermuten, daß »vergeudete Stunden« wahrscheinlich viel bedeutsamer und kostbarer waren, als »vergeudete Tage« oder »vergeudete Jahre« es gewesen wären. Je größer und verstreuter der Zeitabschnitt, desto weniger ist er auf Produktivität ausgerichtet.

Die Zeit selbst kann zum Produkt werden. Ein Patient erzählte mir einmal, daß er als Kind mit seinem Vater immer sonntags von drei bis vier zu spielen pflegte, und nur dann. Pünktlich um drei Uhr nachmittags pflegten er und sein Vater in den Keller zu gehen, um mit der elektrischen Eisenbahn zu spielen. Dieses

Muster wurde viele Jahre lang befolgt. Sein Vater hatte das Gefühl, etwas ganz Besonderes mit seinem Sohn zu tun, etwas, das nicht annähernd so besonders gewesen wäre, wenn es spontan und nicht vorherbestimmt gewesen wäre. Wir können noch andere Beispiele dieser Einstellung zur geplanten im Gegensatz zur ungeplanten Zeit beobachten. Allgemein hat man das Gefühl, ungeplante Zeit sei leichter zu unterbrechen und nicht so wichtig wie verplante. Die Zeit eines Rechtsanwalts z. B. wird als kostbarer angesehen, weil sie verplant und in einem Terminkalender aufgezeichnet ist, als die Zeit eines Künstlers oder die Zeit einer Mutter, die im allgemeinen freier von genauen Terminbeschränkungen ist. Dies geht über den praktischen Faktor hinaus, daß die Zeit und die Tätigkeit mehrerer Menschen bei der Arbeit stärker synchronisiert werden müssen, als es zu Hause oder bei schöpferischer Einzeltätigkeit nötig ist. Es ist ein Werturteil über den größeren produktiven Wert der nach Plan eingeteilten Zeit.

Ich habe verschiedene Aspekte des Zeiterlebens besprochen, ohne mich um das Problem zu kümmern, was »Zeit« wirklich ist. Ist Zeit ein greifbares Phänomen, etwas, das man mit den Sinnen wahrnimmt? Oder ist sie überhaupt nicht wahrnehmbar, sondern nur ein Begriff, eine künstliche Form der Begrenzung, die dazu geschaffen ist, einen schwer faßbaren Aspekt unserer Erfahrung zu bewältigen und in den Griff zu bekommen?
Vielen Menschen ist es selbstverständlich, daß das Verstreichen der Zeit etwas ist, das man fühlen kann. Wir hören einander oft sagen, wenn wir uns gut unterhalten, »fühlten« wir, wie rasch die Zeit vergeht. Wenn wir uns langweilen, schwere Arbeit zu verrichten haben oder unsere »Zeit absitzen«, weil wir im Gefängnis sind, scheinen unsere Sinne wahrzunehmen, wie die Zeit mit quälender Langsamkeit verstreicht. Als man bei Menschen, die unter dem Einfluß verschiedenartiger Drogen, besonders von LSD, standen, Untersuchungen der Zeit-Wahrnehmung gemacht hat, berichteten die Versuchspersonen über

allerlei Veränderungen und interessante Entstellungen des »Zeitgefühls«.
Letzten Endes kann niemand sagen, seine Sinne hätten die Zeit so wahrgenommen, wie man etwa den Duft einer Rose oder die Berührung einer Hand wahrnimmt. Wir sehen vielleicht *Uhren,* aber wir sehen nicht *die Zeit.* Man hat mit vielen fruchtlosen Versuchen die Theorie beweisen wollen, nach der es eine innere »biologische« Uhr gibt, die die Grundlage für unser Zeitgefühl liefert. Norbert Wiener behauptete, der Alpha-Rhythmus der Gehirnwellen, den man mit Hilfe eines Elektro-Encephalogramms aufzeichnen kann, sei das »Ticken« unserer biologischen Uhr. Andere haben den Herzschlag, das Tempo der Atemzüge und den Stoffwechsel des Gehirns und der Zellen als innere Entsprechungen der äußeren Uhr hingestellt. Diese Theorien haben zu nichts geführt, weil es etwas wie eine biologische Uhr, die wir mit unseren Sinnen wahrnehmen, nicht gibt. Wie der Psychologe Robert Ornstein in seinen ausführlichen Untersuchungen festgestellt hat, ist die Zeit mehr Begriff als Wahrnehmung, oder, wie Hans Castorp in Thomas Manns *Zauberberg* (S. 77/78) sagt:

Die Zeit ist doch überhaupt nicht ›eigentlich‹! Wenn sie einem lang vorkommt, so ist sie lang; wenn sie einem kurz vorkommt, so ist sie kurz, aber wie lang oder kurz sie in Wirklichkeit ist, das weiß doch niemand ... Den Raum nehmen wir doch mit unseren Organen wahr, mit dem Gesichtssinn und dem Tastsinn. Schön. Aber welches ist denn unser Zeitorgan? ... Aber wie wollen wir denn etwas messen, wovon wir genaugenommen rein gar nichts wissen, nicht eine einzige seiner Eigenschaften auszusagen wissen ... unsere Maße sind doch bloß Konvention ...

Unsere Sinne nehmen »Zeit« nicht mehr wahr als »Verantwortung«, »Patriotismus« oder »Schönheit«. Sie alle sind *Begriffe,* symbolische Konstruktionen, die ein komplexes Erleben organisieren und vereinfachen, wobei sie das, was wir tatsächlich wahrnehmen, mit Definitionen bezeichnen, die unseren Wahrnehmungen einen »Sinn« verleihen. Wir können auf einen Speicher gehen und ein Kleid oder einen Anzug von vor zwanzig Jahren hervorholen, etwas, das wir damals als »schön« wahrgenommen haben, das uns heute aber lächerlich vorkommt. Wir haben es damals wegen der herrschenden Begriffe und Maßstäbe für Schönheit und Mode schön gefunden. Diese Begriffe werden ein Teil unseres unbewußten Beurteilungsapparats und zwingen uns bestimmte emotionale Reaktionen auf. Was wir mit unseren Sinnen »wahrnehmen«, ist nicht »Schönheit«, sondern eine bestimmte Rocklänge, eine gewisse Art, die Schultern auszupolstern, bestimmte Farbkombinationen, eine bestimmte Stoffbeschaffenheit usw. Schönheit ist eine *Deutung* dieser wahrgenommenen Daten, die auf einer Übereinkunft in bezug auf Definitionen beruht, welche zu einer bestimmten Zeit gültig sind. Dasselbe trifft für Begriffe wie »Patriotismus« oder »Verantwortung« zu; wir reagieren emotional auf sie, aber wir *nehmen* sie nicht sinnlich *wahr*. Was wir wahrnehmen, sind Verhaltensmuster, die wir künstlich kategorisiert haben, mit Hilfe von Maßstäben, die von einer Epoche zur anderen und von einem Ort zum anderen wechseln können.

Wenn es zutrifft, daß »Zeit« ein Begriff ist, der auf irgendeine Sinneswahrnehmung angewendet wird und ihr Bedeutung verleiht – was ist das für eine Wahrnehmung? Was ist es, das wir sehen, fühlen, schmecken, berühren oder hören und es dann zu einem Begriff »Zeit« zusammenfassen?

*Der Begriff »Zeit« wird abgeleitet von den Wahrnehmungen des Verlusts, des Verschwindens und der Veränderung*. Wenn sich irgend etwas verändert, geht der vorherige Zustand verloren; er verschwindet. Wenn ein Läufer sich von den Startlöchern zu der 100 m entfernten Ziellinie bewegt, sagen wir, »zehn Sekunden (Zeit) sind vergangen«. Was unsere Sinne »wahrnehmen«, und was in einen Begriff von »Zeit« eingeordnet wird, ist das *Verschwinden* des Läufers aus der Startposition und ebenso sein Verschwinden von jedem Punkt auf diesem Weg. Wir nennen diese *Aufeinanderfolge von Verschwinden* »verstrichene Zeit«.

Unsere Sinne nehmen niemals etwas anderes wahr als eine »Gegenwart«. Wir sehen oder hören Ereignisse aus der

Vergangenheit nicht *in der Vergangenheit.* Sie sind verschwunden, und unsere Erinnerung an sie ist lediglich eine Rekonstruktion im Geist, *in der Gegenwart vollzogen,* von etwas, das verschwunden ist. Die »Gegenwart« verändert sich und verschwindet fortwährend. Selbst wenn keine physische Bewegung stattfindet, stellen unsere Gedanken eine fortwährende Parade geistiger Tätigkeit dar. Aber zur geistigen Tätigkeit gehört, genau wie zur physischen Tätigkeit, die unmittelbare Verflüchtigung des vorhergehenden Phänomens.

Unser bewußtes Erleben ist eine einzigartige »Parade«. Wenn amerikanische Gemeinden ihre Schau zum Thanksgiving Day ablaufen lassen, folgen einander Tausende von Trommlern, Marschierern, Tambourmajoren, Pfeifern, Pferden, Sängern, Riesenballons, Clowns und farbenprächtigen Festwagen, eines nach dem anderen, aber alle bleiben unversehrt und leben weiter, wenn sie bei uns vorbeigekommen sind. Nur ihre *Stellung* verändert sich und verschwindet, während sie vorbeimarschieren. In der »Parade« in unserem Geist jedoch folgt zwar auch eine Wahrnehmung der anderen oder ein Gedanke dem anderen, aber sie lösen einander außerdem auch ab, eine *tritt an die Stelle* der anderen und läßt sie aus der Gegenwart verschwinden.

Wir versinnbildlichen diese Erscheinung durch Begriffe wie Sekunden, Minuten, Stunden, Tage, Monate, Jahre usw. Wenn man am Telefon die Zeitansage wählt, sagt eine Stimme: »Beim nächsten Ton ist es zehn Uhr sechsunddreißig und zwanzig Sekunden.« *Bip!* »Beim nächsten Ton ist es zehn Uhr sechsunddreißig und dreißig Sekunden.« *Bip!* Und so weiter. Jeder dieser einzelnen *Bips!* stellt eine »Gegenwart« dar, die niemals zurückkehrt, die praktisch im gleichen Augenblick verschwindet, in dem sie erscheint. Sie ist für immer verschwunden.

Es erübrigt sich, zu sagen, daß all dieses Verlustempfinden frustrierend und schmerzlich ist. Wir können das fortwährende Erscheinen und Verschwinden von Erlebnissen ebensowenig steuern wie die Wellen im Ozean. Wir können nur versuchen, dieses Phänomen irgendwie einzuspannen, ein gewisses Gefühl zu schaffen, man könne es beherrschen, indem wir es willkürlich begrenzen. Verlust ist die am tiefsten beunruhigende menschliche Erfahrung, und er ist ein beständiger, hämmernder Faktor in jedem Augenblick unseres Lebens. Wir erleben fortwährend den Verlust des vorangegangenen Augenblicks und alles dessen, was er enthalten hat. Wenn die Leute sagen: »Ich habe nicht genug Zeit« oder »der Tag hat nicht genug Stunden«, und wenn Ben Hecht sagt: »Die Zeit ist ein Zirkus, immer am Einpacken und Weiterziehen«, sprechen sie in Wirklichkeit nicht über die »Zeit«. »Zeit« ist schon ein Begriff, ein Symbol, eine Kategorie, die auf Bewältigung abgestellt ist. Sie sprechen vom unerbittlichen Verstreichen des Erlebens, vom fortwährenden »Späterwerden« unseres Lebens, das wir unbewußt mit einem tiefen Gefühl des Verlusts erleben.

Unsere Sprache und die Sprachen aller anderen Kulturen haben ihre besonderen Arten, das »Zeit«-Erleben zu versinnbildlichen. Unsere Uhr ist eine künstliche Meßvorrichtung, durch die eine Stunde als ein Vierundzwanzigstel der Dauer einer vollständigen Umdrehung der Erde um ihre Achse definiert wird. Dies ist lediglich eine Übereinkunft, die sich für uns als sehr nützlich erwiesen hat. In einer indischen Kultur wird die Zeit, die man zum Reiskochen braucht, als grundlegende Einheit der Zeitmessung benützt. Sobald eine Kultur sich auf eine »Sprache« der Zeit geeinigt hat, können die Angehörigen dieser Kultur ihr soziales Verhalten organisieren und sich ohne ein unbehagliches Gefühl des Geheimnisvollen auf erwartete Erscheinungen einstellen. Wenn ein kleines Kind die anerkannten Konventionen der Uhr seiner Kultur lernt, ist dieses Kind nicht mehr seinen Eltern auf Gnade und Ungnade ausgeliefert, wenn sie abrupt verkünden, wann eine Mahlzeit eingenommen werden oder wann es schlafen gehen muß. Wenn das Kind weiß, daß um acht Uhr Schlafenszeit ist, hat es ein Gefühl der Beherrschung und Kontrolle, das nicht vom plötzlich ausgesprochenen elterlichen Willen abhängig ist. Sozialer Austausch auf einer komplexen Stufe – internationaler Handel, körperschaftliche Organisationen und dergleichen – ist möglich, weil es eine universell anerkannte Sprache der Zeit gibt. Aber Pläne, um das Kommen und Gehen von größeren Mengen von Menschen zu koordinieren, stützen sich auf standardisierte Zeit-Konventionen.

Zeitbegriffe sind eine unvermeidliche Begleiterscheinung von Zielvorstellungen. Zu beiden gehört die Fähigkeit, über das unmittelbare sensorische Erleben hinauszudenken und vorweggenommene zukünftige Ereignisse auszuspielen. Die Zeit versieht die Zukunft mit einem Raster, an dem man diese Ereignisse aufhängen kann. Sie liefert das »wann« für die Dinge, und dabei dient sie als das praktische Fundament für zielstrebiges Denken. Ohne Zeit gibt es keine operationale Annäherung an Ziele.

Zeit-»Sprachen« befähigen uns einerseits, soziale Interaktionen zu organisieren und zu bewältigen, sie verschaffen aber auch Individuen ein gewisses Gefühl der Herrschaft über das fortwährende, erbarmungslose »Verschwinden« des Erlebens. Nach dem Linguisten Benjamin Whorf (der unter anderem ein leitender Angestellter der Hartford-Feuerversicherungs-Gesellschaft war) werden in unserer Sprache (und in westlichen Sprachen im allgemeinen) das Vorübergehen und die Auflösung von Ereignissen objektiviert und in Maßeinheiten quantifiziert, die in etwa physikalischen Längeneinheiten oder Mengeneinheiten gleichen. Wir sagen zum Beispiel »zehn Tage« auf dieselbe Weise, wie wir »zehn Zentimeter« oder »zehn Kisten« sagen. Zehn Kisten kann man in einer Reihe aufstellen und objektiv zählen, wie man sie sieht, eine nach der anderen. Zehn Tage jedoch kann man nicht aufreihen und nacheinander abhaken. Tage sind keine Gegenstände, die man anhäufen kann wie Kisten oder Äpfel. Tatsächlich verschwindet immer der vorige Tag, wenn ein Tag in den nächsten übergeht. Man stelle sich vor, Kisten auf diese Weise zu zählen. Jedesmal, wenn wir auf die nächste zeigen, verschwindet die vorige. Für uns bleibt immer nur eine übrig, die »gegenwärtige« Kiste.

Unsere eigene Sprache spiegelt jedoch wenig von dieser subjektiven Empfindung des fortwährenden Verlusts und Verschwindens von Erleben, und dies ist eine der Arten, wie wir den Kummer überwinden können, den ein Gefühl des Verlusts natürlicherweise hervorrufen würde. Unsere Fähigkeit, uns »Zeiträume« vorzustellen und in Begriffe zu kleiden, verwischt eine emotionale Einschätzung dessen, was Zeit wirklich ist. »Länge« setzt ein statisches, festes Objekt voraus, das man in Einheiten jeder beliebigen Maßübereinkunft einteilen kann. All diese Einheiten kann man sich *gleichzeitig* vorstellen oder erleben. Aber das gilt, wie wir gesehen haben, nicht für die Zeit. Die Entfaltung von Ereignissen kann nicht gleichzeitig gefühlt oder wahrgenommen werden. Dadurch, daß wir an Verlust, Verstreichen und Veränderung in Begriffen von Längenmaßen und Kategorien statischer Messung denken, haben wir eine Möglichkeit entwickelt, die Zeit zu besiegen.
Wir bilden die Zeit auch in unserem Bewußtsein in einer Vielfalt von substantivischen Formen ab, die in Beziehung zu objektiven Behältnissen oder geographischen Bereichen stehen. Wir sagen »im Sommer« oder »in der Vergangenheit« ebenso, wie wir sagen »in der Flasche« oder »in der Garage«. »Sommer« ist ein greifbares »Etwas«, in das man ein Ereignis hineintun kann, ebenso wie man Milch in eine Flasche tun kann. Wir machen aus der Zeit eine Art geographische Lage, wenn wir Ausdrücke wie »bei Sonnenuntergang« oder »um drei Uhr« gebrauchen. Das Gefühl, das wir von dieser Sprachform bekommen, ist dasselbe, das wir bei »an der Ecke« oder »bei Bobbys Haus« empfinden. Die Zeit wird begrifflich als eine »Gegend« oder eine Stelle gefaßt. Whorf hat gezeigt, daß in der Hopi-Sprache der subjektive Sinn des unvermeidlichen Vergehens, Verlusts und der unvermeidlichen Veränderung in den Ereignissen des Lebens beibehalten wird. Und vielleicht haben sie wegen dieser Unterlassung des »Sieges« über die Zeit nicht den technischen und schöpferischen Fortschritt entwickelt, den stärker auf Bemeisterung ausgerichtete Zivilisationen erreicht haben.

Kurzum, unsere Kultur verwandelt das fortwährende »Späterwerden« unseres Lebens in konkrete Symbole von Materie, Länge, Menge und Lage. Der westliche Geist hat eine Zivilisation mit starker Betonung von Bewältigung und Herrschaft geschaffen – Betonung der Arbeit anstatt des subjektiven Erlebens. Unsere großen Errungenschaften der Kunst, der Medizin, der Naturwissenschaft, der Literatur, der Geschichte und der Technik konnten nur von einer Kultur hervorgebracht werden, die sich der Überwindung von Verlust und Verschwinden gewidmet hat und bestrebt ist, Dauer zu schaffen. Unsere Einstellung zum Tod, dem größten Verlust, unterscheidet uns von anderen Kulturen wie z. B. der der Hopi-Indianer. Der westliche Geist gibt sich entschlossen dem Kampf gegen den Tod hin. Selbstmord und Euthanasie z. B. sind uns nicht nur gefühlsmäßig unannehmbar; wir haben sie durch Gesetze als Verbrechen gebrandmarkt. In *The Savage God* beschreibt A. Alvarez verschiedene kulturelle Einstellungen zu Selbstmord und Tod, und diese gehen vom Trotz des westlichen Menschen bis hin zum heiteren Annehmen des fortdauernden Musters von Verlust und »Späterwerden«, das in vielen anderen Kulturen das Leben bestimmt. Wieder andere glauben an die Reinkarnation oder an ein niemals endendes System von Zyklen durch Tod und Wiedergeburt, das für die ganze Natur typisch ist.

In unserer Kultur sind »Werke« das mächtigste Mittel zur Überwindung von Verlust und Tod. Wenn wir ein Produkt schaffen können, trotzen wir tatsächlich der Zeit, beherrschen und bewältigen sie. Unsere Werke leben nach unserem Tod weiter. Wenn wir ein Produkt, ein Ergebnis oder ein erreichtes Ziel vorweisen können, die in unseren Tagebüchern oder täglichen Stundenplänen ein »Stück Zeit« darstellen, empfinden wir ein Gefühl der Befriedigung darüber, daß die Zeit nicht »vergeudet« worden ist. Wir haben das einfache »Späterwerden« des Lebens neutralisiert, indem wir ein greifbares Objekt geschaffen haben, das mit der Bezeichnung des Zeitpunkts im

Tagebuch nicht verschwindet. Es befähigt uns, die Zeit, die wir für seine Erschaffung aufgewendet haben, »wiederzugewinnen«.

Manche Menschen sind empfindlicher gegen das subjektive Erleben von Verlusten als andere. Sie können es nicht ertragen, irgend etwas zu verschwenden oder auch nur das offensichtlich Überflüssigste wegzuwerfen. Sie müssen jederzeit produktiv sein und achten ängstlich auf jedes Zeichen von Krankheit, das ihre »Produktivität« behindern könnte. Die Geschichte derartiger Menschen kann uns viel über die Beziehung zwischen der Arbeit und dem »Sieg über die Zeit« lehren.

Als Barbara Williams vier Jahre alt war, kamen ihr Vater, ihre Mutter und ihr einziger Bruder, der zwölf Jahre alt war, bei einem Autounfall ums Leben. Sie war zu dieser Zeit einem Babysitter anvertraut. Bis sie mit achtzehn Jahren aufs College ging, lebte sie bei verschiedenen Familien. Im Alter von vier bis zehn Jahren wurde sie von einer Tante und einem Onkel in Kalifornien versorgt (mit ihren Eltern hatte sie in Chicago gewohnt). Als sie zehn Jahre alt war, bekam ihre Tante eine tödliche Leukämie, und der Onkel konnte seine eigenen drei Kinder und Barbara nicht angemessen versorgen. Die Familie ihrer besten Freundin erbot sich, sie aufzunehmen, und sie blieb dort, bis sie fünfzehn war; dann heiratete ihr Onkel wieder, und sie kehrte dorthin zurück.

Barbaras Reaktion auf die enormen Verluste, die sie als Kind erlitten hatte, bestand darin, daß sie äußerst arbeitsam und leistungsorientiert und außergewöhnlich produktiv wurde. Nachdem sie ein hochangesehenes Frauencollege im Osten mit hervorragenden Noten abgeschlossen hatte, begann sie ein Jurastudium. Sie wurde nicht nur Herausgeberin der juristischen Fakultätszeitung, sondern sie schrieb auch mehrere Stücke, die aufgeführt und veröffentlicht wurden, und sie arbeitete unentgeltlich für eine Rechtshilfeorganisation am Ort. Bekannte Anwaltskanzleien bemühten sich sehr um sie, und sie wurde sehr bald Partnerin in einer der angesehensten Kanzleien der Wall Street.

Barbara wurde im Alter von fünfundvierzig Jahren von ihrem Internisten, den sie wegen einer Vielzahl von Beschwerden aufgesucht hatte, die sich als hypochondrisch erwiesen, zur psychotherapeutischen Behandlung an mich überwiesen. Sie hatte einen Schmerz in der Brust und glaubte, es sei ein Herzanfall. Eine fast unmerkliche Hautschwellung erweckte in ihr die Angst, sie habe Krebs. Sie war mehrere Jahre lang jede Woche etwa fünfzig Kilometer gelaufen, und ein Schmerz im Knie ließ sie vermuten, sie bekomme Gelenkrheuma. Als sich bei der Untersuchung herausstellte, daß ihr körperlich absolut nichts fehlte, meinte ihr Arzt, hinter ihrer Angst vor dem körperlichen Verfall könnte ein emotionaler Konflikt stecken, und schickte sie zur Begutachtung zu mir.
Ohne daß man sehr in sie dringen mußte, gab Barbara offen zu, daß sie sich entsetzlich davor fürchtete, »alt zu werden und zu sterben«. Sie war mit fünfundvierzig noch unverheiratet und empfand es zum ersten Mal in ihrem Leben als schmerzlich, daß sie weder Mann noch Kinder hatte. Sie erkannte, daß ihre Beiträge zum Rechtsleben keine solche »Dauer« haben würden wie eine Reihe von Kindern, Enkeln, Urenkeln usw. Außerdem wurde sie von einer Vielzahl der verschiedensten zwangsneurotischen Symptome gequält. Sie war so überaus ordentlich geworden, daß sie immer wissen mußte, wo sich alle ihre Habseligkeiten gerade befanden. Wenn sie z. B. eine billige Sonnenbrille verlegt hatte (oder wenn die Sonnenbrille nicht *genau* an dem Platz war, den sie für sie vorgesehen hatte), geriet sie in einen Angstzustand, bis sie sie wiederfand und sie dorthin tat, wo sie »hingehörte«. Es war für sie undenkbar, loszugehen und für eine neue Sonnenbrille fünfzehn Dollar auszugeben (sie verdiente im Jahr 200000 Dollar) und hinzunehmen, daß die alte »verloren« sei. Sie sah äußerst genau darauf, all ihre materiellen Besitztümer so zu erhalten, als seien sie »nagelneu«. Nach jedem Tragen putzte sie ihre Schuhe und tat sie auf Spanner, und Spanner hatte sie für jedes einzelne Paar. Alles mußte erhalten werden. Nichts durfte die Spuren der Zeit zeigen.

Barbara begann, Journale anzulegen, in denen sie jedes Buch aufführte, das sie gelesen hatte, jeden Film und jedes Theaterstück, die sie gesehen hatte, und jeden Ort, den sie besucht hatte. Sie machte sich ebenfalls Listen von allem, was sie tun wollte, um es nicht zu vergessen. Der Stapel von Tagebüchern und Listen definierte allein *ihr* Leben, und er diente auch dazu, Erlebnisse zu »bewahren«, die tatsächlich längst vorbei waren. Das *Sich-Erinnern* war eine Möglichkeit, sich an Dingen festzuklammern.

Trotz ihres hohen Einkommens und ihres angesammelten Besitzes hatte Barbara Williams große Schwierigkeiten, Geld für den Urlaub oder andere kostspielige *Erlebnisse* auszugeben. Es fiel ihr leichter, Geld für greifbare, dauerhafte Dinge auszugeben. Für sie war ein Urlaub am Strand »verloren«, sobald er vorbei war, während ein neuer Schreibtisch oder ein Kunstwerk ihr ein Gefühl der Dauer gab. Aber es fiel ihr überhaupt schwer, Geld für *irgend etwas* auszugeben. Sie war glücklich, wenn sie etwas ansammelte, wenn sie ihr Geld »festhielt«, und es vermittelte ihr ein schmerzliches Gefühl des Verlusts, wenn sie es »losließ«, gleichgültig, aus welchem Grund.

Für Barbara Williams war Verschwendung emotional gleichbedeutend mit Verlust, und weil es den Kummer ihrer tragischen frühen Kindheit in ihr wiederbelebte, kämpfte sie dagegen. Am Anfang ihres Berufslebens hatte sie Verabredungen und romantische Beziehungen als »Zeitvergeudung« angesehen, weil nichts »Produktives« dabei herauskommen konnte. Sie wollte für die aufgewendete Zeit lieber einen juristischen Schriftsatz oder ein ausgelesenes Buch vorzeigen können als einen »vergnügten Abend« oder ein intimes Erlebnis.

Ein interessantes Beispiel für ihre Empfindungen im Hinblick auf Verschwendung kam einmal in einer Sitzung zutage, als sie mir davon berichtete, daß man ihr eine Reihe von Zeitschriften-Abonnements geschenkt hatte. »Es war das schlimmste Geschenk, das mir jemand hätte machen können. Stellen Sie sich vor, jeden Monat kommen *The New Yorker, Harper's,*

*Esquire* und *Atlantic Monthly!* All die guten Artikel! Wie könnte ich sie alle lesen und dann noch Zeit für irgend etwas anderes haben?«

Als ich sie fragte, warum sie nicht nur ein paar hervorragende Artikel zum Lesen auswählen und die übrigen übergehen könnte, war sie verwirrt.

»Sie meinen, nicht alles *erledigen?* Gute Artikel ungenutzt verkommen lassen? Für mich ist das, als würde ich etwas Lebendiges sterben lassen. Ich sollte etwas, das noch von Nutzen sein kann, in dem noch Leben steckt, in die Mülltonne werfen? Sie machen wohl Witze!«

Barbara Williams' Gefühle in bezug auf »Produktivität« sind ein Beispiel für jenen Aspekt der Arbeitsmotivation, der mit dem Sieg über die Zeit und den Verlust zusammenhängt – und mit unserem Wunsch nach Dauer und Unsterblichkeit. Eindeutig ist die greifbare, der Zeit trotzende Leistung eine grundlegende Motivation unseres Arbeitsdrangs. Diejenigen von uns, die das Ticken der Uhr am lautesten hören, werden mit größerem Druck zur Arbeit getrieben. Wir hoffen, daß unsere Werke die Zeit »besiegen« und den unvermeidlichen Verlust des Selbst im schließlich eintretenden Tod aufheben werden. Im Gegensatz zu allen anderen Lebewesen wissen wir Menschen, daß der Tod eines Tages kommen wird. Diese Fähigkeit, unser Ableben vorauszusehen, Bedrohungen unseres Überlebens und unserer Sicherheit vorauszuahnen, uns Sorgen darüber zu machen und ihnen entgegenzuarbeiten, ist ein wesentlicher Bestandteil des Menschseins. Unsere Kulturen sind Denkmäler unserer Wünsche, Verlust und Veränderung zu bekämpfen, und unserer Sehnsucht nach Unsterblichkeit.

# 10 »Etwas darstellen«

Im Verlauf der psychischen Entwicklung des Menschen geht das Kind über seine Grundbedürfnisse nach Geborgenheit und angemessenen Fähigkeiten hinaus. Seine Welt wird differenzierter, wenn etwa im Alter von sechs oder sieben Jahren die Begriffe von Wertvergleichen und vergleichenden Maßstäben sich festigen. In der sogenannten »phallisch-ödipalen« Phase fängt das Kind an zu fragen: »Wie komme ich voran?« und braucht als Antwort mehr als »gut« oder »schlecht«. In diesem Alter verfeinert sich das analytische Denken, und die Begriffe werden immer mehr eingeengt.

Die Jungen sind nicht mehr damit zufrieden, einfach nur einen Penis zu *haben,* um sich von den Mädchen zu unterscheiden. Sie müssen jetzt wissen, wie groß er im Vergleich zu denen anderer Jungen ist. Der Wettbewerb mit dem gleichgeschlechtlichen Elternteil beherrscht das Unbewußte des Kindes in allen Dimensionen seines Erlebens, und dies dehnt sich allmählich auf die Welt der Gleichaltrigen aus. In allen Bereichen des Verhaltens und der persönlichen Eigenschaften (von Schönheit und Stärke bis zu Intelligenz, Kreativität, Mitgefühl und sittlichem Verhalten) werden Ideale aufgestellt, und die Kinder beginnen, sich an mehr oder weniger standardisierten Wertvorstellungen zu »messen«.

Aus dieser Periode geht die Vorstellung hervor, etwas »darzustellen«, und der Verlauf unseres weiteren Lebens wird dadurch getönt, wie wir selbst und die anderen unseren »Wert« beurteilen. Die Arbeitswelt eignet sich ganz natürlich für dieses universelle Bedürfnis, unserem Erleben einen Wert zuzuschreiben. Sie ist der am stärksten festgelegte und symbolisierte Bereich unseres Lebens und hilft uns daher, uns auf unsere äußere und innere Beurteilung auszurichten, wie es nichts anderes kann. Natürlich sind Statuskategorien willkürlich und höchst wandelbar, aber wir können sie nicht verleugnen oder vermeiden, ohne ein wesentliches Stück aus der realen Welt herauszutreten.

Die Arbeitsumwelt ist der ideale Kampfplatz, um Konkurrenzbestrebungen auszuspielen. Die Deutlichkeit hierarchischer Stellungen, konkreter Titel und Rangbezeichnungen, definierter Produktivität und festgesetzter Gehaltsstufen gibt dem Konkurrenzkampf Präzision und Definition. Die meisten Dinge, die mit Arbeit jeglicher Art zusammenhängen, lassen sich irgendwie messen. Ein Mann kann stolz darauf sein, zu den »obersten Zehn« der Lebensversicherungsvertreter des Landes gezählt zu werden, und in seinem Liebesleben oder in seiner Muße gibt es keine gleichwertige meßbare Möglichkeit für sein Konkurrenzbedürfnis. Indem er mehr Versicherungsverträge abschließt, die einfach nach ihrem Geldwert bemessen werden, hat er eine konkrete Bestätigung seines »Wertes« gegenüber dem aller anderen Versicherungsvertreter im Land. Schriftsteller haben Kritiken, Literaturpreise und Vorschüsse von Verlegern, mit deren Hilfe sie sich selbst und andere beurteilen können. Und Ähnliches gilt für alle Berufe.

Uhr und Kalender stellen uns einen Rahmen zur Bewertung der Produktivität zur Verfügung. Viele Leute messen ihren persönlichen Wert danach, wieviel sie pro Zeiteinheit produzieren. Wieviele Abschlüsse ein Bankier, der mit Investment-Fonds handelt, *im Monat* tätigt, oder wieviele Dollars er seiner Firma *pro Jahr* einbringt, entscheidet darüber, wie *gut* er ist. Das sind seine »Produkte«, und Quantität ist oft wichtiger als Qualität. Viele Menschen meinen, ein Künstler, der in seinem Leben ein Gemälde von überragender Schönheit hervorbringt, sei weniger wert als einer, der fünfzig mittelmäßige Bilder malt. Ebenso haben manche Skeptiker, wenn eine Frau, die ihr Leben der Erziehung von *zwei* Kindern gewidmet hat, behauptet, diese Erfahrung verschaffe ihr die Befriedigung, produktiv gewesen zu sein, Schwierigkeiten, diese Einschätzung ihres Selbstwertes für gerechtfertigt zu halten.

Im Privatbereich wird die öffentliche Beachtung von Kategorien des Wettbewerbs (wo es um meßbare Dinge geht) als unangebracht und sogar abstoßend angesehen. Offener, erklärter Wettbewerb im Bereich des Einkommens oder der sexuellen Attraktivität z. B. wird mißbilligt. Freuden der Muße oder Erlebnisse der Liebe und Einfühlung erbringen nicht unbedingt objektive oder meßbare Ergebnisse. Wenn sie es tun, wenn wir also versuchen, sie »nach Punkten zu bewerten« (indem wir Orgasmen oder Paris-Reisen zählen und vergleichen), wird die Dimension der Liebe zerstört oder zumindest stark beeinträchtigt.

Wir brauchen die Arbeit, wo meßbare Kategorien deutlich und öffentlich aufgestellt werden, um eine Befriedigung unserer Wettbewerbsbedürfnisse zu erlangen. Ein Börsenmakler sagte einmal zu mir: »Ich bin wie ein Berufssportler. Meine Leistung wird jeden Tag in der Zeitung gedruckt.« Auf die eine oder andere Weise haben wir alle bei jeder Form der Arbeit eine tägliche Leistungsbilanz aufzuweisen.

Die Menschen »messen« sich im Bereich der öffentlichen Anerkennung und der öffentlichen Dienstleistungen. Ein berühmter Mensch berührt *mehr* Menschen, und seine bleibenden Werke erhalten die Erinnerung an ihn *länger* am Leben als die an einen gewöhnlichen Bürger, dessen Bekanntheit kaum über das Haus hinausreicht, in dem er wohnt. Dasselbe gilt für jemanden, der sein Selbstwertgefühl daraus bezieht, *vielen* anderen Menschen zu helfen. Dies sind Möglichkeiten, »etwas darzustellen«.

Es macht traurig, wenn man von den wunderbaren Baseballspielern der alten Neger-Ligen liest, die sich so viele Jahre im Verborgenen abmühten, während weiße Spieler, die allgemein bejubelt wurden, mehr Zugang zu einem Gefühl des Selbstwerts genossen. Josh Gibson, den viele für den großartigsten Baseballspieler aller Zeiten hielten, starb im Alter von fünfunddreißig Jahren an emotionalen Problemen, die noch durch Alkohol verschlimmert wurden. Ohne die äußeren, objektiven Symbole des Eigenwerts, die weiße Spieler aufzählen konnten, war seine Fähigkeit, sich selbst positiv zu bewerten, stark beeinträchtigt.* Wir haben alle das Bedürfnis, uns diese objektiven Wertmaßstäbe zu vergegenwärtigen. Ein inneres Selbstwertgefühl, das daher stammt, daß man in der frühen Kindheit geliebt worden ist, genügt für sich allein nur selten, ebensowenig ein persönliches Gefühl der Kompetenz. Das ist der Grund, warum die öffentliche Fürsorge für manche Menschen so verheerend sein kann. Sie haben nichts Äußerliches und Objektives, woran sie ihren Selbstwert messen können.

Wenn jemandem seine berufliche Stellung keinen »Status« verschafft, kann der meßbare Rang von einer Verknüpfung mit dem Ansehen des Arbeitgebers kommen. In *White Collar* hat C. Wright Mills beschrieben, daß eine Verkäuferin in einem kleinen Juwelierladen so angesehen werden kann, als sei sie weniger wert als eine Verkäuferin bei Tiffany's. Eine Patientin antwortete einmal auf meine Frage: »Was macht Ihr Mann?« mit einiger Verlegenheit: »Er ist bei IBM.« Als ich weiter in sie drang, bekam ich heraus, daß er in einer Zweigstelle der Firma als Pförtner arbeitete.

Eine andere Art der Selbstbewertung hat damit zu tun, wie »schwer« unsere Arbeit ist, oder mit der Bewertung der Schwierigkeit unserer Arbeit. Anstecknadeln, auf denen zu lesen steht: »Ich bin ein schwer arbeitender New Yorker«, zieren ziemlich viele Jackettaufschläge in dieser Stadt. Je größer die Schwierigkeit, desto größer ist auch das Gefühl der Kompetenz und der Befriedigung, desto größer ist der Stolz auf uns selber, den wir empfinden. Für die meisten ist eine leichte Arbeit nicht so wertvoll wie eine schwierige. Ein Fahrstuhlführer in einem Appartementhaus, der nur die Knöpfe drücken muß, beklagte sich einmal: »Es ist ein harter Job. Die Leute fragen mich immer, ob Herr Soundso zu Hause ist oder wann Herr Wieheißternoch ausgegangen ist. Es ist schwierig, sich zu erinnern, in welcher Wohnung jeder wohnt oder was sie alle

* Seine Laufbahn wird nacherzählt bei W. Brashler, *Josh Gibson: A Life in the Negro Leagues.*

machen. Hundert Leute wohnen im Bereich dieses Aufzugs! Und ich muß jeden Burschen kontrollieren, der was abzugeben hat, und sicherstellen, daß er vertrauenswürdig ist. Viele Leute erwarten einen kleinen Plausch im Aufzug, aber eine Menge anderer mögen es nicht, wenn man auch nur ein Wort sagt. Man muß dauernd aufpassen. Es ist ein schwieriger Job.«

Es ist ein harter Job, wenn man's gut macht – das gilt für jede Arbeit. Die Bedeutung von »schwer, hart, schwierig« läßt sich erklären, indem man eine Anleihe bei der Welt der Physik macht. »Arbeit« ist in der Physik etwas Meßbares, und ihr Maß hat mit dem Grad der Kraft zu tun, die auf ein Objekt ausgeübt wird, um es über eine bestimmte Entfernung zu bewegen. Dies entspricht unseren Vorstellungen von »Schwierigkeit« bei der menschlichen Arbeit, die wir uns als den Grad aggressiver Energie vorstellen können, die ein Mensch während eines bestimmten Zeitraums zur Erreichung eines Ziels aufwendet. Aggressive Energie spiegelt sich, wie wir gesehen haben, äußerlich in Organisation, Handhabung und Lenkung von Materialien, und innerlich in Form von Konzentration und Disziplin. Offensichtlich haben wir keine absolut objektiven Kategorien zur Messung von Organisation, Handhabung, Lenkung, Konzentration und Disziplin, aber subjektive Maßstäbe können ausreichen. Wir wissen *selber,* wie stark wir uns konzentrieren und wieviel Kraft wir anwenden, um die natürlicherweise ungeordnete Tätigkeit unseres Geistes und die natürlichen Tendenzen von Materialien und Menschen zu überwinden, um ein bestimmtes Arbeitsziel zu erreichen. Wir *selbst* können spüren, wieviel Anstrengung nötig ist, um Geist und Körper zu disziplinieren, damit eine zielbewußte Konzentration aufrechterhalten bleibt. Eine Möglichkeit, der Arbeit eine gesteigerte Schwierigkeit zuzuschreiben, besteht also darin, den Aufwand an aggressiver Energie durch die genannten Mittel zu steigern.

Sie werden bemerken, daß ich hier keinen Unterschied zwischen geistiger und körperlicher Schwierigkeit mache. Ob wir hauptsächlich mit den Händen oder mit dem Kopf arbeiten,

der Grad der Konzentration und der Disziplin, die wir für eine Aufgabe einsetzen, ist der kritische Faktor des Gefühls dafür, ob etwas leicht oder schwer ist.
Der andere Weg zur Einschätzung »schwerer Arbeit« oder vermehrter Schwierigkeit, die man bei der Arbeit empfindet, ist die »Entfernung«, die unsere Konzentration und Disziplin zurücklegen. Dies ist der Zeitfaktor. Die Ziele eines Schuhputzers sind unmittelbarer und »kürzer« als die eines Physikers. Man nimmt gewöhnlich an, es sei »schwerer«, Physiker zu sein, weil der Physiker »länger« arbeiten muß, um seine Ziele zu erreichen. Der Schuhputzer arbeitet vielleicht jedoch schwerer, weil er seine Arbeit mit größerer Konzentration und Disziplin »anpackt«. Eine Menge von Kurzzeit-Zielen, Aufgaben, die zu ihrer Erledigung nur ein Mindestmaß an Zeit erfordern, können zusammen eine erhebliche Zeitspanne ausmachen, die man mit Arbeit zubringt. Das ist der Grund, warum die Tätigkeit einer Mutter als schwere Arbeit empfunden wird und gewiß auch viel Arbeit bedeutet. Die Ziele der Aufgaben, die eine Mutter jeden Tag zu erledigen hat, können, wie wir besprochen haben, Kurzzeit-Ziele sein, aber sie erfordern erhebliche Aufmerksamkeit und Selbstbeherrschung und ergeben zusammen gewiß eine Menge Arbeit.
Ich will mit dem, was im Vorangegangenen besprochen worden ist, keinesfalls zu verstehen geben, daß der Berühmte, der Produktivere oder der schwerer Arbeitende in irgendeinem absoluten Sinn ein wertvollerer Mensch ist. Jede Gesellschaft und jedes Individuum stellt bestimmte objektive Maßstäbe als Konventionen für die Messung der Person auf. Unsere Selbstachtung ist oft davon abhängig, wie wir uns in bezug auf diese Maßstäbe sehen.
Natürlich ist die Beurteilung des Wertes einer Leistung oft eine höchst subjektive Angelegenheit. Obwohl es in einer Kultur objektive Maßstäbe für den Wert einer Person gibt, ist es letzten Endes das Individuum, das seine eigene Leistung bewertet. Die Gründe für die Zufriedenheit oder Unzufriedenheit mit den eigenen Leistungen sind außerordentlich komplex,

und entscheidende Faktoren liegen oft im Unbewußten. Manche Menschen unterschätzen vielleicht große persönliche Leistungen aus einer Vielzahl unbewußter Gründe. Unsere Leistungen können Schuldgefühle wecken. Wir lehnen sie vielleicht selber ab, weil sie für unser Verlangen, wie ein Baby versorgt und abhängig zu sein, eine Bedrohung darstellen. Manche Menschen haben ein so starkes Bedürfnis, immer weiter nach zukünftigen Zielen zu streben, daß sie sich nicht damit aufhalten können, das Vergnügen aktueller Leistungen zu würdigen und dann dieses Bedürfnis dadurch rationalisieren, daß sie die Leistung selbst herunterspielen. Die fieberhafte Verfolgung eines Ziels und die damit unvermeidlich verbundene Angst können eine Tarnung des Bedürfnisses sein, eine fortwährende sexuelle Erregung in sich zu erzeugen. Intensive Angst und starke sexuelle Erregung können auf einigen Ebenen ununterscheidbar sein.

Einer meiner Patienten, ein äußerst erfolgreicher Arzt, arbeitete ständig von Sonnenaufgang bis Mitternacht, tagein, tagaus, und hatte dabei dennoch das unabweisbare Gefühl, ein schlapper Kerl und ein Betrüger zu sein. Er hatte das Gefühl, seine höchst anerkannten Leistungen seien in Wirklichkeit nicht all das, wofür die Leute sie hielten.
»Erstens gibt es eine Menge Ärzte, die sogar noch schwerer arbeiten als ich. Und obwohl ich für meine Arbeit alle Arten von Auszeichnungen bekommen habe und noch bekomme, habe ich immer noch dieses Gefühl, ein Betrüger zu sein. Ich sage zu mir selber: ›Wenn die Leute wüßten ...‹ Ich weiß nicht genau, was sie wissen sollten, aber es ist so ein Gefühl. Es ist das Gefühl, daß die Leute, wenn sie sich meine Arbeit wirklich ganz genau ansehen würden, sehen müßten, daß sie in Wirklichkeit nicht großartig ist. Ich kann gar nicht sagen, was ›wirklich großartig‹ bedeutet. Meine Arbeit erfüllt mich einfach nicht mit dem großen Stolz, den ich empfinden sollte. Es ist, als fehlte da etwas von mir, das ich anscheinend nicht finden kann.«

Was im Fall dieses Mannes fehlte, reichte weit zurück in seine frühe Kindheit. Sowohl sein Vater als auch seine Mutter waren berühmte Rechtsanwälte, deren Arbeitserfordernisse (wie wahrscheinlich auch ihre Persönlichkeiten) sie daran hinderten, den emotionalen Bedürfnissen ihres Kindes viel Zeit oder Aufmerksamkeit zu widmen. Sie machten viele Reisen, und durch die Kindheit dieses Patienten wanderte eine ganze Reihe von Gouvernanten. Was er an Bestätigung bekam, hatte die Form verbaler elterlicher Anerkennung seiner Manieren, seines gepflegten Aussehens und seiner guten Schulnoten. Für die Ungreifbarkeiten seines Chrakters waren sie nicht verfügbar, und sie beachteten sie auch nicht. Es gab keine Zärtlichkeiten für *ihn,* keine spontanen Umarmungen oder Küsse, kein Lächeln dafür, daß er einfach da war, keinen zwanglosen Austausch ohne Rücksicht auf Zeitgrenzen und Arbeits-Zeitpläne. Seine Eltern spendeten Beifall bei seinem College-Abschluß und beim Abschluß seines Medizin-Studiums, aber sie vermittelten ihrem Sohn wenig von irgendeinem Gefallen, den sie an ihm hatten. Nur seine Leistungen und Errungenschaften »zählten«.

Im Verlauf der Psychotherapie kam allmählich heraus, was es für den Patienten eigentlich bedeutete, ein Betrüger zu sein. Einerseits hing es damit zusammen, daß er sich als Mensch ohne ein konkretes Gefühl elterlicher Liebe »unvollständig« fühlte. »Es ist, als sei ich nicht wirklich ganz. Fremde Menschen und die, die mich bewundern, glauben, ich sei ganz. Aber wenn ich es wäre, hätte ich Erinnerungen, die in mir ein Gefühl der Nähe zu meinen Eltern und ein Gefühl des Angenommenwerdens hervorrufen würden. Meine Mutter hat nie echte Zuneigung zu mir gezeigt. Und mein Vater hat zwar meine Leistungen gelobt, aber ich habe ihm nie wirklich geglaubt. Es war, als sagte er es nur im Vorübergehen. Ich habe keine Eltern, die ein Teil von mir sind.« Er verglich sich einmal mit einem Weidenbaum, der eindrucksvoll und schön anzuschauen ist, aber nur ganz flache Wurzeln hat und von einem Sturm leicht umgeblasen werden kann.

Eine andere Bedeutung, die das »Betrüger«-Sein für diesen Mann hatte, stammte aus seinem Gefühl, die Menschen sähen ihn als stark und stolz an. Die Irreführung liegt hier darin, daß er für sich selbst nicht stark war, sondern schwach und abhängig von den Zeichen der Zuneigung und Anerkennung, die er von Patienten und Kollegen erhielt. Er war ein Mensch, der verzweifelt wünschte, gerngehabt zu werden, zum Ausgleich für das tiefe Gefühl des Mangels an Liebe in seiner Kindheit.
Die dritte Ebene des »Betrugs« lag für diesen Patienten darin, daß er seine Wut und Feindseligkeit verbarg. Die Wut auf seine egozentrischen Eltern, die ihm während der Therapie bewußt wurde, erstreckte sich in Wirklichkeit auf alle Menschen in seinem Leben. Selbst seinen Bewunderern gegenüber empfand er eine herablassende Feindseligkeit. In seiner Fantasie »Wenn sie wüßten ...« drückte er unbewußt die Haltung bitterer Geringschätzung gegenüber den »Idioten, die sich von mir haben übers Ohr hauen lassen«, aus.

Dieser Mann konnte nicht fühlen, daß er »etwas darstellte«, gleichgültig, wie tüchtig oder erfolgreich er in seiner Arbeit war. Er hatte eine notwendige emotionale Voraussetzung nicht: die Grunderfahrung, als Kind von seinen Eltern geliebt und akzeptiert worden zu sein. Eine weitere Voraussetzung für die Fähigkeit, an den Wert der eigenen Erfolge zu glauben, ist das vorhergehende Gefühl, in dem Bereich, in dem man anerkannt wird, kompetent zu sein. Manche Menschen, die kein Grundgefühl persönlicher Fähigkeit haben, schreiben das, was sie erreichen, oft glücklichen Zufällen, guten Beziehungen usw. zu.
Niemand kann wirklich auf einem wackligen und unsicheren Fundament ein festes Gebäude errichten. Wenn jedoch das Fundament der frühen Liebe und Kompetenz vorhanden ist, wird das Gefühl der Selbstachtung schließlich dadurch *vollendet,* daß wir uns in meßbaren Leistungen gespiegelt sehen. Die greifbare Arbeitsleistung ist die Hauptmethode zur Selbstbeur-

teilung, und niemand kann der Notwendigkeit, dies zu tun, entgehen oder sie leugnen.

Unser psychisches Los als Menschen wird durch unsere geistig-seelische Mitgift festgelegt. Wenn wir mit der Fähigkeit ausgestattet sind, symbolisch zu denken, Begriffe der Zahl und der vergleichenden Messung zu gebrauchen, sind wir dazu verurteilt, diese Fähigkeit auf unser Erleben anzuwenden. Wir geben uns all unser Leben lang in irgendeiner Weise Noten. Die Arbeitsleistung liefert die am leichtesten wahrnehmbaren Symbole für die Beurteilung des Selbstzwecks. Sie ist keineswegs die einzige Quelle zur quantitativen Wertbestimmung eines Menschen, aber sie steht ohne Zweifel im Mittelpunkt.

# Teil IV: Ungleichgewicht

## 11 Die »Arbeitssucht«

Der ausschlaggebende Faktor bei der Definition der »Arbeitssucht« ist das Maß an Wahlfähigkeit und Willensfreiheit in den Arbeitsgewohnheiten eines Menschen. *Eine Sucht mißt man nicht daran, was ein Individuum tut, sondern daran, was es nicht tun kann.* Ein Weinliebhaber mag sich Abend für Abend beim Essen am Bouquet, an der Beschaffenheit und am Geschmack des besten Bordeaux erfreuen, aber er ist kein Süchtiger, wenn er das Weintrinken unter Umständen, die Enthaltung erfordern, unterlassen kann, etwa wenn der Wein nicht leicht zu beschaffen ist oder wenn er zu einem bestimmten Zeitpunkt den bewußten Wunsch hat, nicht zu trinken. Ebenso ist ein Mensch, der seine Arbeit leidenschaftlich liebt, der die Genugtuung der Leistung mit tiefer Befriedigung empfindet, und der schwer und lange an dem arbeitet, was er als seine Ziele erklärt, nicht notwendigerweise ein »Arbeitssüchtiger«. Nur wenn ein solcher Mann die Erregung der Arbeit nicht entbehren kann, falls sie nicht passend oder bewußt erwünscht ist, können wir ihn als süchtig bezeichnen.

Für manche Menschen kann die Arbeit, wie wir gesehen haben, hinsichtlich ihrer stimmungsverändernden Eigenschaften ein ebenso starkes Rauschgift sein wie Heroin. Wenn wir sehen, daß jemand, der Heroin nimmt, nicht damit aufhören kann, wenn er es bewußt versucht, diagnostizieren wir Heroinabhängigkeit. Wenn ein Mensch im Schlaf arbeiten muß (oder anstatt zu schlafen), wenn er beim Essen, beim Lieben oder beim Lesen eines Romans, wenn er mit Freunden redet oder mit seinen Kindern spielt, während er schwimmt, Wein trinkt oder im Herbstwald einen Spaziergang macht, arbeiten muß, offenbart er, was er *nicht* kann. Der »Arbeitssüchtige« hat in dieser Hinsicht keine Wahl, selbst wenn er sich ändern möchte. *Er kann nicht aufhören zu arbeiten.*

Wir müssen unterscheiden zwischen chronischer Arbeitssucht und periodisch wiederkehrenden Ausbrüchen von Arbeitswut. Wie der chronisch Alkoholkranke hat auch der chronisch Arbeitssüchtige eine charakteristische Persönlichkeit und einen charakteristischen Lebensstil entwickelt, die darauf beruhen, daß er seiner Sucht frönt. Sein Leben wird durch sein Arbeitsschema bestimmt. Alle anderen Tätigkeiten und Beziehungen sind zweitrangig. Das Verhaltensmuster besteht schon seit so langer Zeit, daß man dem aktuellen Verhalten des Betreffenden keine psychischen Motive zuordnen kann, die mit gegenwärtig bestehenden Verhältnissen zusammenhängen. Sein Arbeitsbedürfnis ist in Faktoren eingebettet, die bis in die frühe Kindheit zurückreichen, und es scheint unabhängig von den Belastungen zu sein, die er jeweils in der Gegenwart erlebt. Sein Leben verläuft in einem Gleis, und es fällt einem schwer, mehr als ein Reaktionsmuster in bezug auf die verschiedenen Ereignisse herauszufinden, die er erlebt. Er reagiert auf alles in derselben Weise. Er feiert seine Erfolge und büßt seine Mißerfolge mit immer noch mehr Arbeit.

Der vorübergehend Arbeitswütige hat mehr reaktiven Kontakt mit seiner jeweiligen Umwelt. Seine Arbeitsintensität steigt und fällt je nach den Umständen, die gerade herrschen, und je nach seiner emotionalen Reaktionsbereitschaft. Es gibt viele Zeiten im Leben eines Menschen, in denen die Arbeit vorübergehend zur Sucht werden kann – in denen sie ihm vielleicht als die einzige Möglichkeit erscheint, belastende oder quälende Situationen zu überstehen.

Ein Mann stürzte sich nach der Geburt seines ersten Kindes in einen Arbeitsexzeß. Die Empörung über die Verdrängung und die Zurückweisung, die er zu Hause spürte, katapultierte ihn in sein Büro, wo er eine zuverlässige Quelle der Selbstbestätigung fand. Bei seinen Klienten und Kollegen war er noch immer

»jemand«, während er zu Hause nicht mehr als ein Zuschauer zu sein schien. Welche Wut er auch zu Hause für sich behielt, er konnte sie durch ein aggressives »Anpacken« von Problemen im Büro loswerden. Er erkannte, daß seine Arbeit Suchtcharakter annahm, als er traurig feststellte, daß er es vorzog, am Abend und am Wochenende in seinem Büro Klienten zu empfangen, anstatt sich an seiner Frau und seinem neugeborenen Kind zu erfreuen. Das machte ihm großen Kummer. Allmählich erkannte er, daß er nicht so sehr auf die objektiven Realitäten der gegenwärtigen Situation reagierte, sondern vielmehr auf Gefühle, die damit zusammenhingen, daß er ein Einzelkind gewesen war. Er war von Eifersucht motiviert, die von dem Bedürfnis herrührte, von seiner Frau versorgt und genährt zu werden, als sei sie seine Mutter. Er fand in seiner Arbeit das, wovon er das Gefühl hatte, sie versage es ihm. Die Tatsache, daß er diese Determinanten verstand, half ihm, seinen zeitweiligen Arbeitszwang zu überwinden und brachte ihn seiner Frau und seinem Sohn näher.

Es sagt sich relativ leicht, ein Arbeitswütiger offenbare seine Sucht durch das, was er *nicht kann,* aber wie können wir wissen, wann dies der Fall ist? Einer der bezeichnendsten Züge aller Süchtigen, ob sie nun vom Alkohol, vom Heroin oder von der Arbeit abhängig sind, ist der, daß sie oft beharrlich leugnen, ihre Gewohnheiten nicht in der Hand zu haben, oder es wirklich nicht wissen. »Ich kann jederzeit aufhören, wenn ich will.« Es ist nicht so, daß sie lügen. Die meisten sind sich wirklich ihrer Sucht nicht bewußt. Jene, die sich des Zwangs zur Arbeit bewußt sind, kommen direkt damit heraus und beschreiben die subjektive Qual, die mit dem Aufhören der Arbeit verbunden ist. Sie skizzieren deutlich die Entzugserscheinungen, die sie vorhersehen können und abwehren müssen. Zu diesen Symptomen gehören starke Angst (oft verbunden mit Atemnot, Zittrigkeit, Schwitzen, kalten, feuchten Händen und Appetitlosigkeit), Depression (Gefühle der Hoffnungslosigkeit, Verzweiflung, Verlust des Lebenswillens, intensive Schuldgefühle, Appetitlosigkeit und das Schwinden aller Interessen, auch am Sex), psychosomatische Erkrankungen (Migräne, Darmentzündung, Asthma, Zwölffingerdarmgeschwüre) oder sogar ausgesprochene Psychosen (Verlust der Fähigkeit, Wirklichkeit von Fantasie zu unterscheiden, wie sie bei Wahnvorstellungen, Halluzinationen und unzusammenhängendem Reden zu beobachten ist).

Wenn der Arbeitssüchtige diese subjektiven Informationen über sich nicht liefert, müssen wir aus objektiven Daten auf das Vorhandensein einer Sucht schließen. Dazu gehört natürlich das Auftreten der obengenannten Symptome, wenn die Arbeit für längere oder kürzere Zeit wegen Krankheit, Arbeitslosigkeit, Urlaub, Wochenende, Schlaf, Essenszeit oder anderen Umständen aufhört, auf die der Betreffende keinen Einfluß hat. Der Entzug kann während der Zeit der Trauer nach dem Tod eines Familienmitglieds eintreten oder sogar während der erzwungenen Untätigkeit in einem Verkehrsstau, wenn sich der Betreffende kein Journal oder Diktiergerät mitgenommen hat, um sich vor der unerwarteten Arbeitsunterbrechung zu schützen.

Wir können auch vom Auftreten einer somatischen Erkrankung als direktem Ergebnis von Überarbeitung auf das Vorhandensein einer Sucht schließen. Dies ist natürlich viel leichter herauszubekommen, wenn wir es mit einer Sucht in bezug auf giftige Stoffe zu tun haben, wie z. B. Alkohol, die vorhersehbare Veränderungen an Organen wie der Leber, der Bauchspeicheldrüse und dem Gehirn zur Folge haben. Aber seltsamerweise sind viele Arbeitssüchtige große Konsumenten von Rauschmitteln wie Alkohol und Marihuana, weil diese das einzige Mittel sind, mit dessen Hilfe sie sich von ihrer zwanghaften Ausrichtung auf die Arbeit losreißen können. Es gibt zwar viele Arbeitssüchtige, die sich mit einer entschlossenen Arbeitshaltung in Fitness-Programme (mit spezifischen Leibesübungen, besonderer Ernährung und geplanten Schlafzeiten) stürzen, aber es gibt auch jene, die ihre Gesundheit vernachlässigen, weil sie sich so zwanghaft auf ihre Arbeit konzentrieren. Sie fangen an, Zeichen körperlichen Verfalls zu zeigen. Sie rauchen unter Umständen mehrere Packungen Zigaretten am Tag, trinken zuviel Alkohol oder werden übergewichtig, weil sie, sozusagen im Vorübergehen, zuviel stärkehaltige, füllende Nahrung zu sich nehmen. Der Schlafmangel kann sich körperlich bemerkbar machen, und Unfälle können mit größerer Häufigkeit auftreten und zu schweren Verletzungen führen.

Es gibt noch eine dritte Möglichkeit, auf das Vorhandensein einer Sucht zu schließen – durch die Feststellung von Schwierigkeiten in der psychosozialen Anpassung. Hat es einen Zusammenbruch oder eine Beeinträchtigung im Bereich des subjektiven Selbstwertgefühls, der Beziehungen zu Familie und Freunden und in der Arbeit gegeben? Dies ist das heikelste Kriterium, denn man kann es natürlich nicht wirklich standardisieren. Nach wessen Definition kann man sagen, daß die Funktionen eines Menschen gestört sind? Die einzige zuverlässige Definition ist die des Süchtigen selber, aber seine Meinung ist selten objektiv. Gewiß ist es in schweren Fällen, in denen ein Mensch sich selber haßt, weil er unfähig ist, sein zwanghaftes Arbeitsbedürfnis in Schach zu halten, in denen sein Arbeitsverhalten eindeutig eine Ehe und eine Familie zerstört hat, in denen Kinder vernachlässigt werden und schwere Schäden davontragen, und in denen die Arbeitsleistungen beeinträchtigt werden, weil der Süchtige immer so beschäftigt ist, daß er sich niemals Zeit nehmen kann, um über seine Ziele nachzudenken, leicht, dies als krankhaft einzustufen. Aber die meisten Fälle sind nicht so leicht einzustufen.

Wer sagt schließlich, daß zum optimalen Funktionieren harmonische Familienbeziehungen, lockere Freundschaften und eigene Kinder gehören? Was ist mit einer Frau, die ganz offen und ohne Abwehrhaltung behauptet, Ehe, Kinder und Freunde seien in ihrem Lebensplan weit weniger wichtig als die erfolgreiche Schöpfung großer Kunst? Es gibt nur einen wirklich zuverlässigen Maßstab, den man bei der Zuweisung der Bezeichnung »unangepaßt« verwenden kann – und das ist der subjektive.

Der Psychiater muß sich davon leiten lassen, was der Patient darüber *sagt,* wo es ihm wehtut, nicht davon, was er darüber denkt, wo es wehtun sollte. Der Mensch, der heiraten möchte, dessen unbeherrschbare Konzentration auf die Arbeit aber immer der erfolgreichen Entwicklung einer Beziehung im Wege steht, empfindet seine Arbeitsgewohnheit als unangepaßt. Ein solcher Mensch ist im Widerstreit mit seinen eigenen Maßstäben und Wünschen. Das bedeutet nicht, daß man das, was jemand sagt, immer für bare Münze nehmen sollte. Ein Mensch behauptet vielleicht, Freunde seien ihm nicht wichtig, aber ein guter Psychiater kann herausbekommen, ob dies eine Schutzbehauptung ist oder nicht. Er kann aus dem Patienten herauslocken, ob er in Wirklichkeit Freunde haben möchte, und ob z. B. die Angst vor Ablehnung der Suche nach Freunden im Wege steht.

Subjektiver Kummer mit der eigenen Anpassung ans Leben entsteht möglicherweise erst, nachdem Ereignisse eingetreten sind, die einen Menschen zwingen, sich zu prüfen und über die Maßstäbe nachzudenken, die er unbewußt aufgestellt hat, um sein Leben zu strukturieren. Ein Mann, der immer die »Abhängigkeit« seiner Frau von ihm als die Ursache seiner Unfähigkeit bezeichnet hatte, bis in die Spitzenpositionen seiner Firma vorzudringen, und der sich insgeheim immer gewünscht hatte, er hätte nie geheiratet, erkannte nach ihrem plötzlichen Tod, daß ihm sein Leben in Wirklichkeit ohne die Anregung ihrer Anwesenheit leer vorkam. Seine Arbeitsmotivation verringerte sich drastisch. Manche Menschen kommen erst dahin, ihre Wertmaßstäbe wie z. B. den Primat der Arbeitsleistung, in Frage zu stellen, wenn sie anfangen, ein Unglück wie den Selbstmord oder schwer kriminelles Verhalten eines Kindes mit ihrem eigenen zwanghaften Arbeitsverhalten in Zusammenhang zu bringen. Andere suchen Hilfe, nachdem sie eine der zunehmend beliebter werdenden »Kontroll-Listen für Arbeitssüchtige (workaholics)« gelesen haben, die von Zeit zu Zeit in Zeitschriften und Zeitungen erscheinen. Der Wert solcher Kontrollisten liegt nicht in der vorgeblichen

Möglichkeit, zu einer absoluten Definition zu gelangen, sondern in ihrer Nützlichkeit als Katalysatoren des Nachdenkens über sich selbst.
Natürlich ist einer der wirkungsvollsten Faktoren, die jemand zur Selbstprüfung anregen können, das Verstreichen der Zeit – vorrückendes Alter und die »Krise der mittleren Jahre«. Die wirklich »aus dem Bauch« stammende Einsicht in den späten Dreißigern und mit Anfang Vierzig, daß wir nicht ewig leben, daß nicht genug Zeit bleibt, um alle Wege einzuschlagen, und daß wir anfangen müssen, uns genau zu überlegen, wo wir in den Jahren, die uns noch bleiben, unsere Energien einsetzen wollen, führt zu der Frage, was für eine Art Mensch wir gewesen sind und sein wollen. Manche Menschen bekommen das Gefühl, daß sie tatsächlich »arbeitssüchtig« gewesen sind oder dem Leben gegenüber eine Arbeitshaltung betont haben, die sich, wenn sie zu stark und allumfassend ist, nicht mit einer liebenden Einstellung verträgt. Sie erkennen vielleicht, daß ihre Konzentration auf Bewältigung und Steuerung praktisch alle anderen Formen des Erlebens ausgelöscht hat, besonders jene, bei denen das Loslassen für die Befriedigung unerläßlich ist. Sie werden vielleicht zu dem Eingeständnis gezwungen, daß ihre Betonung von Arbeit und Leistung wirklich ein »Zwang« und ihrer Willenskraft nicht unterworfen ist. Sie merken vielleicht, daß ihr Arbeitsverhalten eine unwillkürliche Persönlichkeitsreaktion ist, und nicht eine Reaktion auf eine objektive Realität der Gegenwart, sondern auf traumatische Erlebnisse in der Vergangenheit, die in ihrem Unbewußten lebendig geblieben sind. Dies ist das Wesen der Neurose, und die echte Arbeitssucht – die Unfähigkeit, mit dem fortwährenden Arbeiten am eigenen Leben aufzuhören – ist gewiß als Neurose zu bezeichnen.

Wir haben Arbeit definiert als *die erlernte Organisation, Handhabung und Steuerung der äußeren und inneren Umwelt, um ein angestrebtes Ziel so tüchtig und wirksam zu erreichen wie möglich.* Der Arbeitsprozeß hat sicherlich viele Aspekte, und dieser Prozeß durchläuft im Lauf der Zeit viele Phasen. Es gibt keinen typischen »Arbeitssüchtigen«, denn jeder findet in der Arbeit etwas anderes, das ein neurotisches Bedürfnis, einen Hang, »befriedigt«. Manche genießen die Aggressivität der Arbeit, während andere von der Ordnung abhängig sind, die sie ihnen zur Verfügung stellt, und der sie sich anpassen können. Manche sind von der Einleitungsphase der Arbeit »besessen«, halten aber nie bis zur Vollendungsphase durch. Wieder andere fühlen sich von den betäubenden Wirkungen der Konzentration unterstützt, verlassen sich aber auf Autoritätsfiguren, die für sie die Aufgaben festlegen und in Gang setzen. Und dann gibt es jene mit starken Wettbewerbsbedürfnissen, für die die Arbeit ein Sieg ist und ihnen die Befriedigung verschafft, »besser« als andere zu sein.

Trotz dieser signifikanten Unterschiede bei den Einzelnen in bezug darauf, welcher Aspekt das suchtartige Bedürfnis des Betreffenden erfüllt, kommt ein allgemeines Profil des Arbeitssüchtigen zum Vorschein, das man als einfache Überprüfungsvorrichtung benützen kann. Wie alle anderen Überprüfungsmethoden ist es kein Test, der eine endgültige Diagnose ermöglicht; es macht uns lediglich auf Bereiche aufmerksam, wo vielleicht eine eingehendere Untersuchung angebracht ist.

1. Ein Arbeitssüchtiger hat eine unwillkürliche Vorliebe für Fertigkeiten und die Entwicklung von Fertigkeiten, und er wendet sie entweder dort an, wo sie nicht hingehören, oder er meidet Situationen, in denen Fertigkeiten keine Rolle spielen. Unbehagen empfindet er gegenüber Eigenschaften wie Gefühl, Fantasie und Spontaneität, weil zu ihnen keine Fertigkeiten gehören, und weil sie statt dessen Erlebnisse sind, die keine besonderen, zweckbestimmten Talente erfordern. (Man hört Leute manchmal davon reden, sie müßten ihre »emotionalen Fähigkeiten« oder ihre »Liebeskünste« vervollkommnen. Dies ist eine irregeleitete Anwendung des Therapiebegriffs; sie macht manche Therapien, die sich auf die »Spiele« konzentrieren, die die Menschen spielen, und die ihre Ausrichtung auf das

»Können« berücksichtigen, für viele Arbeitswütige anziehend.)

2. Ein Arbeitssüchtiger ist fast ausschließlich auf die analytische Haltung ausgerichtet, die das Erleben und die Erfahrung in handhabbare Kategorien aufteilt. Er ist besessen von genauen Definitionen, Zielen, Verfahrensweisen, Fakten, Listen, Messungen, Methoden, Arten des Vorgehens und Strategien. Erfahrungen, die eine analytische Zergliederung nicht erlauben, geht er entweder aus dem Weg, oder er versucht, sie in eine analytische Schablone zu zwingen. Er kann »das Unbeschreibliche« nicht akzeptieren. Jemand, der »Liebe« definieren muß, bevor er zulassen kann, daß er liebt oder geliebt wird, zeigt diese Eigenschaft des Arbeitssüchtigen.

3. Ein Arbeitssüchtiger ist ein Geschöpf des Aggressionstriebes. »Handhabung und Lenkung« seiner Umwelt verschaffen ihm das Gefühl der Befriedigung und des Stolzes. Konzentration und Disziplin stellen eine Form der gegen das eigene Selbst gerichteten Aggression dar, die das Gefühl der Befriedigung verstärkt. Ein Arbeitssüchtiger kann nichts so lassen, wie es ist. Einer meiner Patienten kann keinen Film sehen und kein Buch lesen, ohne beständig daran zu denken, was er anders gemacht hätte. Er kann sich nicht zurücklehnen und genießen; er »packt alles an«.

4. Der Arbeitssüchtige kann nicht in der Gegenwart leben. Sein Bewußtsein ist durch Ziele und Produkte, die Endpunkte eines linearen Arbeitsprozesses, bestimmt. Sein Leben ist in zukunftsgerichtete Motive eingebettet, immer bewegt es sich auf etwas zu; selten hält er inne, um Empfindungen der Gegenwart zu genießen. Wenn die Zeit einen Wert für ihn haben soll, muß sie entweder Produkte hervorbringen oder zu ihrer Erzeugung beitragen. Ein Erleben, das für sich selbst steht, wie z. B. Muße, ist für den Arbeitssüchtigen nicht von Belang.

5. Effizienz und Effektivität gehören zur Religion des Arbeitssüchtigen. Verschwendung und Verluste jeder Art müssen nicht nur vermieden werden, sondern sie regen ihn auch zutiefst auf. Ziele müssen in möglichst kurzer Zeit mit dem Mindestauf-

wand erreicht werden. Zwar ist Effizienz das ausdrückliche Ziel des Arbeitssüchtigen, aber er ist oft hoffnungslos ineffizient, weil er aggressive Energie loswerden muß, und weil er ein Perfektionist ist. Wenn er einem anderen oder einer Maschine Arbeit überträgt, gibt er eine Steuerung auf, die er sehr hoch schätzt.

Wenn wir einen Arbeitssüchtigen mit Hilfe dieses allgemeinen Überprüfungsprofils als solchen haben identifizieren können, brauchen wir eine genaue Typologie, um die besondere emotionale Landschaft unterscheiden zu können, die ihn kennzeichnet. Dies ist entscheidend für die Einschätzung der Prognose und der geeigneten Behandlungsmethode. Die brauchbarste Typologie für therapeutische Zwecke ist eine, die nicht auf dem oberflächlich wahrnehmbaren Verhalten aufgebaut ist, sondern auf der tieferliegenden Psychodynamik der Arbeitsmotivation eines Individuums. Die Arbeit ist ein Prozeß mit vielen Einzelteilen und Eigenschaften, und jede Facette eignet sich zur Befriedigung normaler Bedürfnisse oder um eine Sucht darauf aufzubauen. Die übertrieben starken Bedürfnisse des Süchtigen geben uns nur anschauliche, lebhafte, »aufgeblasene« Beispiele für die normale Befriedigung, die einem die Arbeit verschaffen kann.
Wenn ich die folgende Klassifizierung von Arbeitssüchtigen vorschlage, sitze ich nicht von meiner »gehobenen« Position aus zu Gericht und lege eine Gruppe von »kranken« Leuten fest. Jedes menschliche Verhalten, einschließlich des Verhaltens von Psychiatern, ist verständlich auf der Grundlage realistischer Reaktionen auf verschiedenartige frühere Erlebnisse, die längst vorbei sind. Wie der Psychiater Harry Stack Sullivan einmal gesagt hat: »Wir alle sind mehr menschlich als sonstwas.« Wir alle sind Neurosen ausgesetzt, und uns allen kann es zur einen oder anderen Zeit in unserem Leben passieren, daß wir feststellen, wir seien übermäßig an unsere Arbeit gebunden. Wer auf diese Weise reagiert hat, darf nicht als »krank« bezeichnet oder als pathologisch angeklagt und

herablassend behandelt werden, wir sollten uns auch dessen nicht schämen, daß unser Verhalten vielleicht durch Kräfte motiviert ist, die außerhalb unseres bewußten Gewahrseins liegen. Im Bereich der menschlichen Gefühle und Verhaltensweisen ist zwischen Krankheit und Gesundheit nicht leicht zu unterscheiden, und wir sollten alle dankbar dafür sein.
Die im folgenden beschriebene Dynamik bezieht sich sowohl auf chronische als auch auf vorübergehende Formen der Arbeitssucht. Aus Mangel an einem besseren System habe ich die Kategorien alphabetisch angeordnet, viele von ihnen überschneiden sich natürlich. Die Kategorie des »narzißtischen Arbeitssüchtigen« wird im zwölften Kapitel gesondert besprochen.

## Der wütende, feindselige Arbeitssüchtige

Die Arbeit erfüllt den Zweck eines angepaßten, sozial akzeptablen Mittels zur Abfuhr aggressiver Energie. Die alte Geschichte von dem Mann, den sein Chef gedemütigt hatte, und der nun heimkommt und seine Frau schlägt, ist in Wirklichkeit sehr viel ungewöhnlicher als die umgekehrte Geschichte: von dem Mann, der zu Hause frustriert worden ist und sich nun im Büro auf seine Arbeit »stürzt«. Viele Frauen haben ebenfalls festgestellt, daß sie durch eine Berufstätigkeit oder dadurch, daß sie sich im Haus oder in der Umgebung spezifische Arbeitsziele schaffen, eine ideale Möglichkeit haben, die Wut, den Zorn und die Frustration durch Arbeit loszuwerden, die aus ganz anderen Quellen stammen können.
Eine Dynamik hinter dem Bedürfnis vieler Leute, sich durch die Arbeit brüderliche Bindungen zu suchen, ist die Notwendigkeit, sich an die wechselseitige unbewußte Feindseligkeit in der Konkurrenz anzupassen und sich gegen sie zu schützen. Die »Jungs« im Büro oder in der brüderlichen Berufsvereinigung arbeiten nicht nur zusammen, um gegenseitig ihr Überleben sicherzustellen; sie nehmen vielleicht ihre Kollegen auf irgend-

einer Ebene auch als Gefährdung ihres eigenen, individuellen Überlebens wahr. Es gibt für jeden von uns nur einen begrenzten Raum, in dem er erfolgreich sein kann, in dem er sein gesichertes eigenes Territorium haben kann. Die Arbeit verschafft uns ein Ventil für unsere im Grunde ambivalente Einstellung zu unseren Mitmenschen. Wir arbeiten fürs Gemeinwohl zusammen und sublimieren unsere angeborene Feindseligkeit gegen unsere Kollegen zugleich durch sozial akzeptablen Wettbewerb.

Derjenige, der diese aggressive Facette der Arbeit in eine Sucht verwandelt, ist oft aus Angst vor Ablehnung oder Vergeltung oberflächlich gefügig und in seinen persönlichen Beziehungen entgegenkommend, oder weil er Angst vor dem Ausmaß seiner eigenen Feindseligkeit hat. Anstatt seine natürlichen Frustrationen und seine Wut zu Hause zum Ausdruck zu bringen, verschiebt er sie, indem er seine Projekte bei der Arbeit zwanghaft »anpackt« und sich »mit ihnen herumschlägt«. Ein typisches Beispiel ist der einundfünfzigjährige Buchhalter, der seine innere Wut über das, was er als die Kälte seiner Frau ihm gegenüber ansah, dadurch »abarbeitete«, daß er praktisch das ganze Jahr lang Tag und Nacht an seinem Schreibtisch war. Auf einer subtileren Ebene genoß er es, alles, Menschen wie Dinge, auf Zahlen zu »zerkleinern« und zu reduzieren.

Ein weiteres Beispiel für den wütenden Arbeitssüchtigen ist der Mensch, der sich ganz allein hat »hinaufarbeiten« müssen, um »ein Erfolg zu werden«. Seine wohlhabenden, aber selbstsüchtigen Eltern haben ihm keine Unterstützung angedeihen lassen und ihn nicht ermutigt, und die Wut, die er deshalb auf sie hat, befeuert seine Entschlossenheit, Erfolg zu haben und sie bloßzustellen. Er möchte in der Lage sein, alles abzulehnen, was sie ihm verspätet vielleicht noch zukommen lassen möchten. Seine Wut fließt in die Freude an der Macht ein, für die die Arbeit eine unerschöpfliche Quelle ist.

## Der Arbeitssüchtige aus Scham

Die Diskrepanz zwischen der Art und Weise, wie jemand wahrgenommen wird, und wie er sich selber bei der Arbeit und zu Hause wahrnimmt, ist ein praktisch universelles Phänomen in allen Lebens- und Arbeitsbereichen. Wenn man einen nahen Freund zum ersten Mal an seinem Arbeitsplatz sieht oder einen Kollegen zum ersten Mal zu Hause besucht, ist es fast immer eine Offenbarung. Kann die reizende, liebevolle, sanftmütige Nachbarin von nebenan wirklich dieselbe Person sein wie diese ziemlich strenge leitende Angestellte, der es so leicht zu fallen scheint, ihren jüngeren Kolleginnen anspruchsvolle Aufgaben zu stellen? Der Unterschied kann lediglich die Folge ihrer verschiedenen Anpassung an die Erfordernisse der jeweiligen Umwelt sein. Bei der Arbeit und im privaten Bereich werden sehr verschiedene Ansprüche an uns gestellt. Es ist fast so, als könnten wir in verschiedenen Situationen verschiedene Leute sein. Intimität widerspricht der effizienten Zielstrebigkeit der Arbeit, während formelle Struktur, Definition, Linearität, Effizienz und Produktivität zu Hause keinen wichtigen Raum einnehmen.

Der Umstand, daß am Arbeitsplatz gewöhnlich keine Intimität herrscht, und daß unsere Interaktionen bei der Arbeit gewöhnlich durch größere Distanzierung gekennzeichnet sind, als wir sie im Privatbereich zu üben pflegen, macht die Arbeitsumwelt zum idealen Rahmen für Fantasiebefriedigungen aller Art. Die private Realität braucht keine Ablenkung zu sein. Gerade in Arbeitssituationen werden unsere Tagträume von Größe und Mut gewöhnlich ausgespielt. Einen Menschen – den Papst, die Königin, den Präsidenten – kann man nur verehren oder rückhaltlos bewundern, wenn die intimen Einzelheiten seines Privatlebens nicht allgemein bekannt sind. Je größer die Nähe, desto weniger dauerhaft oder monolithisch ist die Anbetung. Diese Wahrheit gilt nicht nur für hochgestellte Persönlichkeiten. Im allgemeinen bekommen wir am Arbeitsplatz ein viel stärkeres Gefühl der unvermischten Anerkennung und des

Angenommenwerdens, gleichgültig, welcher Arbeit wir nachgehen, als zu Hause. Keiner Frau ist jemals von Mann und Kindern eine »Huldigung im Stehen« zuteil geworden, aber schon viele haben sich im Glorienschein donnernden Beifalls gesonnt, wenn sie eine Urkunde für beste Verkaufserfolge oder dreißigjährige Tätigkeit bei ihrer Firma bekommen haben. Nobelpreise werden für großartige Werke verliehen, nicht für persönliche Eigenschaften. Gleichgültig, welchen Rang jemand in seiner Organisation einnimmt, man kann ihm das Gefühl vermitteln, er sei absolut unentbehrlich, und diese Befriedigung kann auch den Wunsch befriedigen, intensiv geliebt zu werden. Sie verschafft auch Menschen, die sich sonst ihrer selbst schämen oder verlegen sind, eine Befreiung von diesen quälenden Gefühlen.

Der sich schämende Arbeitssüchtige ist ein Mensch mit geringer Selbstachtung. Er fühlt den Drang, aus strengen Titel-Hierarchien, Gehaltsstufen und oberflächlichen Formen des Respekts in seiner Firma oder seiner sonstigen Arbeitsumwelt Anerkennung und Billigung zu beziehen, und dies befähigt ihn, sich ein gewisses Selbstwertgefühl zu bewahren. Zu Hause ist er nur ein Familienmitglied unter anderen, und seine persönliche Scham wird verstärkt durch das Fehlen der formellen Lobhudelei und des konkreten Respekts. Ein achtunddreißigjähriger Bankier, dessen Frau und Kinder wohl versuchten, ihn zu lieben, ihm aber natürlich nicht die gleiche Ehrerbietung bezeigten wie seine Sekretärin oder seine Mitarbeiter, hatte das Gefühl, seiner Familie liege eigentlich nichts an ihm, weil sie ihn für körperlich wenig anziehend und für einen schlechten Sportler halte. Er konnte diesen schmerzlichen Folgerungen und dem Gefühl, abgelehnt zu werden, dadurch entfliehen, daß er sich in seiner Arbeit im Büro begrub. In Wirklichkeit wurde er nicht von den Menschen in seinem gegenwärtigen Familienleben abgelehnt, sondern er war von seinen Eltern in der Vergangenheit abgelehnt worden, die ihm einen älteren Bruder, einen ausgezeichneten Sportler, stark vorgezogen hatten. Sein Selbstbild hing immer noch an diesen schmerzlichen Erinnerungen von früher, und er benützte zwanghaft seine Arbeit als Ausgleich dafür.

## Der wetteifernde Arbeitssüchtige

Dies ist der Mensch, der die Arbeit als Mittel benützt, um in der Welt »Punkte zu sammeln« und das Spiel zu gewinnen. Freizeitbetätigungen und Privatleben, wo die genaue Messung von Vergleichswerten belanglos ist, werden gemieden zugunsten von Unternehmungen, die man in Zahlen fassen kann. Er wünscht sich, mehr Punkte zu erlangen als diejenigen, die er als Konkurrenten betrachtet. Dies ist ein Mensch, der sich immer »beweisen« muß, und das geht am besten durch Arbeit. Anders als der Arbeitssüchtige aus Scham, der eine *Liebe* sucht, von der er meint, er habe sie nie bekommen, strebt der wetteifernde Arbeitssüchtige nach *Respekt.* Wenn ihn seine Mutter abgelehnt hat, dann zugunsten des stärkeren und größeren Vaters, nicht um irgendwelcher Geschwister willen. Seine Mutter hat ihn vielleicht geliebt, wie eine Mutter ihr Kind liebt, aber nicht so, wie eine Frau einen Mann liebt. Dieser Arbeitssüchtige wird angetrieben vom Kitzel des Sieges, dem Geschmack an der Macht und der Größe seiner Leistungen. Er ist oft, und das überrascht nicht, ein Mann, der als Kind unbewußt die Größe seines Penis mit der des väterlichen Penis verglichen hat und sich durch das Ergebnis gedemütigt fühlte. Es mag mittlerweile ein freudianischer Gemeinplatz sein, daß der Junge oft die größere Achtung der Mutter vor dem Vater dessen großem Penis und damit auch seiner größeren sexuellen Potenz zuschreibt. Aber wenn diese Anschauung unangetastet bis ins Mannesalter erhalten bleibt, geht das starke Wetteifern weiter. Für viele Männer ist die Arbeit ihr Penis, und sie haben es dringend nötig, zu zeigen, daß der ihre immer größer ist. Ein Makler meinte einmal kurz und bündig: »Wissen Sie, was die Börse ist? Ich will es Ihnen sagen. Sie ist ein Pimmel-Wettstreit, jawohl!«

## Der abwehrende Arbeitssüchtige

Abwehrmechanismen sind geistig-seelische Maßnahmen, die dazu dienen sollen, uns vor Unlustgefühlen zu schützen. Auch die Arbeit kann (unbewußt) diese Funktion wirksam ausüben. Sie befähigt uns, Bedürfnisse, Sehnsüchte, Wünsche und andere Gefühle zu *vermeiden,* die Schmerz oder Qual verursachen würden. Ein Beispiel dafür, wie die Arbeit Albert Einstein befähigte, die tiefe Trauer nach dem Tod seiner Frau zu überwinden, ist in folgendem Bericht enthalten:

> 1936 lag Elsa im Sterben, während zur selben Zeit Einstein, Banesh Hoffman und noch ein Physiker in Einsteins Studio arbeiteten. Hoffman erinnert sich, daß Einstein abgehärmt aussah, nachdem sie gestorben war. Die anderen schlugen vor, ihre Arbeit ein paar Tage zu unterbrechen, aber Einstein weigerte sich. »Jetzt brauche ich meine Arbeit mehr denn je«, sagte er.*

Die Zukunftsgerichtetheit der zielstrebigen Arbeit, wo ein Großteil unserer geistig-seelischen Tätigkeit von der Gegenwart ab- und auf ein symbolisiertes Ziel in der Zukunft hingelenkt wird, beschützt uns vor Gefühlen und Empfindungen. Emotion ist ein Erlebnis der Gegenwart. Kummer, Trauer, Gefühle des Abgelehntwerdens, unerfüllte sexuelle Erregung, Angst, Scham, Schuldgefühle, Depression und Feindseligkeit lassen sich durch zielstrebige Arbeit abwehren. Wenn wir arbeiten, begeben wir uns im Geist in irgendeinen zukünftigen Zustand (wo das Ziel liegt), und dadurch sind wir für die Gefühle der Gegenwart nicht ganz zugänglich. Dies ist derselbe Vorgang, wie wenn wir im Tagtraum an einem weit entfernten Ort sind; wir projizieren uns in diesem Fall nicht in der Zeit irgendwohin, sondern im Raum.

Die Arbeit wirkt am effektivsten als Abwehrmechanismus durch den Prozeß der Konzentration. Diese befähigt uns, außer den Bewußtseinsinhalten, die im Brennpunkt unserer Auf-

* William Stockton; »Celebrating Einstein«, *New York Times Magazine,* 18. Februar 1979.

merksamkeit stehen, alle anderen auszulöschen. Durch den Konzentrationsakt können Fantasien, Gefühle, Verlangen, Wünsche, Bedürfnisse, Triebe und Schmerz neutralisiert werden. Henry Ward Beecher hat einmal Glücklichsein als einen Geisteszustand definiert, in dem »... ein Mensch so beschäftigt ist, daß er nicht weiß, ob er glücklich ist oder nicht.«* Bei jenen, die sich in ihre Arbeit »vergraben«, um jede Empfindung oder jedes Gefühl von Qual oder Unbehagen zu vermeiden, treten Angst oder Depression ein, sobald der Abwehrmechanismus – die Arbeit – zu Ende ist oder ihnen auf andere Weise entzogen wird.

Im Gegensatz zu den anderen Kategorien der Arbeitssucht, die mehr chronischer und charakterbedingter Art sind, und die eine Kanalisierung sexueller oder aggressiver Energie ermöglichen, ist der Arbeitszwang zum Zweck der Abwehr gewöhnlich situationsbedingt und zeitlich begrenzt und hat die bereits besprochene Qualität des »Exzesses«. Eine Patientin kehrte, nachdem sie nach achtzehnjähriger Ehe ihren Mann verloren hatte, sofort in den Beruf zurück und machte sechs Monate lang praktisch nichts anderes als Klebearbeiten und mechanische Zeichnungen in einer Werbefirma. Sie machte jeden Abend und an jedem Wochenende Überstunden. Sie ging der Familie und den Freunden aus dem Weg. Als sie einen merklichen Gewichtsverlust erlitt, empfand sie das Bedürfnis nach Therapie. Allmählich begann sie, bei sich selbst den Vorgang der Trauer und des Kummers zuzulassen, den sie hatte vermeiden wollen, und alsbald ließ ihr zwanghaftes Arbeitsverhalten nach.

Man muß hier betonen, daß *Abwehr* etwas anderes ist als *Flucht*. Ein Abwehrmechanismus ist ein besonderer geistig-seelischer Vorgang, der dazu dienen soll, bestimmte schmerzliche Bewußtseinsinhalte zu verändern. Typische Formen der Abwehr, außer Konzentration und Ausrichtung auf die Zukunft bei der Arbeit, sind Rationalisierung, Intellektualisierung, Projektion, Verdrängung und Verleugnung. Flucht ande-

* Zitiert in J. Cawelti, *Apostles of the Self-Made-Man.*

rerseits ist ein unspezifischer Verhaltensprozeß. Sie ist ein Fliehen *vor* etwas (nicht unbedingt eine Zuflucht *zu* etwas), ein Abschiednehmen von einer quälenden Situation. Lesen zum Zweck der Flucht vor der Wirklichkeit oder andere derartige Hobbies können geistige Formen dieses Verhaltens sein.

Für einige Menschen kann die Arbeit einfach eine Flucht vor unangenehmen Dingen zu Hause sein. Ins Büro zu gehen, kann eine große Erleichterung sein, wenn das Zuhausesein Schwierigkeiten, Spannungen oder Konflikte mit dem Ehepartner, Nachbarn oder Eltern bedeutet. Das heißt jedoch nicht, daß der Betreffende auch arbeitet, wenn er »in der Arbeit« ist. Er ist einfach dem Heim entflohen und hat es mit einer weniger gefährlichen, weniger beunruhigenden Umgebung vertauscht. Diese Fluchtmotivation kann bei manchen Menschen zwanghaft und suchtartig werden, aber in diesem Fall betrifft die Sucht mehr die Flucht als die Arbeit. Der Flüchtling *kann* mit der Arbeit aufhören, ohne symptomatische Qualen durchzumachen, sofern eine andere Fluchtmöglichkeit zur Verfügung steht.

Eine meiner Patientinnen war mit einem Mann verheiratet, der an einer chronischen, zunehmend entkräftenden Krankheit litt, die wachsende Schwäche und unaufhaltsamen Verfall zur Folge hatte. Er konnte nicht arbeiten und wurde zu Hause von einer Pflegerin versorgt; seine Frau wurde zur Alleinernährerin der Familie. Sie leistete während der Woche doppelte Schichtarbeit, sogar am Wochenende, um das klägliche Dahinsiechen ihres Mannes nicht mitansehen zu müssen. Im Gegensatz zu den meisten Arbeitssüchtigen, die ich in diesem Kapitel geschildert habe, wußte sie genau, was sie tat, und warum sie es tat. Ihre Arbeit machte ihr keine besondere Freude, aber sie konnte ihre Begierde, der Arbeit wegen aus dem Haus zu gehen, dadurch rechtfertigen, daß sie ja für die Pflege ihres Mannes Geld verdienen mußte. Jede andere Möglichkeit, die ebenso geeignet gewesen wäre, wäre für diese Frau genauso befriedigend als Mittel der Flucht gewesen, es war also kein besonderer Aspekt des Arbeitsprozesses, der sie anzog. Deshalb können wir dies auch nicht als einen echten Fall von Arbeitssucht betrachten.

## Der einsame Arbeitssüchtige ohne Freunde

Die Arbeit bewirkt den Zusammenschluß von Menschen zu größeren Gruppen, über die Grenzen der Einheit der Kernfamilie hinaus, und befriedigt unser Bedürfnis, zu einer Gruppe von Gleichgestellten zu gehören. Die Gruppe erkennt unsere Produktivität (und schätzt sie) als eine Erhöhung ihrer eigenen Sicherheit und ihrer Überlebenschancen an, und wir werden für unsere Beiträge dadurch belohnt, daß man uns in dieser größeren Familie einen Platz zusichert. Dieses Bedürfnis hat seine Vorläufer im Jugendalter, wenn Kinder ihre primäre Treuepflicht den Eltern gegenüber auf eine Gruppe von Gleichaltrigen ausdehnen.

Die Büroatmosphäre, die Fabrik und die Gemeinschaft der Berufskollegen bieten oft eine ideale Möglichkeit der Erfüllung für den Wunsch nach Verbrüderung. Die »Burschen im Büro«, die Angestellten in den Bars nach der Arbeit oder die Mitglieder der gewöhnlich mit der Arbeit zusammenhängenden privaten Klubs kommen zusammen, um Bedürfnisse der Gruppenbildung zu befriedigen, oft mit einem gemeinsamen Brennpunkt in der Feindseligkeit gegen die »Vaterfigur« des Chefs. Manchmal liegen diesem Drang bei Männern frauenfeindliche Vorurteile zugrunde und bei Frauen männerfeindliche. In *The Gamesman* beschreibt Michael MacCoby einen Rückzugsort für Männer in leitenden Berufen, wo diese ermutigt werden, im Geiste der Offenheit unter »alten Knaben« gegen den nächsten Baum zu pinkeln, und wo jedes Jahr ein Theaterstück herausgebracht wird, in dem Männer die Frauenrollen übernehmen. Frauen werden allgemein verspottet und verachtet.

Die Arbeitswelt war bisher eine von Männern beherrschte Welt, eine Welt, in der man die Frauen weitgehend als Zutat

und nicht als Kolleginnen oder Herrscherinnen angesehen hat. Das ändert sich zweifellos rasch, und während diese Änderung in Gang ist, entstehen überall weibliche Berufsverbände, nicht nur, um die ausschließliche Männerherrschaft in vielen Bereichen der Arbeitswelt in Frage zu stellen, sondern auch um die »Verbrüderungs«-Bedürfnisse der Frauen zu befriedigen.
Für den einsamen Arbeitssüchtigen ohne Freunde wirkt nicht der Arbeitsprozeß selbst suchterzeugend. Dieser Mensch wird von dem Gefühl getrieben, in der Gemeinschaft der anderen Arbeitenden akzeptiert zu werden. Die »Bürogesellschaft« gibt diesem Arbeitssüchtigen die Illusion von Freundschaften und einer Familie, aber außerhalb der Arbeitszeit wird kaum Kontakt aufgenommen. Die oberflächlichen, formalisierten Beziehungen bei der Arbeit sind gewöhnlich alles, was diese Menschen an Intimität vertragen können, und sie sehnen sich nach Gelegenheiten, zusätzliche Arbeit zu leisten. Überstunden am Abend und am Wochenende und in der Urlaubszeit geben ihnen ein Gefühl der Zugehörigkeit zu einem »Team«, das sie sonst nirgends in ihrem Leben genießen.

## Der Arbeitssüchtige aus Schuldgefühlen

Die Zukunftsausrichtung des Arbeitsgeistes ist das Gegenteil eines lustvollen Eintauchens ins unmittelbare Erleben. Wir werden durch unsere Zielstrebigkeit vom Sinnlichen weggezogen und zum Geistigen hingezogen. Sogar Künstler müssen, wenn sie erfolgreich an der Verwirklichung der von ihnen selbst festgelegten Ziele arbeiten wollen, in Richtung auf die Zukunft arbeiten. Daraus entsteht die allgemeine Verknüpfung von Arbeit und Unlust. Wie der Essayist Alfred Polgar einmal gesagt hat: »Arbeit ist das, was man tut, damit man es eines Tages nicht mehr zu tun braucht.«
Der Umstand, daß wir im allgemeinen unserer Arbeit keine sinnliche Lust abgewinnen, bedeutet, daß Arbeit als anpassungsfähiges Mittel der Selbstbestrafung und zur Sühnung von

Schuld dienen kann. Viele Menschen, die rationale oder irrationale Schuldgefühle empfinden, treiben sich möglicherweise selber an, immer schwerer zu arbeiten, und die Zurückweisung von Lust, die dies darstellt, trägt viel zur Beruhigung ihres Gewissens bei. Außerdem sind die Konzentration und Disziplin angestrengter Arbeit Formen der gegen das eigene Selbst gerichteten Aggression und eignen sich für Empfindungen der Selbstgeißelung.

In einem Versuch, den die General Electric Company durchführen ließ, um die Verknüpfung von Schwerarbeit mit Schuldgefühlen zu überprüfen, wurde eine Gruppe von stundenweise bezahlten Arbeitern systematisch dazu gebracht, sich für ihre Arbeit überbezahlt zu fühlen, und ihre Produktivität wurde mit der einer anderen Gruppe verglichen, die man veranlaßte, ihre Bezahlung für angemessen zu halten. Die Ergebnisse zeigten deutlich, daß die Leute, die sich überbezahlt fühlten, ein hohes Schuldgefühlniveau hatten, und diese Schuldgefühle übersetzten sich in angestrengtere Arbeit und höhere Produktivität als die Kontrollgruppe sie an den Tag legte.*

Unser Strafrecht begreift die Arbeit oft als Strafe. Überführte Straftäter werden oft zu Arbeitsprogrammen verurteilt – und das heißt nicht unbedingt zwanzig Jahre Zwangsarbeit in einem Salzbergwerk oder Eisenbahnbau als Kettensträfling. Ein Arzt wurde zu zwei Jahren medizinischer Dienstleistungen bei den Armen verurteilt. Es mag zwar für diesen einen Mann eine erfreuliche, befriedigende Arbeit gewesen sein, aber es war doch Arbeit, und als solche sah man sie als eine angemessene Methode an, ihn für sein Verbrechen zahlen zu lassen. Für einen stark von Schuldgefühlen geplagten Arbeitssüchtigen wären wahrscheinlich zwei Jahre Muße eine viel größere Strafe gewesen.

Einer meiner Patienten litt sein Leben lang an einem unbewußten Schuldgefühl wegen des bedauerlichen Todes seines jünge-

* Der Versuch wird beschrieben in H. Levinson, *Executive Stress.*

ren Bruders, der eingetreten war, als er vier und der Bruder ein Jahr alt war. Er hatte beim Tod seines Bruders, der auf einen angeborenen Herzfehler zurückging, keine Rolle gespielt. Aber die normale Geschwisterrivalität des eifersüchtigen älteren Jungen gegenüber dem kranken jüngeren Bruder, um den soviel Aufhebens gemacht wurde, ließ die typischen Kindheitswünsche in ihm wachwerden, dieser unwillkommene Eindringling in den Bereich, den er drei Jahre lang allein »regiert« hatte, möge verschwinden oder sterben. Als das Baby wirklich starb, verknüpfte der magische Geist des Vierjährigen den Tod des Bruders mit seinen eigenen unausgesprochenen Wünschen.

Dieser Mann wurde mit seinen chronischen, unaufgelösten Schuldgefühlen dadurch fertig, daß er eine Vielfalt von zwanghaften Persönlichkeitsmerkmalen entwickelte, darunter übermäßige Reinlichkeit, Ordentlichkeit und Mäßigkeit. Er wollte niemals irgendwelche Gefühle empfinden, die den Verlust wieder in ihm wachrufen würden, den er beim plötzlichen Tod seines Bruders erlebt hatte. Der andere zwanghafte Zug, den er entwickelt hatte, bestand darin, daß er an allem, was er sich in den Kopf gesetzt hatte, äußerst angestrengt arbeitete. Er plagte sich mit erschöpfender Disziplin und Konzentration, sowohl im Privatleben als auch bei allen Aufgaben seines Arztberufs – diese Berufswahl war zweifellos durch seine Gefühle in bezug auf den Tod seines Bruders beeinflußt worden. Wie bei Barbara Williams (9. Kapitel) gaben auch ihm seine Arbeitsleistungen ein Gefühl von Dauer und einen Schutz gegen die mit Verlust und Tod verbundenen Gefühle. Er empfand aber auch schreckliche Schuldgefühle, wenn er *nicht* arbeitete. Angestrengte Arbeit war ein Mittel, um sich selbst für den »Mord« an seinem Bruder zu bestrafen. Er hatte seine Schuldgefühle sein Leben lang behalten, und sie wurden in gewissem Maß durch seine suchtartigen Arbeitsgewohnheiten »abgearbeitet«. In seiner unendlichen Bereitschaft, jede Aufgabe auf sich zu nehmen und jedem anderen bei seiner Arbeit zu helfen, schien er unbewußt darum zu bitten, man möge ihn als einen »guten« Menschen akzeptieren und ihn nicht für »schlecht« oder »schädlich« halten.

Beim Arbeitssüchtigen mit Schuldgefühlen, der das Bedürfnis hat, bestraft zu werden, wird diesem Bedürfnis um so mehr entsprochen, je schwerer die Arbeitslast ist, je anstrengender die Arbeitsstunden sind. Einer meiner Patienten war ein Mann, der im Sommerurlaub einmal seine zweijährige Tochter einen Augenblick aus dem Blickfeld verloren hatte, als sie dem tiefen Ende eines Schwimmbeckens gefährlich nahekam. Er hörte ein Aufklatschen und hob den Blick, aber sie war schon unter Wasser. Er stürzte sich hinein und brachte das Kind heraus, aber es war schon bewußtlos, und die Lunge war voll Wasser. Sie wurde schließlich wiederbelebt, aber nach diesem Zwischenfall verlief ihre Entwicklung ungleichmäßig, und später zeigten sich bei ihr Anzeichen einer minimalen Hirnschädigung und gewisse Lernschwierigkeiten. Der Vater wußte, daß diese Schwierigkeiten sehr wahrscheinlich von dem Beinah-Ertrinken und dem zeitweiligen Sauerstoffmangel herrührten.

Seine Schuldgefühle waren enorm, aber der Schaden war geschehen, man konnte die Uhr nicht zurückdrehen, und es gab keine Möglichkeit, seinen Leichtsinn gegenüber seiner Tochter wiedergutzumachen. Er konnte seine Schuldgefühle nur lindern, indem er sich selbst bestrafte, und das tat er durch seine Arbeit. Er war Rechtsanwalt, und er trieb sich unbarmherzig an. Er war seinen Klienten auf Gedeih und Verderb ausgeliefert und arbeitete endlos bis in die Nacht und ins Wochenende hinein, um den Anforderungen seiner ständig wachsenden Klientel gerecht zu werden. Man könnte sagen, er habe es lediglich vermieden, nach Hause gehen und die Schuldgefühle empfinden zu müssen, die der Anblick seiner Tochter in ihm ausgelöst hätte. Aber es gibt viele Möglichkeiten, von zu Hause wegzubleiben; er mußte das Gefühl der verdienten Strafe spüren und anerkennen, das er durch seine drückende Arbeitslast bekam. Außerdem mied er die meisten Formen der potentiellen Selbstbeglückung, die ihm seine Arbeit hätte verschaffen können. Er hielt seine Honorare niedrig und bewarb sich innerhalb seines Berufsstandes weder um Ehren und Ruhm, noch nahm er sie an. Er schlief und aß schlecht und hatte schon mit fünfundvierzig Jahren einen Verschluß der Herzkranzgefäße gehabt.

Eine andere Motivation für Arbeitssucht sind sexuelle Schuld- und Schamgefühle. Menschen, die sich durch jede Andeutung lustvoller Fantasien oder Empfindungen bedroht und verängstigt fühlen, befinden sich unendlich viel wohler in der sexuell neutralisierten Arbeitswelt. Das gilt nicht nur für Angst vor der Sexualität im herkömmlichen Sinn von Liebesspielen oder Geschlechtsverkehr. Eine meiner Patientinnen kam immer in einen starken Spannungszustand, wenn sie für sich selbst irgendwelche Kleidungsstücke kaufen mußte. Sie konnte nicht zugeben, daß sie auf Stil, Beschaffenheit oder Farbe bei Kleidung oder Mobiliar »sinnlich« reagierte. Sie zog etwas »Eintöniges« vor. Sie war ein Mensch, der schon seit dem Säuglingsalter aus Selbstschutz auf jeglichen sexuellen und sinnlichen »Appetit« hatte verzichten müssen, weil ihre Mutter auf ihre frühesten Trinkbedürfnisse sehr uneinheitlich reagiert hatte. Andere Menschen verzichten nach ödipalen Regungen direkt auf sexuelle oder vom Sexualtrieb abgeleitete Bedürfnisse, wenn durch die klaren Verbote dieser Periode Schuldgefühle wegen lustvoller Fantasien in bezug auf den gegengeschlechtlichen Elternteil entstehen. Wo die Masturbation in der Kindheit streng verboten wird, können wir oft mit einem Erwachsenenleben voller sexueller Verdrängung rechnen, in dem die Arbeit zur beherrschenden Quelle für Befriedigungen aller Art werden kann.

## Der latent homosexuelle Arbeitssüchtige

Diese Dynamik nimmt bei Männern zwei allgemeine Formen an. Bei der ersten bezieht der Mann mit dem unbewußten homosexuellen Wunsch, von einem anderen Mann beherrscht zu werden, aus einer Arbeit Befriedigung, die ihn fortwährend gegenüber mächtigen Chefs und Klienten in einer unterwürfigen Stellung hält. Er mag unaufhörlich darüber klagen, daß sie ihm mit ihren Forderungen Gewalt antun, aber er wird ihnen immer gefällig sein.*

Manche Männer mit unbewußten homosexuellen Wünschen lösen sie dadurch auf, daß sie in ihrer Arbeit übermäßig »maskulin« sind. Sie sind zermürbend, »getrieben«, konkurrenzwütig, willkürlich, unhöflich und übermäßig aggressiv. Sie haben es nötig, zu beweisen, wie sehr sie »echte Männer« sind – leider mehr sich selbst als anderen gegenüber.

## Der narzißtische Arbeitssüchtige

(Siehe Kapitel 12)

## Der zwangsneurotische Arbeitssüchtige

Der Drang, zu kategorisieren, zu organisieren und zu definieren, wird bei manchen von uns allbeherrschend und führt zu Perfektionismus und krankhafter »Ordnungsliebe«. Solche Menschen haben so große Angst vor Unbestimmtheit und Schlampigkeit, als hänge ihre geistige Gesundheit von Genauigkeit und Sauberkeit ab. Eine Patientin mußte z. B. »wissen«, ob ein bestimmter Mann sie liebte oder nicht. Positive Eindrücke reichten nicht aus; sie mußte genau wissen, wie man Liebe definiert, und dann »beweisen«, ob sein Verhalten mit der von ihr angestrebten Definition übereinstimmte. Für sie war es so, als sei das Leben etwas, das man nur mit einem Wörterbuch oder einer Regelsammlung zu Ende spielen kann. Sie mußte *in* ihrem Kopf ebenso reinlich Ordnung halten wie *auf* dem Kopf, und sie geriet in Panik, wenn hier oder dort etwas am falschen Platz war. Sie gab zu, daß sie das Gefühl

* Eine sehr ausführliche Untersuchung der homosexuellen Dynamik in einem Fall von Arbeitssucht findet sich in der im Literaturverzeichnis aufgeführten Abhandlung von Kramer.

hatte, sie könnte leicht verrückt werden, wenn sie Ordnung und Reinlichkeit nicht mehr in den Griff bekäme. Die einzige Art, wie sie dieses Bedürfnis mit der Realität vereinbaren konnte, bestand darin, ein äußerst eingeschränktes Einzelgängerdasein in einem Appartement mit einem Minimum an Besitz zu führen. Sie arbeitete als Buchhalterin und addierte und kontrollierte tagein, tagaus Zahlenkolonnen. Ihre Zwanghaftigkeit und ihr Zögern gegenüber dem Mann, der behauptete, er liebe sie, machten seinem Interesse an ihr bald ein Ende, zu ihrer großen Erleichterung.

Dies war eine Frau, bei der das Bedürfnis, zu »wissen, wo sie stand«, immer vor allen anderen Werten in ihrem Leben den Vorrang hatte. Andere Menschen bringen dieses Bedürfnis auf die verschiedenste Weise zum Ausdruck. Manche sind ständig dabei, ihre Einnahmen und Ausgaben gegeneinander aufzurechnen, um ein Gefühl der Sicherheit zu haben. Andere müssen auf ihre »Listen mit Vorhaben« zurückgreifen, um eine Struktur, eine Definition und das Gefühl von Ordnung zu haben.

Wieder andere zwangsneurotische Arbeitssüchtige zeigen ihre Zwanghaftigkeit dadurch, daß sie darauf bestehen, alles selber zu machen. Einer meiner Patienten, der erfolgreiche Präsident einer Firma mit 200 Beschäftigten, weigerte sich jahrelang, eine Sekretärin oder einen Personalleiter einzustellen. Er beantwortete seine Telefonanrufe immer selbst, führte mit allen Bewerbern vom Personal der Postzentrale bis hin zu Vizepräsidenten die Einstellungsgespräche persönlich und schrieb seine Vermerke und Mitteilungen mit der Hand. Er bearbeitete auch alles »zu Tode«, bevor er etwas als abgeschlossen betrachten konnte. Alles mußte »perfekt« sein, mußte genau dem geistigen Bild des Ziels gleichen, das er sich im voraus vorgestellt hatte. Infolge seines zwanghaften Strebens nach Effektivität und Beherrschung war er schrecklich ineffizient. Er arbeitete jede Nacht bis zwei Uhr und stand vor sieben Uhr wieder auf. Es fiel ihm sehr schwer, zu sagen, irgend etwas sei fertig.

Nur jene Tätigkeiten, die einen deutlichen Anfang und ein deutliches Ende haben, können den zwanghaften Arbeitssüchtigen zufriedenstellen. Freizeit ist für einen solchen Menschen zu »frei-schwebend«. In der Freizeit liegt die Betonung nicht darauf, die Dinge »zu Ende zu bringen«. Nur bei der Arbeit, wo genau umrissene Ziele Strukturen mit einer klaren, linearen Organisation festlegen, kann ein zwanghafter Arbeitssüchtiger sich entspannen und sich »vollständig« fühlen. Zu dieser Kategorie gehört auch die Hausfrau, die aus ihrem Haushalt ein statisches Schaustück und ihre Kinder zu gehorsamen Spielzeugsoldaten machen möchte.

## Der passiv-abhängige Arbeitssüchtige

Menschen mit einem starken aggressiven Bedürfnis nach Selbstdefinition und einem Gefühl der Überlegenheit gedeihen jeweils am Anfang und am Ende des Arbeitsprozesses: in der Einleitungsphase oder Phase der Zielsetzung und in der Vollendungsphase. Zwar kann auch die mittlere Phase einer Arbeitsaufgabe das aggressive Individuum zufriedenstellen, dem es Genuß bereitet, sich »mit etwas herumzuschlagen«, aber sie kann auch passiveren und abhängigeren Menschen ihre Befriedigung verschaffen. Dies sind Leute, die umsorgt werden wollen, und die wollen, daß man ihnen sagt, was sie tun sollen, die etwas durchführen wollen, wenn es jemand anders erst einmal in Gang gesetzt hat, und die es vorziehen, wenn am Ende jemand anders sich für den Beifall bedankt.
Manche Menschen scheuen bei der Arbeit die Initiative, fügen sich aber sehr gut in Verfahrensweisen und Regeln ein, die andere Leute mit Autorität vorgeschrieben haben. Bei der Routine und Organisation, die ihnen die Arbeit auferlegt, fühlen sie sich wohl, im Gegensatz zur Unbestimmtheit und Verschwommenheit der »privaten Zeit«. Bei der Arbeit setzen sie nichts in Gang, das eine Spiegelung ihres eigenen, besonderen Geschmacks und ihrer Neigung wäre. Sie essen, was in der

Firmenkantine auf den Tisch kommt, und sie fragen sich nie, was sie denn selber gern hätten. Ihre Art, sich zu kleiden, wird streng davon bestimmt, was sie als die für ihre jeweilige Tätigkeit erforderliche »Uniform« ansehen. Sie sind vertraut damit, daß man arbeiten »muß«, und sie sind erleichtert, daß sie keine Entscheidungen zu fällen brauchen. In ihrem Leben außerhalb der Arbeit sind sie unendlich »gefällig«, um jede persönliche Verantwortung oder Verpflichtung zu vermeiden.
Außer der Autorität, die die Organisationsstruktur natürlicherweise bedeutet, stellen auch die Arbeitsziele eine Autorität dar. Es gibt bekannte, altbewährte Methoden, die ein Arbeiter anwenden muß, um festgesetzte Ziele zu erreichen. Ich beziehe mich nicht nur auf Fließbandarbeiter oder die anderen Arbeitnehmer auf unterer Ebene. Selbst auf den höchsten Ebenen der Betriebsleitung oder in den freien Berufen ist es typisch, daß man wenig fortwährende persönliche Initiative und kaum eine kreative Aufstellung von Langzeit-Zielen findet. Ein Arzt z. B. wartet, bis die Patienten mit ihren Problemen zu ihm kommen. Sie definieren ihm seine Aufgabe, und vorher erlernte Techniken können eingesetzt werden – in vielen Fällen ganz routinemäßig und automatisch. Gewiß muß man in der mittleren Phase der Arbeit Umsicht walten lassen und Entscheidungen fällen, aber das läßt sich nicht vergleichen mit dem Grad von Initiative, der mit der primären Aufstellung ursprünglicher kreativer Ziele verbunden ist, wie z. B. der Entwicklung neuer Produkte, der Schaffung neuer Märkte oder der Formulierung einer ganz neuen Behandlungsmethode für eine Krankheit.
Diejenigen, die ausschließlich an der mittleren Phase der Arbeit Freude haben, die dem schöpferischen Planen das Verwalten vorziehen, sind oft Menschen mit großen Schwierigkeiten im Privatleben. In der persönlichen Sphäre ist beträchtliche Initiative wichtig, wenn man erfolgreich sein will. Wir müssen unseren Geschmack definieren und nachweisen: welche Filme wir sehen wollen, was für eine Ernährung wir vorziehen, welche Freunde wir zum Essen einladen wollen, wie

wir unsere Wohnung einrichten wollen, wo wir wohnen möchten, was wir für unsere Kinder wünschen und wo wir Urlaub machen wollen. Wir können nicht einfach nur Befehle entgegennehmen oder uns darauf verlassen, daß uns eine unpersönliche Autorität die Richtung weist. Dieses Problem liegt dem Paradox der Leute zugrunde, die ihre Arbeit »lieben«, sich aber zu Hause verloren und fremd fühlen. Es sind oft Menschen, die sich von ihrer Arbeit *führen* lassen, und die ratlos sind, wenn sie in Situationen geraten, in denen sie persönliche Vorlieben äußern sollen, die ihre eigene, einzigartige Identität bekräftigen würden.

Einer meiner Patienten, der zufällig Arzt war, war amphetaminsüchtig – aber scheinbar nur am Wochenende und im Urlaub. Während der Woche gab ihm seine Arbeit den Antrieb, den er brauchte, aber an den Wochenenden fehlte es ihm an ausreichender Selbstdefinition und ausreichendem Verlangen, eine Initiative zu ergreifen und festzustellen, was er gern tun wollte. Er nahm Amphetamine, die ihm die Kraft dazu verleihen sollten. Seine Frau fand ihn aufreizend, weil er ihren Wünschen immer nachgab. Er rationalisierte dies, indem er behauptete, er sei einfach nur entgegenkommend und freundlich. In Wirklichkeit war er orientierungslos.

Ein anderer Patient, der einen gewissen Einblick in sein Bedürfnis hatte, sich hinter oder in anderen Menschen zu verstecken, hatte folgendes dazu zu sagen: »Ich fühle mich manchmal wie eine Eichel. Ich muß entscheiden, ob ich Eichhörnchenfutter oder ein mächtiger Eichbaum werden will. Für meine Denkungsart hat der Weg des Eichhörnchenfutters viel für sich. Als Eichbaum steht man ganz allein da draußen, von Wind, Schnee, Regen und Vogelmist angegriffen. Gewiß, man wird vielleicht wegen seiner Majestät und Mächtigkeit bewundert. Aber das tausche ich gern für die warme Behaglichkeit im Bauch des Eichhörnchens ein.«

Dieser Mann hatte eine beunruhigend chaotische Kindheit erlebt. Er war ein uneheliches Kind seiner Mutter, die trank und viele Liebhaber hatte und jahrelang nicht für ihn da war. Er

kannte seinen Vater nicht, wahrscheinlich wußte nicht einmal seine Mutter, wer sein Vater war. Er ging den Weg vom Waisenhaus zu vielen Pflegefamilien, und er sehnte sich sein Leben lang nach dem sicheren, zuverlässigen Trost einer Mutter. Einen gewissen Grad davon fand er in seiner Arbeit als Empfangssekretär in einem großen Hotel. Er hielt sich an die üblichen Verfahrensweisen und war äußerst arbeitsam: Er machte mehrmals in der Woche ganze zusätzliche Schichten von Überstunden. Gerade die Tatsache, daß mit dieser Art von Arbeit kein Gefühl der persönlichen Leistung verbunden war, war für ihn ideal. Er lehnte die Notwendigkeit einer öffentlich sichtbaren persönlichen Identität ab. Seine Seele war von der Scham darüber durchdrungen, ein »Bastard« zu sein, und er weigerte sich sogar, sich ins Wählerverzeichnis aufnehmen zu lassen, einen Reisepaß, einen Führerschein oder auch nur ein Telefon zu beantragen. Seine Post ließ er sich in ein Schließfach schicken.
Dieser Mann war ungewöhnlich gescheit und begabt. Er hatte mehrere Romane und Kurzgeschichten geschrieben, aber sie kamen nie aus seiner Behausung heraus. Er fürchtete sich entsetzlich vor der Vorstellung, man könnte ihn veröffentlichen, er könnte eine öffentliche Identität bekommen und müßte die damit verbundene Verantwortung übernehmen. Interessanterweise kam er wegen sexueller Impotenz zu mir in Behandlung. Er war höchst moralisch in bezug auf »Freizeitsex« (wodurch er auf die Welt gekommen war) und fürchtete die Herrschaftsrolle, in die ihn ein erigierter Penis versetzen würde.

## Der prä- oder post-psychotische Arbeitssüchtige

Es gibt sehr viele gestörte Menschen, die in der stark festgelegten und strukturierten Welt der Arbeit mit dramatischer Effektivität funktionieren. Sobald sie den Arbeitsplatz verlassen, verlieren sie die Orientierung und werden äußerst

verwirrt und ängstlich. Die Welt intimer persönlicher Beziehungen und die Welt der Muße sind für sie zu unbestimmt und verschwommen, und ihr gefährdetes Selbstgefühl wird ohne äußere Stützen allzuleicht vernichtet.
Es können Symptome wie Depersonalisation und Realitätsverlust vorkommen. Der Patient hat das Gefühl, sein Körper oder sein Selbst sei nicht »real«. Bei der Depersonalisation verschwimmen die physischen Grenzen, und der Betreffende ist verwirrt, weil er nicht weiß, ob er in seinem eigenen Körper oder in dem eines anderen steckt. Beim Realitätsverlust ist das Gefühl von der Realität der Außenwelt geschädigt. Nichts scheint mit einem Bezugssystem, einer sinnvollen Ordnung verbunden zu sein oder einem einfachen Bezug von Ursache und Wirkung zu unterliegen. Die Zeit verliert ihre Struktur. Eine Patientin, die Lehrerin war, mußte während ihrer »Ferien« vier Jahre nacheinander im Sommer ins Krankenhaus. Ohne die klaren Anhaltspunkte, die ihre Arbeit ihr für die Definition von Selbst und Umwelt verschaffte, wurde sie psychotisch. Um vier Uhr geriet sie in Panik, weil sie nicht wußte, ob es vier Uhr morgens oder vier Uhr nachmittags war. Buchstaben wurden zu sinnlosen Lauten. Sie verlor selbst das sichere Gefühl für ihren eigenen Namen – er begann, für sie unwirklich zu klingen.
Diese Frau hatte schreckliche Angst davor, einen guten Roman zu lesen und sich in ihn zu »verlieren«. Es fiel ihr manchmal sehr schwer, das Buch wegzulegen und ihr Bewußtsein wieder auf ihre reale Umgebung auszurichten; sie wußte anscheinend nicht, ob sie noch in dem Buch war oder anderswo, wo sie immer das Gefühl hatte, sich nicht auszukennen. Ein paranoider Wahn, die Überzeugung, sie werde von russischen KGB-Spionen verfolgt, tauchte als eine Art organisierender Sorge auf, die Ordnung in ihr geistig-seelisches Chaos brachte. So funktionieren Wahnvorstellungen. Sie sind primitive »Überzeugungen«, die Ereignisse, welche sonst erschreckend zusammenhanglos wären, vereinfachen und ihnen eine »Bedeutung« verleihen. Mit dem Wahn hat der Psychotiker das Gefühl, er

»verstehe« nun, und die Panik und Desorientierung werden gemildert.
Bei dieser Frau war klar, daß sie dreimonatige Ferien von ihrer Arbeit nicht ertragen konnte. Die Entzugserscheinungen waren viel zu entkräftend. Sie erkannte, daß sie sich eine Sommerarbeit suchen mußte, die praktisch in demselben Augenblick beginnen mußte, in dem ihr reguläres Schuljahr zu Ende war, und bis zum Schulbeginn im Herbst zu dauern hatte. Sie suchte etwa drei Jahre vor ihrem Ruhestandsalter bei mir Hilfe. Die Therapie bestand in einer Analyse der totalen Abhängigkeit ihrer psychischen Stabilität von der Arbeit, aber bei weitem die wichtigste Aufgabe bei dieser Frau, deren Alter und Krankheitsgrad gegen Bemühungen um wesentliche Veränderungen der Persönlichkeit sprachen, bestand darin, eine klare Beschäftigungsstruktur für ihr Pensionsalter zu entwerfen.

## Der sexuell frustrierte oder impotente Arbeitssüchtige

Viele Leute beziehen ihre größte sexuelle Befriedigung aus Fantasien, die am Arbeitsplatz gefördert werden. Flirts sind an der Tagesordnung. Männer mögen sich an Zeichen von Triumphen ihrer Männlichkeit erregen, die durch größere Intimität als absurd entlarvt werden würden. Tatsächlich bitten viele Männer ihre Kolleginnen um ein Stelldichein und sind überrascht, wenn sie abgewiesen werden. Sie rechnen nicht mit Ablehnung, weil sie die formalisierte Natur der Beziehungen am Arbeitsplatz nicht verstehen. Die Flirts finden *zwischen Rollen* statt, nicht unbedingt *zwischen den Menschen, die die Rollen innehaben.*
Normale bewußte und unbewußte voyeuristische und exhibitionistische Bedürfnisse werden in der Arbeitssituation häufig befriedigt, wo die formale Distanzierung der Beziehungen dem Ausagieren sexueller Impulse feste Grenzen setzt. Der Exhibitionismus, die »Angabe«, wird durch die strengen Regeln und

Rollen im Büro geschützt. In seiner Abhandlung mit dem Titel: »Psychodynamik des sexuellen Humors: Die Sekretärin« wird folgender Witz wiedergegeben:

Ein reicher Geschäftsmann war seit vielen Jahren von seiner verführerischen, aber unerreichbaren Sekretärin unbarmherzig an der Nase herumgeführt worden. Wenn er ihr seine Leidenschaft gestand, versprach er fortwährend: »Ich werde in meinem Testament an Sie denken.« Nachdem er gestorben war, saß Miss Jones, die Sekretärin, bei der Testamentseröffnung und wartete darauf, ihre Ernte einzubringen. Der Notar las vor: »Und für meine schöne, aber nicht zum Mittun bereite Sekretärin, der ich gelobt habe, in meinem Testament würde ich an sie denken: Hallo, Miss Jones!«*

Der einzige Zug, der diesen gräßlichen Witz rechtfertigt, ist das, was er über die Dynamik des Exhibitionismus und Voyeurismus im Büro offenbart. Die Tatsache, daß der Geschäftsmann die »Unbarmherzigkeit« seiner in unpassendem Maß verführerischen Sekretärin so viele Jahre ertragen hat, weist darauf hin, daß ihm die Befriedigung seiner Schaulust wichtiger war als der Vollzug intimer sexueller Beziehungen mit einer attraktiven Sekretärin. Wenn ihm die Verwirklichung seiner Wünsche wichtig gewesen wäre, hätte er Miß Jones entlassen und sie durch eine entgegenkommendere Frau ersetzen können. Ebenso genoß Miß Jones einen uneingeschränkten Exhibitionismus. Im Büro ist die Arbeitsproduktivität der allbeherrschende Wert, nicht die Qualität der persönlichen Interaktionen oder Charakterzüge. Wenn Miß Jones gute Arbeit leistete, dann kam es am Ende darauf an, und ihr Exhibitionismus wurde geschützt und toleriert.
Sexuell impotente Männer können sich auf Grund von Flirts, die in der Arbeitsumgebung erlaubt und gefördert werden, Eroberungsfantasien hingeben. Sie fliehen vor den Mißerfolgen im Privatleben in die formalisierte Pseudo-Intimität des Büros, wo keiner weiß, wie ihr sexuelles Verhalten ist, wo sie aber für ihr »Potential« fortwährend Verstärkung bekommen

* R. Gould, »Psychodynamics of Sexual Humor: The Secretary«, *Medical Aspects of Human Sexuality*, Juli 1977, S. 48.

können. Durch das rationalisierte Verbot, Arbeit und Vergnügen zu vermischen, werden sie dagegen geschützt, sich einem Mißerfolg aussetzen zu müssen.

Entsprechend kann die sexuell frustrierte Frau Fantasie-»Affären« mit Männern an der Arbeitsstelle genießen, wo Flirts oder auch nur die normale Höflichkeit gegenüber einer Arbeitskollegin aktiv mißdeutet und als Zeichen tieferer Zuneigung genossen werden können. Wenn tatsächlich Affären vorkommen, sind sie oft nur als Verbindungen vollziehbar, die mit der Arbeit zusammenhängen, und bei denen echte Intimität durch die Einengungen der Arbeitsbeziehung verhindert wird. Die Distanz wird gewöhnlich überdies noch durch das Verheiratetsein des Mannes gewährleistet.

Eine meiner Patientinnen war eine zweiundsechzigjährige unverheiratete Frau, die fünfunddreißig Jahre lang die Privatsekretärin eines bestimmten leitenden Angestellten gewesen war. Ihre Interaktionen waren streng auf die vorliegenden geschäftlichen Aufgaben beschränkt, und sie redeten einander nur als »Herr Grün« und »Fräulein Braun« an. Die Frau wurde in einem Zustand tiefer Depression an mich überwiesen, nachdem der leitende Angestellte nach Übersee versetzt worden war, wo er die ausländische Niederlassung seiner Firma leiten sollte. Es war, als hätte sie einen Liebhaber verloren. Diese Frau hatte fünfunddreißig Jahre lang in ihrer Fantasie insgeheim eine Affäre mit ihrem Chef gehabt, eine Affäre, die nie durch realistische Intimität in Frage gestellt werden mußte. Sie gab ihr Kraft und schien sogar ihre tiefsten sexuellen Bedürfnisse zu befriedigen. Er gab ihr das Gefühl, wichtig, bedeutsam, unentbehrlich zu sein und sogar geliebt zu werden; dies geschah durch die Art formeller Äußerungen, die sich außerhalb eines Büros niemals auf eine persönliche Beziehung anwenden ließen. Sie hatte eine vergilbte Kopie einer ersten Mitteilung an seinen eigenen Chef aufbewahrt und wertgehalten, in der er eine Gehaltserhöhung für sie gefordert hatte. Darin hatte er ihre Arbeit und ihren Charakter in glühenden Farben gelobt, aber mit Wendungen und in einer Form, die ein

Ehemann oder Liebhaber seiner Geliebten gegenüber niemals mit Grund benützen würde.
Eine weitere Möglichkeit, wie einem die Arbeit zu sexueller Abfuhr verhelfen kann, hängt mit dem Umstand zusammen, daß jede Arbeit nicht nur ein Ziel, sondern auch einen Höhepunkt hat. Es gibt Menschen, die sind süchtig nach der reinen Spannung und Erregung der Arbeit. Angst und sexuelle Erregung sind nahe verwandt, weil zu beiden die Erwartung eines zukünftigen Ereignisses gehört. »Werden wir den Termin einhalten können?« »Werden die Geschworenen unseren Mandanten freisprechen?« »Werden wir den Vertrag abschließen?« Das subtile erotische Potential der zielgerichteten (oder auf einen Höhepunkt ausgerichteten) Arbeit ist nicht zu unterschätzen.
Manche Leute versuchen, die »Vorspiel«-Phase der Arbeit zu verlängern und die Vollendung hinauszuschieben. Wenn der Stichtag heranrückt, werden sie durch die steigende Spannung erregt, aber sie untergraben auf selbstzerstörerische Weise die erfolgreiche Vollendung, die das Ende der Entwicklung und der Erregung anzeigen würde. Ein Journalist, den ich einmal behandelt habe, pflegte eine Geschichte immer wieder zu überarbeiten, oft verstümmelte er sie dabei, während er sich mit Ablieferungsterminen herumschlug, die er auch häufig überschritt. Sein Problem war nicht so sehr ein Zögern oder ein Mangel an Selbstvertrauen, sondern der unbewußte Wunsch, aus seinem Leben fortwährend eine »aufregende Geschichte« zu machen. Ihm erschienen Vollendung und Erfolg als fade und langweilig.

# 12 Arbeit und Narzißmus

Manchmal kann man gegenüber dem Material der Arbeit sexuelle Gefühle direkt zum Ausdruck bringen, und viele Menschen empfinden dem Material und ihren fertigen Produkten gegenüber eine Art erotische Bindung. Das kann nicht nur in den bildenden Künsten vorkommen, wo die Sinne absichtlich geweckt und erregt werden. Ich weiß z. B. von einem Börsenmakler, der alle überflüssigen Aufzeichnungen über seine gewinnbringendsten Transaktionen aufbewahrte, und der von einem stark sexualisierten Gefühl der Erfüllung geradezu glühte, wenn er sie hervorholte und durchlas. Er pflegte an seinem Schreibtisch zu sitzen und mit den Augen ein Blatt Papier zu liebkosen, das den Verkauf einer Aktie zeigte, die er Jahre vorher »für'n Appel und'n Ei« gekauft und zu höchsten Marktkursen wieder verkauft hatte.

In *The Story of a Novel* hat Thomas Wolfe den euphorischen Augenblick beschrieben, in dem er seinen ersten Vertrag unterschrieb und seinen ersten Vorschuß bekam, und zwar so:

> Und ich weiß noch, daß ich das Verlagsbüro an diesem Tage verließ und in den großen Männer- und Frauenschwarm tauchte, der sich bei der 48. Straße die Fifth Avenue entlangschob, und daß ich mich plötzlich bei der 110. Straße befand. Bis heute ist mir nie klargeworden, wie ich eigentlich dorthin gelangt war.*

In einem Brief hat er beschrieben, wie er tagelang mit seinem Vertrag und dem Vorschußscheck herumlief, die er in die innere Brusttasche gestopft hatte:

> Es gibt buchstäblich keinen Grund, warum ich mit diesen Dokumenten in New York herumlaufe, aber mitten in einer geschäftigen Menge nehme ich sie manchmal heraus, sehe sie zärtlich an und küsse sie leidenschaftlich.

* Th. Wolfe, *Uns bleibt die Erde,* S. 19.

Diese Beispiele geben eine anschauliche Vorstellung von einer Variante des sexuellen Ausdrucks, die wir Narzißmus nennen. Ich lege eine Erörterung des Narzißmus und der narzißtischen Arbeitssucht in diesem eigenen Kapitel vor, weil der Begriff so aktuell ist, und weil man ein normales Maß von Narzißmus von einem übertriebenen unterscheiden muß. Christopher Lasch hat in seinem äußerst herausfordernden Buch gefragt, ob wir eine »Kultur von Narzißten« bekommen. Tatsächlich gibt es, wie er deutlich macht, viele Beweise für die Behauptung, daß die Betonung des Selbst und der Selbstentwicklung in der westlichen Kultur in der Mitte des zwanzigsten Jahrhunderts zu einem überwältigenden Element wird. Es würde über den Rahmen dieses Buches hinausgehen, wollten wir die gesellschaftlichen Faktoren aufzeigen, die dem vielleicht zugrundeliegen. Ich möchte mich hier vielmehr auf eine Besprechung der psychischen Dimension des Narzißmus und der Rolle des Narzißmus bei der Arbeit beschränken.

Narziß, eine Gestalt der griechischen Mythologie, verliebte sich in sein eigenes Spiegelbild. In dem Sinn, daß unsere Leistungen symbolische Repräsentationen unseres Selbst sind, ist unsere Liebe zu unseren eigenen »Schöpfungen« der besonderen Leidenschaft des Narziß ähnlich. Die Produkte unserer Arbeit sind etwa in derselben Weise ein Bild von uns selbst wie unser Spiegelbild. Narzißmus ist in Maßen normal und grundlegend für die Entwicklung von Selbstachtung. Wir sollten unser Bild im Spiegel ebenso lieben, wie wir uns in unseren Werken lieben sollten. Wir haben alle narzißtische Bedürfnisse.

Man hat den weiblichen Narzißmus herkömmlicherweise mit körperlicher Schönheit, nicht mit Arbeitsleistungen in Zusammenhang gebracht. Kleider, Schmuck, Juwelen und Parfüm zur Hebung der persönlichen körperlichen Anziehungskraft waren auf Gedeih und Verderb ein Hauptelement im normalen Narzißmus der Frau. Der für Männer charakteristische Einsatz im Bereich zielgerichteter Leistungen führt zu einer Art des Narzißmus, der mit Errungenschaften der Macht, Ausdauer, des Mutes, der Tapferkeit und der Beziehungen verknüpft ist, die jenseits der Privatsphäre liegen. Zweifellos hat es immer Ausnahmen davon gegeben, und es steht ebenfalls außer Frage, daß das Gleichgewicht zwischen männlichem und weiblichem Narzißmus sich verändert. Der männliche »Federschmuck« wird wieder modern, mehr Männer werden »Mütter«, und immer mehr Frauen stellen fest, daß man sie wegen ihrer Heldentaten im Bereich der Macht und der Leistungen in der Welt bewundert.

Man muß jedoch den Narzißmus oder die Selbstliebe von anderen Formen der Liebe unterscheiden. Bei der Entwicklung der sexuellen Liebe von infantilen bis zu reifen Formen wandeln sich die Objekte unserer Sexualtriebe von den lenkbareren zu den unlenkbareren hin. Freud hat Stadien der Sexualentwicklung umrissen, die von der narzißtischen, autoerotischen Phase bis zur Phase der interpersonalen genitalen Liebe gehen. Der unreife Ausdruck des Sexualtriebes konzentriert sich auf Objekte, die lenkbar sind, auf Situationen, in denen allein schon ein Wunsch auf magische Weise ausreichen kann, um Befriedigung herbeizuführen.

Der Säugling übt über die Brustwarze seiner Mutter und Teile seines eigenen Körpers in bezug auf sensorische Erfüllung eine ziemlich gebieterische Herrschaft aus. Bei reiferen Formen der Liebe zwischen Menschen ist die Herrschaft über das Liebesobjekt – nicht nur einfach einen Körperteil, sondern einen ganzen Menschen – weit weniger gewährleistet und auch nicht so wünschenswert. Reife Liebesobjekte haben ein eigenes Leben; sie reagieren nicht automatisch wie eine Mutter oder wie die eigenen Genitalien, um jeden unserer Wünsche zu befriedigen. Die gegenseitige Achtung vor der Selbständigkeit und Unabhängigkeit des anderen, Kompromiß, Harmonie und Rapport kommen nur mit Hilfe der höchst komplexen Durcharbeitung einer reifen, dynamischen Beziehung des Gebens zustande.

Menschen, die ausschließlich »ihre Arbeit lieben«, mehr, als sie andere Menschen lieben können, die Arbeitsmaterialien und

Arbeitsprodukte als eine Art von »Sexualobjekten« behandeln, sind gewöhnlich Menschen, die nicht lieben können, was sich nicht von ihnen beherrschen läßt. Den Arbeitsmaterialien und dem Arbeitsprozeß selbst können liebende, gebende Gefühle entgegengebracht werden, aber diese Bindung ist oft mit dem Bedürfnis verknüpft, die Quelle der Befriedigung zu beherrschen und zu manipulieren, ohne ihr etwas zu geben. Private und familiäre Beziehungen sind natürlich dem Bemächtigungstrieb nicht so zugänglich wie Farben, Theorien, Ziegel, juristische Schriftsätze, Versicherungspolicen, Manuskripte, chirurgische Techniken, Verkaufsquittungen und Verlagsverträge.

Als Ventil für konstruktive Aggression und als Weg zur schöpferischen Vollendung von Zielen, die die Persönlichkeit definieren und stärken, kann die Arbeit die fortgeschrittensten Höhen des menschlichen Potentials erreichen. Als ausschließliches Ventil für sexuelle Liebe hingegen ist die Arbeit ein Ausdruck narzißtischer Sexualität. Beim Narzißmus werden Gegenseitigkeit und das »Sich-selbst-Verlieren« im geliebten Objekt und der Verzicht auf das Herrschaftsbedürfnis zugunsten von Herrschaft, Bemächtigung und Selbstbefriedigung abgelehnt.

Die legitime Befriedigung der Herrschaft ist eingefangen in den Worten einer der Autorinnen, die zu *Working It Out* Beiträge geleistet haben. In dieser schönen Sammlung von Abhandlungen über Frauen und ihre Arbeit, geschrieben von Frauen, schreibt die Historikerin Kay Keeshan Hamod in ihrem Vergleich der Arbeit einer Gelehrten mit der Mutterschaft: »Ich liebe gelehrsame Arbeit, weil man sie in ihre Form *zwingt*. Es ist nicht so, wie wenn man neun Monate herumsitzt und darauf wartet, daß etwas mit einem geschieht.« Die Mutterschaft ist in vieler Hinsicht ein Angriff auf den Narzißmus einer Frau. Der Mutter wird für ihre Arbeit kein Beifall gezollt, den sie vielleicht für eine gute wissenschaftliche Arbeit bekäme; häufiger wird sie angeschrieen, plötzlich aus dem Schlaf gerissen, bepinkelt und dazu degradiert, Erbrochenes und verschütteten Frühstücksbrei aufzuwischen. Die Mutterschaft ist im Idealfall eine Rolle des Gebens, nicht eine des Nehmens. Das soll aber nicht heißen, daß Mütter nicht in bezug auf ihre Freundinnen, ihre Kleidung, ihre Männer, ihr Heim und sogar ihre Kinder äußerst narzißtisch sein können. Ihr Verhalten kann extrem darauf ausgerichtet sein, Aufmerksamkeit auf sich zu lenken. Sie sehen unter Umständen die Errungenschaften ihrer Kinder als ihre eigenen an und vergrößern durch Manipulation von Trennungsangst und Schuldgefühlen alles, was ihnen gehört. Narzißtische Mütter halten möglicherweise ihre Kinder nahe bei sich, dramatisieren die Feindseligkeit und Unsicherheit der Außenwelt über Gebühr und wecken in ihrem Kind eine von Schuldgefühlen beeinflußte Verpflichtung gegenüber der Mutter wegen alles dessen, »was sie für sie getan hat«.

Der Narzißmus blüht auf durch Wertschätzung und Bekräftigung des Selbstwertgefühls durch andere. Wo jedoch die Liebe zur Arbeit als eine Form der Selbstliebe das *ausschließliche* Ventil für den Sexualtrieb ist, kann man sie als eine Art Masturbation, einen krankhaften Narzißmus, betrachten.* Masturbatorische Liebe beginnt und endet mit dem Selbst. Sie ist eine Form des Gebens, von der nur das Selbst einen Nutzen hat.

Bei manchen Leuten ist der Arbeitsdrang wirklich ein Drang, der von der emphatischen, gebenden Qualität des Sexualtriebes herstammt. Für sie *ist* Arbeit Liebe. Sie befähigt sie, selbstlos zu helfen und zu dienen, ob es nun darum geht, die Bedürfnisse der eigenen Familie oder die der größeren Gemeinschaft zu erfüllen, der sie angehören. Die aggressive Befriedigung, die vom Erreichen selbstgesetzter Ziele herrührt, wird der Lust untergeordnet, die die Befriedigung der Bedürfnisse anderer bereitet. Solche Menschen sind selten; gewöhnlich arbeiten sie in »helfenden Berufen«: im Lehrberuf, in Pflegeberufen, im geistlichen Stand, in Medizin und Sozial-

* Siehe O. Kernberg *Borderline-Störungen und pathologischer Narzißmus;* dort findet sich eine vollständige Besprechung des klinischen Narzißmus.

arbeit. Die Fähigkeit, anderen etwas zu geben und anderen zu dienen, ist die Grundlage ihrer Selbstachtung.

Narzißtische Arbeitssüchtige sind Menschen, deren frühkindliche Erlebnisse eine tiefe persönliche Unsicherheit haben entstehen lassen, und die zwanghaft von der Arbeit abhängig sind, um das sonst unaufhörliche Gefühl der Unzulänglichkeit auszugleichen, das sie unbewußt haben.

Ein höchst erfolgreicher zweiundvierzigjähriger Versicherungsmanager beschrieb, daß für ihn das »Liebe-Machen« immer eine Leistung gewesen war, die gemessen und bewertet werden mußte. Seine Aufmerksamkeit galt unweigerlich dem Orgasmus, den er und seine Partnerin am Ende erleben würden, und der Frage, ob der Orgasmus gleichzeitig und stark oder zu verschiedenen Zeitpunkten und schwach sein würde. Eine liebevolle Harmonie auf Grund einer sexuellen Vereinigung empfand er nicht. Er konnte nicht einfach in der Gegenwart *sein*; er mußte immer vorausdenken. Da er sich gedrängt fühlte, in allen Lagen eine geistige Arbeitshaltung einzunehmen, war er auch in der aggressiven Verfolgung seiner sexuellen Ziele methodisch und systematisch. Diese Geisteshaltung war gewiß in seinem Büro passend und effektiv, aber bei einer Liebesumarmung war sie bei weitem nicht ideal. Hinter dem Arbeitszwang dieses Mannes steckte die unbewußte Furcht vor dem Verlust persönlicher Grenzen in einer liebevollen Intimität. Das greifbare Erlangen definierter Ziele erhöhte sein Identitätsgefühl. Er *war* seine Erfolge, und *nur* seine Erfolge. Liebe, Einfühlung oder Hingabe jeder Art bedrohten diese Identität.

Die meisten Menschen, die einer der im letzten Kapitel beschriebenen Kategorien von Arbeitssüchtigen angehören, kommen einem Psychiater unter die Augen, weil sie selbst das subjektive Gefühl haben, mit ihren Arbeitsgewohnheiten »stimme etwas nicht«. Sie bemerken ihre Bedrängnis, wenn die Arbeit aufhört, und auf irgendeiner Ebene wissen sie, daß ihr Verhalten nicht einfach nur eine tiefe Liebe zum Vorgang und zum Inhalt der Arbeit darstellt. Sie fühlen, daß ihre Beziehungen zu anderen, an denen ihnen viel oder nicht so viel liegt, von ihrem Arbeitszwang beeinträchtigt werden. Sie können sich selbstkritisch sehen und erkennen, daß ihr Glück durch Faktoren in ihrem eigenen Inneren beeinflußt wird, die unbeherrschbar zu sein scheinen. Sie suchen gewöhnlich von sich aus Hilfe.

Der narzißtische Arbeitssüchtige dagegen sucht fast nie aus einer rein inneren Motivation heraus Hilfe. Er behauptet, er fühle sich vollkommen glücklich, und Probleme entstünden nur, weil andere Menschen in seinem Leben sich ihm nicht anpassen könnten oder wollten. Ein solcher Mensch kann verheiratet sein, umgänglich und beliebt, eine große Familie und viele Freunde haben und in einer ziemlich großen Organisation mit vielen Beschäftigten arbeiten, aber im Herzen ist er ein Einzelgänger. Für ihn sollten (obwohl er es bewußt leugnen würde) Beziehungen zu anderen Menschen nur zur Befriedigung *seiner* Bedürfnisse führen; im übrigen sind sie frustrierend und müssen vermieden werden. Ein solcher Mensch hat selten einen Sinn fürs »Geben und Nehmen«. Es mag zwar auf den ersten Blick nicht deutlich werden, aber gewöhnlich gibt es bei ihm nur »Nehmen«.

Die Egozentrizität dieses Menschen ist ein Hauptmerkmal, auch wenn er vorgeblich »gibt«. Seine Sorge, daß seine Frau und Kinder immer »von allem das Beste bekommen«, daß seine Frau beim Geschlechtsverkehr mit einem fabelhaften Orgasmus zufriedengestellt wird,* oder daß er mit seinen Bemühungen seiner Gemeinschaft gute Dienste leistet, ist letzten Endes die Sorge um die Qualität seiner Leistungen und darum, wieviel Anerkennung er bekommen wird. Es geht ihm nicht um Wettbewerb im strengen Wortsinn, weil es ihm niemals genügt, »besser« als ein anderer zu sein. Er muß »der Beste«, »der Einzige« oder absolut »vollkommen« sein. Wenn er von allen Kollegen die beste Leistungsbewertung bekommt,

* Eine Erörterung dieser spezifischen Besorgnis findet sich in der im Literaturverzeichnis aufgeführten Abhandlung von Clifford.

zugleich aber die geringste Kritik angedeutet wird, wird dieser »Makel« für ihn zur Zwangsvorstellung, und er wird entweder nachtragend oder depressiv.

Unterhalb dieser unabhängigen, individualistischen Fassade sitzt das Gefühl, daß er, wenn er Hilfe braucht, Schwäche und Abhängigkeit zeigen würde, also Eigenschaften, die er – weil das unbewußte Verlangen, *abhängig zu sein,* in Wirklichkeit so stark ist – vollständig leugnen muß. Er bezahlt seine Rechnungen, sobald er sie bekommen hat, und er ist stolz darauf, niemals jemandem etwas zu schulden. Ganz gewiß bittet er niemals um Begünstigung. Neben dem Bedürfnis, Abhängigkeitswünsche zu leugnen, tarnt sein »schroffer Individualismus« auch noch eine tiefsitzende Angst vor Ablehnung in dem Fall, daß er ein Bedürfnis zu erkennen geben sollte – eine Angst, das Gefühl des Abgelehntwerdens noch einmal zu erleben, das ein Kennzeichen seiner frühen Kindheit war.

Der narzißtische Arbeitssüchtige ist bewußt oder unbewußt vor allem damit beschäftigt, alles im Griff zu haben. Es ist ihm unerträglich, wenn seine Kinder ihre Teller nicht leeressen. »Müßiges Geschwätz« macht ihn ungeduldig, weil es nicht zu produktiver Arbeit führt. Der narzißtische Arbeitssüchtige arbeitet mit Vorliebe in den frühen Morgenstunden, während der Mittagspause oder spät abends, wenn er allein sein kann, wenn keine anderen Leute da sind, die ihn »belästigen«. Er muß oft zwei Stunden mit der Bahn in sein Büro fahren, aber das macht ihm selten etwas aus, weil er während dieser vier Stunden am Tag ununterbrochen lesen oder arbeiten kann. Wenn er nach Hause kommt, hat er selten Zeit, mehr zu tun, als rasch zu essen und gleich ins Bett zu gehen. Und sein Schlaf wird unter Umständen mehrmals unterbrochen, damit er einem mit der Arbeit zusammenhängenden Gedanken nachgehen kann, der ihm in der Nacht gekommen ist.

Einem Narzißten dieser Art bedeutet Arbeit alles. Die Arbeit ist der Bereich der Herrschaft, und diese ist sein fundamentales Bedürfnis. Er kann nur zu Dingen eine Beziehung herstellen, die er regieren kann, und zu Dingen, die sein Selbstgefühl unterstützen. Intimität, Teilhabe, Einfühlung und ungezwungenes »Geben und Nehmen« machen ihm in Wirklichkeit Angst (obwohl er auch dies niemals zugeben würde), weil sie ein Lockern der Beherrschungszügel darstellen. Er fühlt sich durch jede Form des Gebens »ausgenommen«, als würden dadurch die Grenzen seines Selbst aufgelöst. Das kann seinem Charakter eine etwas paranoide Eigenart verleihen. »Was wollen Sie von mir?« und »Warum können die Leute immer nur nehmen, nehmen, nehmen?« sind Klagen, die man vom Narzißten häufig zu hören bekommt. Er mag manchmal feindselig oder arrogant erscheinen, aber das ist er in Wirklichkeit nicht. Was wie Feindseligkeit aussieht (die tatsächlich eine gesündere, höher entwickelte Reaktion wäre), ist in Wirklichkeit ein fehlendes Gewahrsein anderer Menschen. Der Narzißt ist auf eine egozentrische Stufe der psychischen Entwicklung fixiert, auf der die eigenen Bedürfnisse das Bewußtsein des Menschen beherrschen, und auf der Blindheit oder Mangel an Interesse hinsichtlich der Nuancen zwischenmenschlicher Beziehungen und der Bedürfnisse anderer besteht. Er lebt in einer Welt voller Spiegel, die keine Fenster hat.

Einige narzißtische Menschen wirken an der Oberfläche so, als seien sie außerordentlich besorgt um die Gefühle von Menschen in ihrer Umgebung, die aus dem Gleichgewicht geraten sind. Eine Frau berichtet von ihrem Mann, er reagiere fast wie ein Vulkan, wenn sie auch nur das geringste Gefühl von Kummer äußere. Wenn es ihr gut geht, läßt er sie jedoch völlig unbeachtet. Er kann es nicht ertragen, daß seine Frau einen Kummer hat, denn das bedeutet für ihn, daß sie sich selber Beachtung schenkt und nicht ihm vollständig zur Verfügung steht. Er versucht sofort, »etwas dagegen zu unternehmen«; er ist unfähig, einfach nur zuzuhören und mitzuempfinden. Tatsächlich verwandelt er bei seiner Bemühung, ihre Verfügbarkeit für ihn wiederherzustellen, ihr Unbehagen oder ihre Traurigkeit in ein Arbeitsprojekt für sich selbst.

Angesichts seines Bedürfnisses, an Dingen zu arbeiten, kann der narzißtische Arbeitssüchtige sich nicht mit Gesprächen über »Kleinigkeiten« abgeben. Gesprächsthemen sollten eine Herausforderung darstellen, und sie sollten große Ereignisse als Brennpunkt haben, die ernsthaftes Nachdenken und ausführliche Information erfordern. Das einfache Reden über Belanglosigkeiten, darüber, was die Kinder in der Schule gemacht haben, oder über die Tatsache, daß sich die Nachbarn scheiden lassen wollen, macht diesen Menschen reizbar. Die Vorstellung eines solchen Mannes von einem Gespräch am Abendbrottisch bestand darin, allen Anwesenden Quizfragen zu den Artikeln zu stellen, die die *New York Times* an diesem Tag gebracht hatte.

(Ich habe zur Beschreibung des narzißtischen Arbeitssüchtigen das männliche persönliche Fürwort benützt, aber dadurch soll nicht die Tatsache verwischt werden, daß Frauen ebenso wie Männer diese Persönlichkeitszüge an sich haben können.)

Ein Arbeitssüchtiger dieser Art begreift als Geschöpf des Aggressionstriebes nicht, daß das Wesen persönlicher Beziehungen nicht Herrschaft und Sieg ist, sondern vielmehr, »den Ball im Spiel zu halten«. Dieser Ausdruck aus der Tenniswelt wurde von einem Mann gebraucht, der sich über die Art und Weise beklagte, wie seine Frau mit ihm Tennis spielte. Sie hatte überhaupt keine Freude an einem schnellen Ballwechsel, sondern spielte immer nur um Gewinnpunkte. Leider benahm sie sich auch bei einem geselligen Essen oder zu Hause im Wohnzimmer so. Bei ihrer Arbeit war dies angebracht. Sie war erfolgreich in einer Umgebung, die auf Beherrschung und auf das Erreichen von Zielen ausgerichtet war, und die ihr Bedürfnis nach persönlichem Ruhm nährte. Aus den persönlichen Interaktionen bei ihrer Arbeit, die zu ihren Erfolgen führten, bezog sie wenig Vergnügen. Wenn die Familie eine sechsstündige Fahrt zu einem Ski-Ort unternahm, las sie Jahresberichte, denn, wie sie es formulierte: »Worüber kann man mit Mann und Kindern so lange reden, das produktiv wäre?« Sie hatte im Grunde bei ihrer Arbeit Verkäufe zu tätigen, und jeder neue Verkauf, den sie abschloß, war für sie ein spannendes Vergnügen. Aber sobald der Verkauf zustandegekommen war, hatte sie überhaupt kein Interesse mehr daran, ihren Kunden zu Diensten zu sein oder auch nur den Kontakt mit ihnen aufrechtzuerhalten. Sie konnte sich nicht die Zeit lassen, den Geschmack des Sieges zu genießen, denn sie mußte sich sofort wieder in Gang setzen, um den nächsten Sieg zu erringen.

Eine Skizze über die Art, wie dieses Paar einen Urlaub plante, veranschaulicht einen Aspekt ihrer Schwierigkeiten. Die Frau pflegte zu sagen: »Wo möchtest du dieses Jahr Urlaub machen?« Der Mann brachte Prospekte, Bücher und Zeitschriftenartikel mit nach Hause und begann, sich darauf zu freuen, einen Abend mit seiner Frau mit der Durchsicht dieser Materialien zu verbringen. Der halbe Spaß eines Urlaubs bestand für ihn darin, mit seiner Frau zusammen eine Zeitlang Pläne zu machen. Die eigentliche Entscheidung und schließlich der Urlaub selbst waren fast zweitrangig. Sie andererseits war überaus sachlich: »Laß uns einfach beschließen, wohin wir fahren wollen, laß uns buchen, und damit soll es erledigt sein.« Für sie war das Ziel, über den Urlaub einen Entschluß zu fassen, das wichtigste, und sie wollte es auf dem kürzesten, raschesten Weg erreichen. Sie hatte kein Bedürfnis, mit ihm Zeit dafür zu verschwenden, verschiedene Alternativen durchzuspielen. Sie hatte Wichtigeres zu tun.

Dieselbe Haltung nahm diese Frau in bezug auf Essen und Streiten ein. Ein genüßlich in die Länge gezogenes Mahl mit einer guten Flasche Wein, bei dem man alle Geschmacksnuancen ohne Rücksicht auf die Zeit genießt, war für sie eine negative Aussicht. Sie konnte auch nicht verstehen, daß eine Auseinandersetzung ein liebevollerer Akt sein kann als ein rascher Waffenstillstand. Während ihr Mann die Auseinandersetzung als einen ernsthaften Versuch ansah, die Kommunikation aufrechtzuerhalten und Streitigkeiten auszubügeln, war sie für sie lediglich ein »Zank«. Sie wollte immer einen Kompromiß durchsetzen und dann nichts mehr davon hören. »Warum soll ich zwei Stunden vergeuden, um zu einer Entscheidung zu kommen, die in fünf Minuten erreicht werden kann?«

Der narzißtische Arbeitssüchtige kommt durch ein tiefes unbewußtes Gefühl der persönlichen Unsicherheit zu seiner Sucht. Er braucht die Arbeit als Quelle fortwährender Bestätigung und Stützung für ein schwaches, unzulängliches Selbstgefühl. Muße, das Erlebnis, sich in einer Empfindung zu »verlieren«, im Kontakt mit der Natur, mit Kunstwerken, einem guten Essen oder mit anderen Menschen die Grenzen des Selbst zu erweitern oder aufzulösen, ist beängstigend. Er hat seine Persönlichkeit um die Erwartung der Ablehnung, des Verlusts oder anderer Katastrophen herum aufgebaut, und er hat das Gefühl, er könne sich keine Blöße geben, um irgend etwas in der Gegenwart zu genießen. Wie das dritte kleine Schwein in der Kindergeschichte, das weiß, daß der Wolf immer in der Nähe ist, hat er eine Mauer aus Ziegelsteinen um sich herum gebaut. Er fürchtet, wenn er nicht wachsam ist, wenn er es sich gestattet, zu lieben und zu geben, wird er sich ganz »entleeren« und nicht fähig sein, sein Identitätsgefühl und seine Definition seiner selbst wiederherzustellen.

Sein Widerwille oder seine Angst vor dem Geben kann auf eine Art und Weise zutage treten, die auf den ersten Blick unverständlich ist. Als ich anfing, sehr reiche Leute zu behandeln, denen es sehr schwer fiel, Geld für materielle Dinge auszugeben, die sie sich leicht hätten leisten und genießen können, fand ich es verwirrend. Wie konnte ein Mann, der mehrere Millionen Dollar »wert war«, sich damit zufriedengeben, in einem möblierten Studio-Appartement zu wohnen, seine Musik aus einem alten Kofferradio zu beziehen und Anzüge zu tragen, die mindestens zehn Jahre alt waren? Alles Geld, das dieser Mann verdiente, ging wieder zurück in sein sich ständi-g vergrößerndes Aktienpaket. Andere Fälle waren nicht so extrem, aber die Schwierigkeit, für die eigene Person Geld auszugeben, war bei vielen Leuten zu beobachten, die reichlich Geld zur Verfügung hatten. Wenn sie mußten, konnten sie es immer viel leichter für andere ausgeben (die es zu schätzen wußten) als für sich selbst. Sie haßten es, zum Einkaufen zu gehen, und oft zögerten sie die Urlaubspläne oder den Kauf eines neuen Hauses so lange hinaus, bis es zu spät war.

In bezug auf diese Menschen, deren Probleme sich alle um die Vorstellung vom »Geben« drehen, sind mir mehrere Faktoren klar geworden. Teure Kleidung oder eine gute Stereoanlage zu kaufen, bedeutet, Geld auszugeben. Der Narzißt bedauert die Ausgabe, das Verschwinden seines Geldes mehr, als er die Kleidungsstücke oder die Musik schätzt. Er will zwar nichts hergeben, um sie zu bekommen, aber er nimmt etwas an, wenn man es ihm schenkt. Das Geschenk bedeutet, daß jemand sieht, daß er es braucht, und ihm Anteilnahme bezeigt. Oft jedoch will er sich nicht mehr um etwas kümmern müssen, nachdem er es bekommen hat. Jeder Besitz erfordert Fürsorge und Aufmerksamkeit; er möchte lieber Gerümpel haben, das keiner Wartung bedarf. Außerdem werden die Leute, je vermögender er wirkt, weniger Mitleid mit ihm haben und weniger geneigt sein, ihn zu versorgen. Tatsächlich macht ihn die große Kluft zwischen seinem Reichtum und seinem abgeschabten Äußeren bemitleidenswerter und scheinbar bedürftiger. Dies zwingt seine Frau oder Freundin, ihm all seine Kleidung zu kaufen, wie eine Mutter. Indem er sein Geld wieder an die Effektenbörse zurückfließen läßt, hat er das Gefühl, er müsse nichts hergeben, um noch mehr Geld zu bekommen. Was er hat, vermehrt sich von selbst. Es sitzt da und verdient für ihn.

Ein Patient berichtete mir, er habe Angst davor, seinen Besitz, natürliche Schönheit oder andere Menschen zu lieben, weil er das Gefühl habe, wenn er es sich erlaube, etwas oder jemanden zu lieben, werde er es oder denjenigen »zu sehr« begehren. Mit »zu sehr« meinte er, Liebe und Bindung würden ihn für Enttäuschung anfällig und gegen Ablehnung empfindlich machen. In dieser Feststellung kam ein Gewahrsein dessen zum Ausdruck, daß seine Bedürftigkeit so tief saß, daß er fürchtete, er könnte verrückt werden, würde er sich gestatten, irgend etwas außer seiner Arbeit zu lieben. Sonst würde er die Herrschaft über sich, sein Gefühl für Proportionen und

Wirklichkeit verlieren. Seine Arbeit hielt sein Verlangen in Schach. Sie verschaffte ihm auch Befriedigungen, die er einigermaßen steuern konnte. Wenn wir jemanden lieben, gehen wir ein viel größeres Risiko ein und laufen mehr Gefahr zu scheitern, als wenn wir unsere »Liebe« darauf beschränken, vor Geschworenen Plädoyers zu halten. Dort können wir, wenn wir »unsere Schularbeiten machen«, »unseren Text lernen«, des Erfolges sicherer sein. In persönlichen Beziehungen können uns Lerntechniken, Strategien und Rollenspiel nur bis zu einem bestimmten Punkt bringen.

Es gibt zwei prototypische Erlebnisse der frühen Kindheit, die eine narzißtische Arbeitssucht entstehen lassen. Im Rahmen des ersten »Drehbuchs« bekommt das Kind »zu wenig«; im Rahmen des zweiten bekommt das Kind »zuviel«. Die Menschen, die aus diesen beiden Situationen hervorgehen, sind äußerst unsicher, und beide entwickeln eine zwanghafte Bindung an die Arbeit – aber sie bringen ihre Unsicherheit auf verschiedene Weise zum Ausdruck.
Der Arbeitssüchtige, der »zu wenig« bekommen hat, ist jemand, der (bewußt oder unbewußt) seine Kindheit als kalt, ohne jede spontane Zuneigung und erfüllt von bedeutenden Verlusten erlebt hat – den Tod von Eltern oder Geschwistern, Krankheiten und Krankenhausaufenthalten von Eltern und dergleichen. Er erinnert sich an Gefühle emotionaler Entbehrung und an häufige, schmerzhafte Ablehnungen. Die Mütter dieser Menschen waren oft nach der Entbindung und auch noch später depressiv, von Angst besessen oder in bezeichnender Weise egozentrisch. Weitgehend wegen der Unempfänglichkeit der Mutter für die Bedürfnisse des Kindes kommen in der Kindheit häufig Ernährungsprobleme vor. Daumenlutschen und ein länger als normales Festhalten an der abgeschabten »Sicherheitsdecke« sind für das Kind häufig eine Methode, sich die Illusion zu verschaffen, eine beruhigende, zuverlässige, stets verfügbare Mutter zu haben.
Die Entbehrung, die diese Menschen erleben, kann völlig im

Reich der Fantasie liegen, wie es häufig bei Menschen vorkommt, die im Säuglingsalter adoptiert worden sind. Ihre Kindheit war vielleicht ungewöhnlich sicher und befriedigend, aber das nachwirkende Gefühl, von der leiblichen Mutter verlassen und abgelehnt worden zu sein, erzeugt eine innere Leere, die oft unausfüllbar zu sein scheint. Eine solche Patientin hatte bis lange ins Erwachsenenalter allnächtlich einen Traum, in dem sie sah, wie sie aus einem Flugzeug hinausgeworfen wurde und als Häufchen Elend auf der Erde landete.

Menschen mit dieser Vorstellung von ihrer Kindheit werden nicht immer narzißtische Arbeitssüchtige. Sie können ihre Bedürftigkeit auf viele verschiedene Weisen ausdrücken, von denen manche in einer *Arbeitslähmung* und *direkter* Abhängigkeit von anderen gipfeln. Arbeitssüchtige andererseits drücken ihre Abhängigkeit *indirekt* aus. Die seelische Erregung vollendeter Arbeit ist für sie die Befriedigung, die von dem Verlangen herstammt, gestillt und völlig gesättigt zu werden. Sie wollen sich »voll« fühlen, sie wollen etwas haben, woran sie sich »festhalten« können, und ihre Arbeit ist ihre »Sicherheitsdecke«.

Professor Abraham Zaleznik von der Harvard Business School hat den tragischen Fall von James Forrestal, dem ersten Verteidigungsminister der U.S.A., in einem Artikel mit der Überschrift »Management of Disappointment« (Der Umgang mit der Enttäuschung) beschrieben. Forrestal gab sich der Arbeitssucht hin, zunächst an der Wall Street, dann in der Regierung, was letzten Endes die Folge einer sehr getrübten Mutter-Kind-Beziehung war. »Infolge eines komplizierten psychischen Prozesses verzichtet das Individuum auf mütterliche Pflege und andere Arten des zärtlichen emotionalen Austauschs und setzt an deren Stelle einen brennenden Ehrgeiz und Leistungsdrang. Wenn der Mensch die Fähigkeit dazu hat, die Forrestal eindeutig in hohem Maß besaß, kann er eine führende Stellung und Erfolg erringen ... aber er ist anfällig für immer neue Enttäuschungen, die zum Zusammenbruch führen

können.«* Forrestal beging Selbstmord, nachdem Präsident Truman an seiner Stelle jemand anders zum Verteidigungsminister gemacht hatte.
Viele Menschen, denen es an Mutterliebe gefehlt hat, sind jedoch in ihren Arbeitsbestrebungen gar nicht besonders ehrgeizig oder aggressiv; sie haben nur gern viel Arbeit. Wir finden sie oft auf der mittleren Ebene von Organisationen, in ihrer »Nische« geborgen, getröstet durch die der Arbeit selbst innewohnende Befriedigung und erfreut durch das Lob und die Anerkennung, die sie von den Menschen in ihrer Umgebung erhalten.
Die Arbeitssüchtigen, die als Kinder »zu wenig« bekommen haben, werden im allgemeinen nicht private Unternehmer. Ehrgeizige, aggressive, unabhängige, unternehmungslustige »Arbeiter« haben meist eher »zuviel« Bemutterung erfahren als zu wenig. Diese Menschen haben Erinnerungen an eine erstickende Nähe zu ihren Eltern, haben das Gefühl, gegängelt, manipuliert und übermäßig beschützt worden zu sein – von Eltern, die ihre Kinder ebensosehr oder noch mehr zu brauchen schienen, als sie von den Kindern gebraucht wurden. Die Entwicklungsphase, in der diese Menschen am empfindlichsten wurden, war die »anale« Phase, in der Selbständigkeit und Selbstbeherrschung sich zum ersten Mal betont hervorheben. Die Reinlichkeitserziehung ist in diesen Fällen oft übermäßig dramatisiert worden, und das Kind geht aus dieser Erfahrung mit dem Bedürfnis hervor, sich vor den Angriffen seiner Eltern auf seinen Körper zu schützen. Infolgedessen kristallisiert sich seine Persönlichkeit um das Bedürfnis, frei von äußerer Gängelung zu sein, selbst Herr der Lage und von niemandem abhängig zu sein. Dieser Menschentypus ist offenkundiger wütend und explosiv als der »oral benachteiligte« Arbeitssüchtige, der sich davor fürchtet, eine Hand zu beißen, die ihn vielleicht füttern würde. Wo der Typus mit »zu wenig« gewöhnlich ordentlich, reinlich, pünktlich und sparsam

* A. Zaleznik, »Management of Disappointment« in: *Stress, Success, and Survival.*

ist (er hält an dem, was er hat, um jeden Preis fest), kann der Typus des Arbeitssüchtigen mit »zuviel« desorganisiert sein, Leute mit Genuß warten lassen, unberechenbar sein und in großen Ausbrüchen von Extravaganz viel Geld ausgeben. In gewissem Sinn ist auch er von seinen Eltern abgelehnt worden. Die subtile Botschaft, die er von ihnen empfangen hat, besagt, daß er ohne sie nicht zählt, daß er es selbständig nicht »schaffen« kann. Seie Reaktion heißt: »Ich werd' es ihnen zeigen!« Er ist begierig nach Zeichen persönlicher Bewährung und Selbstdefinition, aber er würdigt nur seine eigenen Verdienste. Wo der »benachteiligte« Arbeitssüchtige sich gewöhnlich in der mittleren Phase der Arbeit am wohlsten fühlt und von anderen in Autoritätsstellungen seine Orientierung und Lenkung bezieht, begeistert sich der »übermäßig beschützte« Arbeitssüchtige für Anstöße und Leistungen. Er kann leichter Arbeit delegieren, und es macht ihm nichts aus, wenn andere seine schöpferischen Ideen in die Praxis umsetzen, vorausgesetzt, daß *ihm* das Verdienst zugeschrieben wird.

# 13 Die Angst vor dem Erfolg

Wir kennen alle Leute, die große Schwierigkeiten haben, bei ihrer Arbeit Erfolg zu haben oder irgend etwas von Bedeutung zustandezubringen, oder die Erfolg haben und sehr produktiv sind, aber dabei immer gegen etwas in ihrem eigenen Inneren anzukämpfen scheinen. Natürlich ist einer der am weitesten verbreiteten Gründe dafür ein einfacher Mangel an Interesse an den Arbeiten, die sich jemandem bieten. Eine Arbeit, die weder herausfordernd, angenehm oder sinnvoll ist, führt dazu, daß die Arbeitenden uninspiriert oder unmotiviert sind.

Aber es gibt viele Menschen, die mit erheblicher Intelligenz und Vorstellungskraft begabt sind und unbeschränkten Zugang zu jedem Bereich des Bestrebens haben, in dem sie bewußt zu sein wünschen, aber dennoch ihr Potential nicht verwirklichen können, oder leiden, wenn sie es tun. Der Hauptgrund ihres Mangels an Erfolg scheint nicht in den Wechselfällen des Arbeitsmarktes, sondern in ihrer eigenen Seele zu liegen. Jemand hat einmal zu mir gesagt: »Auf alles Gute, was ich in meinem Leben geleistet habe, ist immer eine Migräne gefolgt.« Er konnte Erfolg haben, aber er mußte schrecklich dafür leiden.

Die Angst vor dem Erfolg ist der bedeutsamste dynamische Faktor, der der Arbeitshemmung zugrundeliegt. Wir können eine extreme Gruppe von Menschen mit einer »Erfolgsphobie« herausstellen, die in ihrer praktischen Arbeitslähmung scheinbar hilflos von ihrem Bedürfnis beherrscht werden, mit anderen zu verschmelzen, und die sich von der Vereinzelung und Unverbundenheit der Selbstdefinition stark bedroht fühlen. Es widerstrebt ihnen, spezifische persönliche Ziele für sich festzusetzen, und eine Veränderung bequemer Routineverfahren und die neue Verantwortung, die der Erfolg unweigerlich mit sich bringt, empfinden sie als Gefahr. Sie sind Abhängige, die den Mißerfolg *brauchen,* um mit Erfolg ihr Bedürfnis, von anderen versorgt zu werden, befriedigen zu können. Das aggressive Setzen von Grenzen, Schranken und greifbaren Leistungen, die das Selbst definieren, untergräbt ihr Bedürfnis, unendlich »flexibel« zu sein. Sie wollen mit niemandem Konflikte über unvereinbare Grenzen.

Für uns alle bedeutet Wachstum unweigerlich »Wachstumsschmerzen«. Der einzige Ausweg besteht darin, nicht zu wachsen, und Menschen mit einer Arbeitsphobie haben ein starkes unbewußtes Verlangen nach genau dieser Art ungefährlicher Stagnation. Erfolgreiche Arbeit macht psychisches Wachstum sichtbar. Der Erwerb von produktiven Fertigkeiten und der deutliche Nachweis von sich erweiternder Leistung teilen anderen mit, daß man als jemand verfügbar ist, auf den man sich verlassen kann, und daß weiterbestehende Wünsche, von anderen abhängig zu bleiben, nicht länger angemessen sind. Ein Arbeitsgehemmter vermeidet es mit Fleiß, diese Botschaft auszusenden.

Die Angst vor Erfolg kann sich an verschiedenen Punkten des Arbeitsprozesses zeigen. Manche Leute sind vielleicht großartige Planer und Initiatoren, sie können sich weit vorwagen, aber sie können nicht durchhalten, und wenn sie sich der Vollendung nähern, werden sie von einer Lähmung befallen. Ein greifbares Ergebnis macht sie zu deutlich als gesonderte, abgeschlossene Individuen kenntlich und gibt ihnen das Gefühl, verletzlich zu sein.

Andere Menschen, die das Scheinwerferlicht der vollendeten Aufgabe fürchten, verlieren sich möglicherweise in der mittleren Phase der Arbeit. Sie sind ständig damit beschäftigt, etwas noch einmal zu überarbeiten und lassen es nie bis zur Vollendung gelangen. Sie haben das Bedürfnis, etwas endlos zu polieren, um alle Falten herauszubringen. Aber ihr Perfektionismus ist eine Tarnung für die Angst vor dem Loslassen und davor, die Verantwortung für das Geleistete zu übernehmen. Sie fürchten auch, ihr Erfolg könnte andere bedrohen, er könnte eine Hand beißen, die sie potentiell füttern könnte.

Die wohlbekannte Geschichte von dem Mann, der depressiv wird, nachdem er den Vorstandsvorsitz übernommen hat, veranschaulicht die Bedürfnisse vieler Leute, die durch die Unterstützung, die Ermutigung und die »Pflege« gedeihen, die ihnen auf dem Weg nach oben zuteil werden. Sobald sie oben angekommen sind, klopft ihnen plötzlich niemand mehr auf die Schulter. Jemand anders bekommt nun Rat und Hilfe. Der »Vorsitzende« kann sie nun nur noch geben.

Es gibt Menschen, deren Leben keine rechte Ausrichtung zu haben scheint, denen die Entschlossenheit fehlt, ihre Ziele zu verfolgen, oder die sich selber durch zu viele einander widerstreitende Ziele durcheinanderbringen. Diese Gruppe kann äußerst arbeitsorientiert sein, aber sie bringen vielleicht niemals etwas von Bedeutung zustande, oder sie können auf den Dingen, die sie doch verwirklichen, nicht aufbauen. Sie gehen in zu viele Richtungen zugleich.

Viele Menschen mit »Trennungsangst« werden vielleicht vom Arbeitsprozeß selbst verschreckt, und nicht von der Angst vor dem Erfolg. Der Akt der Konzentration ist außerordentlich isolierend. Viele Leute können ihn nur während kurzer Zeiträume durchhalten, dann bekommen sie ein Gefühl der Zusammenhanglosigkeit. Ein Mann gestand einmal, daß er selbst in seiner reichlichen Freizeit niemals einen langen Roman lesen konnte, weil dies eine so lange Konzentration erfordert hätte. Er hatte Gedichte gern, die er rasch genießen konnte, oder Kurzgeschichten. Wenn er allein im Büro war, mußte er immer die Tür offenlassen, und sogar dann fühlte er sich gedrängt, häufig zum Trinkwasserspender, zur Toilette oder in die Büros seiner Nachbarn zu wandern, nur um »in Fühlung zu bleiben«.

Einer meiner Patienten sprach oft liebevoll über seine Arbeit. Er war entzückt von den Leuten in seinem Büro, dem Gefühl des Plüschteppichs auf dem Fußboden und dem großartigen Ausblick auf den Hafen von New York, den er von seinem Fenster im fünfzigsten Stockwerk genoß. Er war fasziniert von dem Wunderwerk des Computer-Terminals, auf dessen Bildschirm die Daten über Börsentransaktionen wie durch Zauberei erschienen. All diese Elemente gehörten zu seiner *Stellung,* aber nicht zu seiner *Arbeit.* Seine Arbeit erforderte, daß er sich von seiner Umgebung absonderte, um sich aggressiv auf das Erreichen seiner Ziele zu konzentrieren. Dazu war er nicht in der Lage. Er genoß seine Stellung und hatte Freude an ihr, versagte aber in seiner Arbeit. Mit seiner primären Ausrichtung auf angenehme Erlebnisse des sensorischen und emotionalen Verschmelzens und seinem lediglich sekundären Verlangen nach Befriedigung und Leistung »produzierte« er nichts und wurde schließlich aus seiner Stellung entlassen.

Nicht nur die drohende Trennung von »mütterlicher« Ernährung und Geborgenheit liegt bei vielen Leuten der Angst vor dem Erfolg zugrunde. Erfolg erzeugt Konkurrenzstreben. Die »Suche nach dem Unterlegenen« hat ihren Ursprung in dem universellen unbewußten Bedürfnis, den Helden »vom Podest zu stoßen«, so sehr man ihn vielleicht andererseits verehrt. Jene, die vor der Vergeltung von Konkurrenten und Gegnern Angst haben und wegen ihrer eigenen heimlichen Feindseligkeit Schuldgefühle haben, neigen gewöhnlich dazu, Erfolg und Leistung abzulehnen oder zu leugnen. Sie fürchten die Kritik und erleben sie als Angriff. Bei Männern liegen dieser Dimension der Angst vor dem Erfolg frühkindliche Fantasien von der Kastration durch einen wütenden oder bedrohten Vater zugrunde.

Kleine Jungen sagen einem, daß der Teil von ihnen, dessen Beschädigung sie am meisten fürchten, ihre Genitalien sind. Die allgemein verbreitete, ja, archetypische Fantasie von Jungen und Mädchen besagt, Erfolg und Überlegenheit seien »phallische« Qualitäten, und der Vater werde jene kastrieren, die ihn zu sehr herausfordern. In der Ödipuslegende heißt es, der Wunsch des männlichen Kindes, an die Stelle seines Vaters im Bett der Mutter zu treten, habe zur Zerstörung seiner Augen geführt, eine klare »Verschiebung nach oben« von den Hoden. Ein Freund erzählte mir einmal ganz amüsiert, jedesmal, wenn er seinem Sohn wegen irgendeiner Missetat

Klapse auf den Hintern geben wolle, lege der Junge automatisch die Hände über sein Geschlechtsteil und gewähre dem Vater gern den Zugang zu seinem schutzlosen Hinterteil.
Obwohl diese frühen Fantasien und Komplexe in der Kindheit verdrängt werden, stammt die Angst vor Erfolg und Leistung bei erwachsenen Männern oft von bewußt vergessenen, aber unbewußt noch vorhandenen Ängsten aus der Kindheit vor der Rache eines mächtigen, bedrohlichen Vaters, und dies nennen wir »Kastrationsangst«. Es ist in Wirklichkeit ein »Erinnerungsausdruck«, mit dem an die Ursache der Angst erinnert werden soll; man will damit nicht auf eine bewußte gegenwärtige Angst oder eine aktuelle Bedrohung hinweisen.

Geoffrey Phillips, zweiundvierzig Jahre alt, Makler an der New Yorker Börse, erbrachte nach seiner eigenen Einschätzung bei seiner Arbeit nur Mittelmäßiges; es fehlte ihm an dem notwendigen Erfolgsstreben. Er sah sich die wimmelnde, fieberhafte Geschäftigkeit im Börsensaal um ihn her an und gab zu, daß seine Arbeit stark aggressive Züge hatte. Andere Formen der Arbeit können relativ gemächlich sein, aber die zur Erreichung eines spezifischen Ziels beim Effektenhandel verfügbare Zeit beträgt unter Umständen nur Sekunden. Phillips konnte eine Aktientransaktion im Wert von mehreren Millionen Dollar von Anfang bis Ende in zehn Sekunden durchführen. An der Börse kann die Unaufmerksamkeit eines Sekundenbruchteils zum Scheitern führen.
Phillips klagte über seit vielen Jahren wiederkehrende Septemberdepressionen. Im September begann für ihn nach seinem üblichen August-Urlaub in Virginia wieder die Arbeit. Er sagte: »Es scheint, als könnte ich mich niemals selber in Gang bringen.« Er klagte in charakteristischer Weise seiner Frau gegenüber, er sei ein »Nichtsnutz, ein Verlierer«, und seine ernsthaften Bemühungen, sein Selbstvertrauen wieder aufzubauen, scheiterten immer. Wenn es schließlich Oktober wurde, brachte er sich zum Handeln, aber er fühlte sich bei dem, was er tat, niemals erfolgreich. Selbst wenn er nach allen äußeren

Maßstäben einen enormen geschäftlichen Sieg erreicht hatte, neigte er dazu, ihn zunichte zu machen, indem er sich auf das konzentrierte, was er nicht tat oder hätte besser machen können, anstatt auf das, was er in Wirklichkeit tat und wirklich gut machte.

Jeder mochte Geoff Phillips gern. Der außerordentlich gut aussehende, gesellige und wohlerzogene Geoff wohnte mit seiner charmanten Frau und seinen vier Kindern in einer erlesenen Vorortgemeinde außerhalb von New York. Was er an der Wall Street an Erfolgen errang, schrieb er seiner Geselligkeit zu. Durch die »richtigen Schulen, die richtigen Klubs und die richtige Wohngegend« hatte er gute Beziehungen. Er wußte mit den Leuten zu reden, so daß sie sich behaglich fühlten. Geoff Phillips war ein Muster an Freundlichkeit, und auf diese Weise tätigte er eine Menge Geschäfte.

Er war in einer korrekten, der Episkopalkirche angehörenden Familie des Südens aufgewachsen. Sein Vater war der Präsident einer großen Bank in Virginia, und seine Mutter war eine würdevolle, gesetzte, aber sehr gefühlswarme Frau, deren Familie generationenlang den obersten Rang der Aristokratie des Südens eingenommen hatte. Geoff besuchte eine Internatsschule in Neu-England, wo er ein mittelmäßiger Schüler, aber ein hervorragender Sportler war, und später tat er sich, zumindest gesellschaftlich, an einem Ivy-League-College hervor. Er gehörte zur Ringermannschaft der Universität und war Vorsitzender seiner Fraternity (Studentenvereinigung). Ein ständiger Kehrreim aller seiner Beurteilungen durch Lehrer und Trainer jedoch war, er habe zwar ein großes Potential, aber pflege sich einfach auf nichts einzulassen. Es schien ihm an Disziplin zu fehlen, und wenn es um akademische oder sportliche Hochleistungen ging, war er einfach nicht ehrgeizig.

Geoff bekam seine erste Stellung unmittelbar nach Beendigung des Colleges in einer großen, hochangesehenen Maklerfirma. Im Gegensatz zu vielen seiner Studienkameraden erwarb er, bevor er in den Beruf ging, nicht den Grad eines M.B.A. (master of business administration). Dies war von ihm aus nicht das Ergebnis einer absichtlichen, auf die Karriere ausgerichteten Berechnung. Es war wie die meisten anderen Übergänge in seinem Leben etwas, in das er anmutig »hineinschlidderte«. Der Seniorpartner seiner Firma, ein Freund seines Vaters, war eines Abends gekommen, um mit der Phillips-Familie zu essen, und er bot Geoff nach seinem Collegeabschluß eine Stellung an. Es war eine Firma der gesellschaftlichen Elite, und Geoff fühlte sich dort sofort zu Hause.

Als Geoff Phillips etwa einundzwanzig Jahre später das Bedürfnis verspürte, einen Psychiater aufzusuchen, war er zu der Erkenntnis gelangt, daß er von seinem Temperament her für Hochleistungen schlecht geeignet war, zumindest in der heutigen Welt. Er war dazu erzogen worden, ein Gentleman zu werden, nicht ein »Erfolg«. Er war, was den Erwerb besonderer Fertigkeiten an der Universität anging, nicht aggressiv genug gewesen; nun fühlte er sich dadurch eingeschränkt. An der Börse war er von vielen Leuten ähnlicher Herkunft umgeben, aber die auffallendsten und erfolgreichsten Händler an der Wall Street waren Männer aus armen Einwanderergegenden, die sich ihren Weg nach oben mit Zähnen und Klauen gebahnt hatten. Er setzte Berechnung, Strategie und die Ausrichtung auf festgelegte zukünftige Ziele mit »Intrigieren« und »Hinterhältigkeit« gleich. Er weigerte sich, die Vorstellung zu akzeptieren, die Aggression könne bei der Arbeit oder zu Hause ein positiver, kreativer Antrieb sein; für ihn verband sie sich vielmehr mit Schroffheit und zerstörerischer Feindseligkeit.

Geoff Philipps meinte, der Lebensweg sollte ein glattes, unkompliziertes Dahinfließen von einem Tag zum anderen sein. »Komplikationen« brachten ihn sowohl bei der Arbeit als auch zu Hause in Verwirrung. Zu Hause war er ein äußerst liebevoller Vater und Ehemann. Er konnte endlos mit den Kindern spielen, und die Freudigkeit und allgemeine Liebenswürdigkeit der Familie Phillips waren für jedermann sofort erkennbar. Schwierigkeiten hatte Geoff damit, wenn nötig die Rolle des Zuchtmeisters zu übernehmen. Es war, als identifiziere er sich zu sehr mit seinen Kindern, und er konnte nicht einmal einfache Regeln wirksam durchsetzen.

Wenn man auch einen Großteil von Geoffrey Phillips' Persönlichkeit auf die gesellschaftlichen Sitten zurückführen kann, die seine Erziehung bestimmt haben, können wir doch bei unserem Versuch, seine allgemeine Arbeitshemmung zu verstehen, nicht dabei Halt machen. Seine Geschichte sollte uns auch etwas über die Dynamik des Ehrgeizes und über die psychischen Faktoren lehren, die manche Menschen daran hindern, sich auf Gebieten hervorzutun, die sie ihrer Begabung nach ohne weiteres beherrschen könnten.

Geoff Phillips war das ältere von zwei Kindern; seine Schwester war drei Jahre jünger als er. Seine Mutter war eine Frau von überschwenglicher Wärme und vernarrt in ihre Kinder; sie betete ihren Sohn an und überschüttete ihn mit Liebe. Sie schien für sein »kindisches Gehaben« unendliche Geduld und Toleranz aufzubringen. Im Gegensatz zu vielen anderen Kindern ihrer Umgebung wurden die Phillips-Kinder nicht von einer Reihe von Gouvernanten betreut. Ihre Mutter stand ihnen immer zur Verfügung, und sie sorgte dafür, daß ihre Hausangestellten alle anderen Routinearbeiten übernahmen, so daß sie eine »Vollzeit-Mutter« sein konnte. Geoffs Vater war in den Augen seines kleinen Sohnes ein Riese. Er war ein zäher, geriebener Geschäftsmann, der sowohl in der Gemeinde als auch innerhalb der Familie ehrfurchtgebietende Macht und Autorität ausübte.

Neurotische Angst, die vom explosiven Naturell seines Vaters herrührte, spielte bei Geoffs Charakterentwicklung eine wichtige Rolle, aber auch bei seinen späteren Problemen. Mit Geoffs frühen Erfolgen war sein Vater nie zufrieden; er ließ seinem Sohn niemals fröhlich Lob zukommen, sondern schien immer nur auf das Gewicht zu legen, was er noch hätte tun können. Dies sickerte in Geoffs Unbewußtes ein als das Gefühl, seinem Vater bereiteten die Herausforderungen, die er an ihn richtete, Unbehagen. Einmal, als Geoff ein Teenager war, gewann er mit seinem Vater zusammen eine Segelregatta in einem Zweimannboot, wobei jedermann deutlich anerkannte, daß Geoffs Sachverstand das entscheidende Element ihres Sieges gewesen war. Sein Vater war leichenblaß und kritisierte Geoff unaufhörlich wegen einiger geringfügiger Fehler, die er gemacht hatte, und die vielleicht verhindert hatten, daß sie für die Regatta einen Geschwindigkeitsrekord aufgestellt hatten. Geoff Phillips erkannte in seiner Therapie allmählich, daß er, um eine Beziehung zu seinem Vater aufrechtzuerhalten, niemals den Primat seines Vaters in der Familie in Frage stellen durfte. Sein Vater wollte nicht von seinem Sohn übertroffen werden. Der Preis, den Geoff dafür zu zahlen hatte, war die Unterdrückung seines eigenen Ehrgeizes.

Natürlich stieg während der ganzen Kindheit in Geoff immer wieder eine Menge unbewußter Wut hoch. Er leugnete zunächst, jemals auch nur die geringste Feindseligkeit gegen seinen Vater empfunden zu haben, aber in seiner Therapie kamen verschleierte Hinweise auf seine Frustration zum Vorschein. Tatsächlich saß er auf großen Mengen angesammelter Wut, was ihn mit starken Schuldgefühlen erfüllte (schließlich war es sein *Vater,* den er haßte), und er bestrafte sich dafür, indem er seine Aggressivität in der Arbeit neutralisierte und indem er diejenigen Arbeitsleistungen abwertete, auf die er mit Recht sehr stolz hätte sein können.

Die andere große Angst (nach der »Kastrationsangst«) in Geoff Phillips' Arbeitshemmung war Trennungsangst. Unter seiner gutaussehenden, gelassenen, selbstsicheren Oberfläche war er ein abhängiger Mensch. Er sehnte sich immer noch nach dem, was er als Kind von seiner Mutter bekommen hatte: nach warmherziger, unterstützender, mitfühlender, automatisch verfügbarer Zuneigung und Liebe. Er fürchtete die Trennungen und die Isolierung, die selbständige, aggressive Initiative und Leistung erzeugen würden. Durchgehaltene Konzentration, Disziplin und Verantwortung bereiteten ihm Unbehagen, weil sie ihm das Gefühl von Zusammenhanglosigkeit und Entfremdung gaben. Geoffs Geselligkeit und »Klubgeist« waren unter anderem eine Tarnung für seine Abhängigkeit von freundlicher Beachtung und einem Gefühl, zu einer Gruppe zu gehören, die ihn fraglos akzeptierte und willkommen hieß.

Seine alljährlichen Depressionen traten auf, wenn er gezwungen war, die warme, sympathische Nähe des Familienurlaubs zu verlassen und wieder zur Arbeit zurückzukehren. Durch seine Depression appellierte er indirekt an seine Frau, ihn wie ein Baby zu behandeln. Die traurige Tatsache seiner frühen Kindheit ist, daß seine Mutter ihn übermäßig als Baby behandelte, als er sich von der furchteinflößenden Gegenwart seines Vaters zurückzog. Seine Mutter beschützte ihn (und vielleicht auch sich selbst), indem sie ihn praktisch erstickte. Geoff strebte neurotisch nach Abbildern dieser Nähe und versuchte sie im späteren Leben mit seiner Frau und sogar mit seinen Kindern zu verwirklichen.

Ein interessantes Beispiel dafür, wie sich die primären neurotischen Ängste bei Geoff Phillips vereinigten, war seine Furcht vor dem Sprechen in der Öffentlichkeit. In der Stellung, die er in seiner Firma bekleidete, war er häufig gezwungen, vor Gruppen von Fachleuten oder Laien über Probleme zu sprechen, die mit dem Aktienmarkt zusammenhingen. In seinen anderen, mehr gesellschaftlich geprägten Rollen war es nicht ungewöhnlich, daß er bei Veranstaltungen zum Zweck der Beschaffung finanzieller Mittel längere Trinksprüche ausbringen oder Spendenaufrufe vorbringen mußte. Gleichgültig, wie sehr er sich bemühte, sich dies selbst auszureden, er hatte immer die Fantasie, daß seine Zuhörer nur darauf warteten (wie es sein Vater getan hätte), ihn »fertigzumachen«, ihn wegen eines Fehlers, einer nervösen Geste oder einem Versagen seiner Stimme zu verspotten. Zugleich entnervte ihn auch die ungeschützte Isoliertheit seiner Stellung. Er stand da draußen ganz allein, alle Blicke waren auf ihn gerichtet, und er fürchtete die Anerkennung (so respektvoll und bewundernd sie auch sein mochte) und die erwachsene Verantwortung, die dies bedeutete. Andere sahen ihn als einen ausgewachsenen Mann, und dies war eine Tatsache, die er aus einem unbewußten Antrieb heraus zu leugnen versuchte.

Die Angst vor dem Erfolg kann auch bei Menschen leistungshemmend wirken, deren Eltern es selbst nur bis zu mittelmäßigen Leistungen gebracht haben. Starke Schuldgefühle im Hinblick auf eine mögliche Bloßstellung des Vaters oder der Mutter hindern oft Söhne und Töchter daran, sich hohe Ziele zu setzen und aggressiv darauf hinzuarbeiten, sie zu erreichen.
Eine zusätzliche Dynamik bei der Angst vor Erfolg ist die Verlustangst. Je erfolgreicher wir sind, je mehr wir »haben«, desto mehr haben wir zu verlieren. Viele Menschen, die durch Verluste in der Kindheit (wie den Tod eines Elternteils oder eines Geschwisters) ein Trauma erlitten haben, behalten bis ins Erwachsenenalter hinein die Überzeugung, daß sie nie fähig sein werden, etwas Wertvolles festzuhalten, und darum geben sie sich keine Mühe, sich Bedeutsames durch harte Arbeit zu erwerben.
»Angst vor dem Versagen« ist nach meiner klinischen Erfahrung fast immer eine rationalisierte Tarnung für intensives narzißtisches Konkurrenzstreben. Erfolg ist im Grunde etwas Relatives. Wir wissen alle, daß kein Erfolg jemals absolut ist. Es gibt immer jemanden, der das, was wir tun, schon besser gemacht hat oder eines Tages besser machen wird. Dieser Jemand können wir sogar selber sein. Viele narzißtische Menschen können die »Unvollkommenheit« des Erfolges nicht ertragen, und sie bewältigen diese Angst, indem sie sich den Wettbewerbskämpfen der Arbeitswelt entziehen. Sie beschimpfen sich selber wegen jedem Fehler, den sie begehen. Sie lernen nur widerstrebend, denn wenn sie die Lehre eines anderen annehmen, geben sie damit zu erkennen, daß es etwas gibt, was sie nicht wissen. »Besser« zu sein ist ihnen niemals gut genug. Sie müssen am besten sein oder gar nichts. In ihren »Alles-oder-Nichts«-Systemen wird alles emotional als eine Art Mißerfolg empfunden, weil nichts jemals »vollkommen« ist. Sie sind nie zufrieden. Sie sagen, sie hätten Angst vor dem Mißerfolg, und diese Angst liege auch ihrem Mangel an Ehrgeiz zugrunde. Aber sie begreifen den Erfolg in Wirklichkeit nicht, und sie gehen auch nicht auf ihn zu, wenn sie ihn

erkennen, weil ihre Maßstäbe unrealistisch, ungeduldig, perfektionistisch sind.

Für diese Menschen liegt in der Trägheit und im Zögern Sicherheit, weil sie dann immer sagen können: »Ich hätte es tun können, wenn ich mich nur mehr angestrengt hätte.« Ihr Drang, zu gewinnen, ist so stark, daß sie nicht spielen oder auch nur so aussehen können, als wollten sie spielen. Wenn sie spielen, bringen sie manchmal etwas sehr Gutes zustande, aber sie können in ihren Leistungen nie etwas anderes als Mißerfolg erkennen.

Eine junge Frau behauptete, sie habe während ihrer ganzen akademischen Laufbahn »absichtlich« versagt. Sie »rebelliere« gegen die »Wertvorstellungen« ihrer Gesellschaft. Am Ende »stieg sie aus« und verbrachte viele Jahre damit, ziellos umherzuwandern, wobei sie die »mörderische Konkurrenz« kritisierte, über die sie sich selbstgerecht erhoben hatte. Dies war die einzige Art und Weise, wie sich ihre narzißtischen Bedürfnisse verwirklichen ließen.

Schließlich sind manche Menschen unbewußt entschlossen, keinen Erfolg zu haben, weil sie sich weigern, ihren »selbstsüchtigen« Eltern Befriedigung wegen ihrer Leistungen zu verschaffen. Eltern, die ihren Kindern gegenüber den Erfolg um jeden Preis vertreten haben, eignen sich oft die Leistungen ihrer Kinder als ihr eigenes Verdienst an. Die erfolgreichste Vergeltungswaffe, die diese in Wirklichkeit abgelehnten Kinder haben, besteht darin, ihren Eltern die Trophäen vorzuenthalten, die sie durch ihre Kinder so eifrig für sich gewinnen wollten.

Bei Frauen hat das Problem des Erfolgs eine besondere Dynamik, die sie in bezug auf Arbeitsleistungen hemmen kann. Viele Frauen meinen, kein irdischer Erfolg einer weiblichen Person könne jemals wirklich der Mühe wert sein, und deshalb halten sie sich von der Arbeit fern. Unbewußte Komplexe im Zusammenhang mit dem Kastrationsthema spielen dabei oft eine Rolle, aber offensichtlich auf eine sehr spezielle und ganz eigenartige Weise. Sie drehen sich um das häufig mißverstandene Konzept vom »Penisneid«.

»Penisneid« ist, wenn er über die frühe Kindheit hinaus fortbesteht, ein Beispiel einer individuellen Neurose. Wie die Vorherrschaft des Mannes oder der weiße Rassismus ist er auch Ausdruck einer kulturbedingten Neurose. Ich habe schon erklärt, daß »Neurose« die irrationale Übertragung infantiler Fantasien, Wahrnehmungen und Realitätsdeutungen auf das Erleben des Erwachsenen darstellt. Gewiß reagieren kleine Kinder tief auf ihre »Mißdeutung« der deutlich wahrgenommenen anatomischen Unterschiede zwischen Jungen und Mädchen. Für ihr Denken ist das Mädchen beschädigt und hat einen Mangel. Es fehlt ihm etwas, das der Junge hat – ein Penis. Es ist deswegen unterlegen. Eine weit verbreitete Vorstellung ist die, das kleine Mädchen sei für irgendeine Missetat bestraft worden und sei nun für diesen Übergriff durch diese Kastration dauernd gebrandmarkt.

Diese universelle Fantasie gilt für Mädchen ebenso wie für Jungen. Eltern werden mit Fragen, den Penis betreffend, bombardiert; Kinder beiderlei Geschlechts zeigen eine ungewöhnliche Neugier in bezug auf ihn, was ein Abglanz seiner enormen emotionalen Bedeutsamkeit ist. Dies ist nicht etwas, was dem Menschen durch kulturelles oder Umwelt-Training aufgezwungen wird. Kulturell bedingt ist jedoch die Art und Weise, wie diese natürlich auftauchenden Kindheitsfantasien verstärkt werden, so daß sie bis ins Erwachsenenalter bestehen bleiben und in verschiedene Formen sozialer Vorurteile einsikkern.

Es ist nicht »objektiv« wahr, daß eine Frau minderwertig ist, weil sie zwischen den Beinen kein sichtbares Anhängsel hat. Es ist nicht »objektiv« wahr, daß das viel größere Glied des Vaters gleichbedeutend ist mit Macht und Autorität. Das ist nur die Fantasievorstellung des kleinen Kindes, und es ist typisch dafür, wie ein primitiver Geist Fakten und Situationen eine »kausale« Bedeutung zuschreibt, die in Wirklichkeit nicht kausal zusammenhängen. Es ist ebenso »realistisch« wie die

Verbindung, die das kleine Kind zwischen Dunkelheit, Nacht und Gefahr herstellt.

Wie der Psychoanalytiker Joel Kovel in seinem Buch *White Racism: A Psychohistory* erklärt hat, ist das Vorurteil gegen Schwarze eine Art von Kulturneurose, die zum Teil auf Rückständen infantiler Assoziationen zwischen Kot und brauner Haut beruht. Die erzwungene Abwertung des Exkrements (nach seiner natürlichen *Wertschätzung* durch das Kind als Teil seines Körpers) führt zur automatischen Abwertung alles Schwarzen oder Dunkeln und zum Gefühl, von ihm bedroht zu werden. »Wenn Kot braun ist und ihre Haut braun ist, dann wird ihre Haut vom Kot gefärbt.« Auf dieselbe Weise werden, da das Dunkel der Nacht für das kleine Kind bedrohlich ist, weil es mit der gefürchteten Trennung von den Eltern und der erzwungenen Isolierung des Schlafens verknüpft ist, Dunkelheit und Schwärze abgewertet und gefürchtet.

Diese Vorstellungen sind natürliche Kindheitsfantasien, aber ihr irrationales Fortbestehen und ihre Einverleibung in die bewußten oder unbewußten Überzeugungssysteme des Erwachsenenalters stellen beim Individuum oder in der weiteren Gesellschaft eine Neurose dar. Irdische Leistungen und der Ausdruck von Macht und Autorität durch Frauen dürften nicht damit abgetan oder herabgesetzt werden, daß Frauen, weil sie ohne Penis sind, mangelhaft oder minderwertig wären. Gemäß der objektiven »Erwachsenen«-Realität hat das eine mit dem anderen nichts zu tun. Nur das Kleben unserer Kultur an infantilen Fantasiedeutungen der anatomischen Realität veranlaßt Frauen wie Männer, die Arbeitserfolge von Frauen abzuwerten. Außerdem sind Frauen wegen der unbewußten Angst vor der eigenen potentiellen Kastration, die sich bei vielen Männern aus dem Kindesalter bis ins Erwachsenenalter fortsetzt, eine fortwährende Bedrohung. Sie stellen symbolisch die »Tatsache« der Kastration als reale Möglichkeit dar. Aus diesem unbewußten Grund sind Frauen oft in der phallischen, vom Mann beherrschten Arbeitswelt nicht willkommen. Eine Frau »zum Weib zu nehmen« ist eines, aber sie als Arbeitskol-

legin zu haben, ist etwas anderes. Für viele Männer führt dies durch Assoziation zu einer Art Scham.
Bei manchen Frauen ist die unbewußte Folgerung, das Fehlen des Penis werde jede konkrete persönliche Errungenschaft wirksam zunichte machen, ein Hauptfaktor in ihrer Arbeitshemmung. Sie können die Erfolge der Männer nur respektieren oder sich mit ihnen identifizieren. Nur männliche Leistung wird als »authentisch« angesehen, und das kann oft zu ziemlich selbstzerstörerischen Identifikationen mit männlicher Macht in Form von Masochismus und übertriebene Unterwürfigkeit führen.

Eine Frau, die ich Joan Fitzgerald nennen will, war das älteste von vier Kindern; die drei jüngeren Geschwister waren Jungen. Als sie zu mir kam, war sie kurz vorher aus ihrer Stellung in der Rechtsabteilung einer Regierungsbehörde entlassen worden. Es war ihr nicht wegen Unfähigkeit gekündigt worden, sondern wegen chronischen Zuspätkommens, Nichtbeachtung einfacher Anweisungen und allgemeiner Nachlässigkeit.
Als Kind erreichte sie bei Intelligenztests die Punktezahl von Genies, und in der Volks- und in der Höheren Schule war sie an der Spitze ihrer Klasse. Sie bekam ein Stipendium für ein Ivy League College (ihr Vater gab nur widerwillig seine Zustimmung zum Collegebesuch, weil er meinte, sie sollte nach der High School zu arbeiten anfangen), und am College fing es an, daß ihre Leistungen allmählich nicht mehr ihrem Potential entsprachen. Jeder, der sie kannte, war von ihrer Begabung beeindruckt, aber sie schloß das College mit mittelmäßigen Noten ab. Sie ging jedoch an eine gute juristische Fakultät, wo sie durchkam, obwohl sie nur ein Minimum an Arbeit leistete. Sie zog mit einer nicht-akademischen Arbeitergruppe des Ortes herum und hatte während ihrer drei Jahre an der juristischen Fakultät drei Schwangerschaftsabbrüche. Nach dem Abschluß ihres Studiums lehnte sie Angebote von angesehenen Anwaltsbüros ab (die ihre scharfen intellektuellen Fähigkeiten ahnten, obwohl sie schlechte Noten hatte) und

trat statt dessen eine Routine-Stellung in der Verwaltung an. Sie wurde mehrmals wegen schlampiger, unvollständiger Arbeit versetzt und schließlich zum Gehen aufgefordert.

Joan kam zu mir mit einer Kombination von Beschwerden: Versagen bei der Arbeit und einer Tendenz, sich gesellschaftlich auf degradierende, selbstzerstörerische Beziehungen einzulassen, die durch eine wenig wählerische, fast zwanghafte Sexualität gekennzeichnet waren. In der ersten Zeit unserer Zusammenkünfte offenbarte sie mir, ihre Träume seien besonders beunruhigend, weil sie sich ständig wiederholten. Sie sagte, seit Jahren habe sie nur zwei Arten von Träumen gehabt. Die erste Art nannte sie ihre Träume von der »falschen Fassade«. Hier näherte sie sich einem Haus, das sie vermutlich gekauft hatte oder das ihr gehörte. Es hatte gewöhnlich eine wunderbare, eindrucksvolle Fassade, aber wenn sie es betrat, erkannte sie, daß das Äußere nur eine »schöne Täuschung« war; das Innere pflegte in verheerendem Zustand zu sein – schmutzig, schäbig und äußerst reparaturbedürftig. Ihre Assoziationen zu dieser immer wiederkehrenden Traumszenerie führten zu Gedanken über den Erfolg. Sie hatte das Gefühl, jede »wunderbare Leistung« (symbolisiert durch das Haus), die sie jemals erreichen könnte, würde immer irgendwie unecht und eine Täuschung sein, und dies sei ein Grund für ihren Mangel an Motivation, ihre großen Gaben für Arbeitsleistungen einzusetzen. Warum sie nicht darauf vertrauen konnte, daß ihre »Werke« jemals »real« und glaubwürdig sein würden, wurde durch ihre Assoziationen zu den Träumen der zweiten Art deutlich.

Diese nannte sie ihre »Vergewaltigungs-Verwandlungs«-Träume. Die Anordnung war bei jedem Traum dieselbe. Sie ging irgendwo und wurde von einem großgewachsenen, kräftig aussehenden Mann angesprochen. Er stellte seinen »riesigen« erigierten Penis zur Schau, beide entkleideten sich, und er zwang sie, Verkehr mit ihm zu haben. Dann standen sie auf, tauschten die Kleider und gingen fort. Bei der Besprechung der zweiten Traumart bekannte sie, daß sie sich während ihrer

Kindheit immer gewünscht hatte, ein Junge zu sein. Sie war zwar das älteste Kind der Familie, aber allen Respekt und alle Bewunderung für ihre Leistungen heimsten die Brüder ein. Sie wurde nicht unbeachtet gelassen, aber ihre »Erfolge« wurden nie unterstützt und gefördert wie die ihrer Brüder. Sie wurde gelobt, wenn sie in irgendeiner Eigenschaft zum Erfolg eines männlichen Wesens beitrug. Ihr Vater gab sein Geld für die Privatschulerziehung seiner Söhne aus, während Joan auf eine öffentliche Schule geschickt wurde. Mutter und Vater zollten gleichermaßen den sportlichen und praktischen Leistungen ihrer Brüder Beifall. Sie war ein »Wildfang«, während ihre Brüder »richtige Jungen« waren.
Durch die Analyse ihrer Träume kam sie zu der Erkenntnis, daß sie sich nur während des Geschlechtsverkehrs »ganz« fühlen konnte, und ihre Fantasie dabei war, daß sie sich den Penis des Mannes ausborgte (symbolisiert durch den Kleidertausch), um ihr Selbstwertgefühl zu verstärken. Kein Ersatz in Form von Arbeitsleistung war angemessen an Stelle dessen, was sie seit ihrer frühen Kindheit als Mangel empfand. Der Penis machte den Unterschied zwischen ihr und ihren Brüdern aus, und er war in ihrer neurotischen Fantasie dasjenige, was erklärte, daß ihre Eltern die Brüder so sehr schätzten und sie abwerteten. Natürlich spiegelte diese übermäßig vereinfachte Folgerung nicht die »objektive« Wahrheit wider, aber sie war die Folge eines unbewußten Überrestes aus dem primitiven Denken der frühen Kindheit.
Die Psychoanalytikerin Annie Reich hat in einer Abhandlung mit dem Titel »A Contribution to the Psychoanalysis of Extreme Submissiveness in Women« (Ein Beitrag zur Psychoanalyse extremer Unterwürfigkeit bei Frauen) den Fall einer Philosophin besprochen, die sich durch ihre eigenen gelehrsamen Bemühungen immer entmutigt fühlte, bis sie sich »rettungslos« in einen Pilosophen verliebte, durch den sie, wie sie sich einbildete, »Vollkommenheit« erreichen würde. Bei der Analyse ihrer Hörigkeit wurde klar, daß sie ohne einen Penis niemals an ihre Arbeit glauben konnte. Ihre fortwährende

Sehnsucht nach der Vereinigung im Geschlechtsverkehr war die Sehnsucht nach der einzigen Möglichkeit, wie sie sich vollständig fühlen konnte. Nur auf diese Weise konnte sie mit dem Penis und den Leistungen ihres Liebhabers, des Philosophen, verschmelzen.

Noch eine weitere Dynamik des Arbeitsversagens oder der Arbeitshemmung ist allein Frauen vorbehalten. Die Rivalität zwischen Mädchen und ihren Müttern hat eine Eigenart, die sie von der Rivalität zwischen Jungen und ihren Vätern unterscheidet. Sie ist eine Konkurrenz unter »Besitzlosen«, mit einer charakteristischen Bitterkeit, die im Gegensatz zu der Rivalität der »Besitzenden« besteht. Frauen sind in der phallischen Männerwelt die Außenseiter. Sie spüren ihre Ohnmacht und ihren Statusmangel (gewiß ihre Penislosigkeit, wie wir gesehen haben) schon früh im Leben. »Penisneid« ist schließlich eine Metapher für das Verlangen nach Status in der Welt, zumindest in der Welt, wie sie heute ist.

Der Wettstreit zwischen einer Frau und ihrer Tochter um die Hauptbeachtung durch den Ehemann-Vater kann eine Giftigkeit haben, die zwischen Vätern und Söhnen selten vorkommt. Er hat oft die Verächtlichkeit der Konkurrenz unter Geschwistern. Die geringe Selbstachtung eines kleinen Mädchens kann durch die Feindseligkeit, die ihm häufig von seiner Mutter entgegengebracht wird, verstärkt werden. Die Mutter hat in ihrer eigenen Unsicherheit ein Ressentiment gegen »Pappis kleines Mädchen«. Sie arbeitet oft darauf hin, das Selbstvertrauen der Tochter zu untergraben, und das kann gewaltig zum Widerstreben einer Frau beitragen, einen Erfolg in der äußeren Welt der beruflichen Leistung zu wagen.

In meiner Erfahrung mit männlichen Patienten habe ich selten die Art von Geschichten zu hören bekommen, die Frauen von den ständigen Beleidigungen erzählen, welche sie von ihren Müttern gehört haben und noch hören. »Das ist ein hübsches Kostüm, aber dein Haar ist schrecklich.« »Ich bin froh, daß du die Stellung bekommen hast, aber glaubst du nicht, daß jeder das machen könnte, der auch nur ein halbes Gehirn hat?« Wenn diese Art von Äußerung, die natürlich von der Macht elterlicher Autorität getragen wird, an die Ohren der Tochter dringt, hat sie eine tiefe Wirkung auf die Entwicklung ihres Selbstbildes. Schließlich: »Wer kennt mich besser als meine Mutter?«

Man kann leicht erkennen, daß eine Frau mit Berufszielen schon vor dem Start unter Umständen drei Schläge gegen ihre Erfolgschancen einstecken muß:

1. Sie beginnt das Leben mit Neid auf den Mann wegen seines Penis und seines Status und betrachtet sich selbst als mangelhaft und minderwertig.
2. Die Ambivalenz der Mutter gegenüber ihrer Tochter-Rivalin und deren Erfolgen verstärkt die Angst des Mädchens vor dem Erfolg.
3. Der Vater und die von Männern beherrschte Berufswelt nehmen die Frau nur widerstrebend als völlig gleichberechtigt an.

Ein Mann kann mit dem gleichgeschlechtlichen Elternteil konkurrieren und dennoch die nährenden Gaben der Mutter genießen. Eine Frau dagegen kann nicht so unkompliziert mit ihrem gleichgeschlechtlichen Elternteil konkurrieren. Das läßt eine sehr schwierige Ambivalenz gegenüber der Mutter entstehen, und es hindert das kleine Mädchen oft daran, irgend etwas zu tun, was die Zuneigung seiner Mutter zu ihm gefährden könnte. Das kann zu einem Widerstreben gegen den Eintritt in die Arbeitswelt der Männer führen und zu einem Widerwillen gegen den Erfolg, den man dort erringen könnte.*

* Einen ausgezeichneten Überblick über dieses Thema findet man in Nancy Friday, *Wie meine Mutter*.

# Teil V: Das kritische Gleichgewicht

## 14 Spannung und Harmonie

Der Dichter Robert Browning hat gesagt: »Nehmt die Liebe weg, und unsere Erde ist ein Grab.« Etwa einhundert Jahre später formulierte Albert Camus eine ebenso unbestreitbare Wahrheit: »Ohne Arbeit verfault das ganze Leben. Aber wenn die Arbeit seelenlos ist, erstickt das Leben und stirbt.« Ohne Frage ist die Vitalität unseres Lebens eine Funktion unserer Fähigkeit, zu arbeiten und zu lieben. Ohne befriedigende Arbeit und lustvolle Liebe wird das Leben eine Art Tod. Im Verlauf unseres Wachsens und Reifens werden unsere primitiven menschlichen Triebe der Aggression und der Sexualität entwickelt, ausgearbeitet und verfeinert bis zur Höhe des Arbeitens und Liebens. Die Qualität unseres Daseins hängt von der Qualität unserer Arbeit und unserer Liebe ab.

Aber, wie Santayana erklärt hat: »Das Leben ist kein Schauspiel und kein Fest; es ist ein Dilemma.« Das Dilemma hat nicht nur mit dem Problem zu tun, in Arbeit und Liebe Selbsterfüllung zu finden, sondern auch mit der Auflösung des unvermeidlichen Widerstreits zwischen beiden. Wir haben gesehen, daß beide als Geistesverfassungen einander diametral entgegengesetzt sind. Arbeit ist Struktur und Ordnung; Liebe ist Freiheit. Die Arbeit ist auf die Zukunft ausgerichtet, auf Ziele; Liebe fordert die Gegenwart. Arbeit ist Herrschaft und Bewältigung; Liebe ist Aufnahmebereitschaft und Unterwerfung. Arbeit ist Geist; Liebe ist Gefühl.

Die Herausforderung, Arbeit und Liebe zu entwickeln, auszugleichen und miteinander in Einklang zu bringen, erhebt sich jeden Tag, gleichgültig, ob eine Stellung oder ein geliebter Mensch vorhanden sind oder nicht. Wenn wir uns Langzeit-Lebensziele setzen, wenn wir an unsere Bestrebungen in bezug auf Berufslaufbahn und Familie denken, denken wir an eine Integration von Arbeit und Liebe. Wir treffen, bewußt oder unbewußt, die Wahl, was für eine Art von Mensch wir sein wollen, indem wir die Mischung von Arbeit und Liebe in unserer Persönlichkeit bestimmen. Werden wir aggressive, kreative, auf Produktivität ausgerichtete Menschen, oder legen wir persönlich die Betonung auf Sensibilität, Mitgefühl und Muße? Verbringt der Mann, dem sein Arzt sagt, er habe nur noch ein Jahr zu leben, diese Zeit mit der fieberhaften Bemühung, etwas von Dauer zu erschaffen, oder hört er abrupt auf zu arbeiten und widmet sich seinen Freuden, so gut er nur kann?

Die grafische Darstellung, deren eine Achse von der Arbeit bestimmt wird, während die andere die Liebe ausdrückt, gibt uns ein Mittel an die Hand, menschliche Identitäten, Rollen und Beschäftigungen aufzuzeichnen und zu kategorisieren. Verschiedene Bereiche des Bestrebens und individuelle Wege des Zugangs in diesen Bereichen sind durch unterschiedliche Mischungen von Arbeit und Liebe gekennzeichnet. Die aggressive, lineare, auf die Zukunft gerichtete Geisteshaltung der Arbeit gilt weit mehr für den Beruf eines Fluglotsen als für den eines Dichters. Der Dichter muß seine Materialien »lieben«, er muß seine Wörter schmecken, fühlen, riechen, sehen und hören – mit einem Grad der Intimität, der dem Mann im Kontrollturm fremd, aber in den bildenden Künsten notwendig ist. Freizeitbetätigungen, wie z. B. das Angeln, können eine Mischung von Arbeit und Liebe sein; die prozentualen Anteile der einen oder der anderen sind jeweils vom Individuum abhängig. Manche Leute *müssen* einen Fisch fangen, andere nicht. Die ersteren sind mehr arbeitsorientiert als lustorientiert. Die letzteren neigen mehr zum Prozeß als zum Produkt, mehr zur Lust als zur Befriedigung und mehr zur unmittelbaren Gegenwart als zur Zukunft. Wir alle können wahrscheinlich uns und unsere Tätigkeiten auf der folgenden Zeichnung irgendwo einordnen.

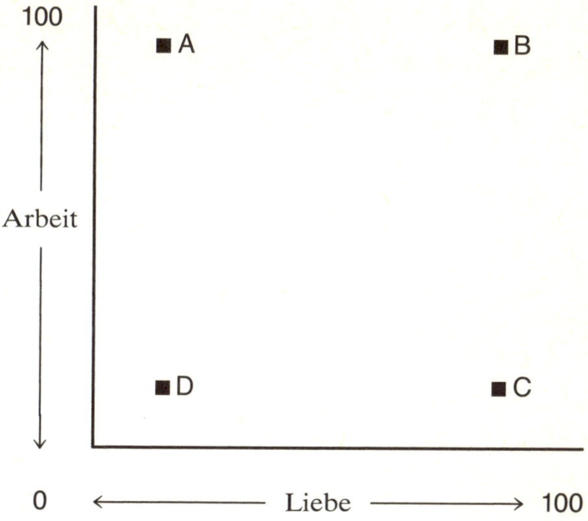


Die Person A ist arbeitssüchtig, während die Person C zugunsten von Freude und Lust die Leistung scheut. D findet weder hier noch dort Erfüllung. B erreicht in bezug auf beides einen hohen, ausgeglichenen Pegel.

Unsere Stellung in der Arbeit-Liebe-Grafik hängt von unserer Fähigkeit ab, diese einander widerstreitenden Anforderungen zu integrieren und ein persönlich befriedigendes Gleichgewicht herzustellen. Die Anstrengung, diese Polaritäten in Einklang zu bringen, kann besonders belastend werden, wenn die Anforderungen im einen oder anderen Bereich ungewöhnlich groß werden. Vor einigen Jahren mußte ich meine Arbeitsziele zurückstellen, um mich um ein Familienmitglied kümmern zu können, das eine längere Krankheit durchmachte. Die Entwicklung meiner Praxis und meine Fähigkeit, in der Fachliteratur auf dem Laufenden zu bleiben, gerieten natürlich ins Wanken. Ebenso hat es viele Zeiten gegeben, in denen Bedürfnisse von Patienten oder mein eigener Wunsch, meine

Fähigkeiten als Psychiater zu erweitern, den Vorrang gegenüber einer besonders wichtigen persönlichen oder Familienpflicht bekommen haben. Zwar können emotionale Einflüsse dieser Art mächtig und sehr erschöpfend sein, aber sie erzeugen einen dynamischen Spannungszustand, der unserem Leben Vitalität und Erregung verleiht. Denn genau wie Arbeit und Liebe miteinander im Widerstreit stehen, so bereichern sie einander paradoxerweise auch.

Die Herausforderung an das Individuum, sein »kritisches Gleichgewicht« zu finden, ist stets vorhanden. Gleichgewicht kann man verschieden auffassen und auf verschiedene Weisen fördern. Man kann es in einer Persönlichkeit entwickeln, in der das Potential, erfolgreich zu arbeiten und tief zu lieben, sich harmonisch überschneidet und sich gegenseitig verstärkt. Das ist das offenkundigste Ziel, aber wahrscheinlich auch dasjenige, das am schwersten zu erreichen ist.

Unsere Erziehungssysteme spielen eine Rolle bei der Sensibilisierung der Menschen für die Notwendigkeit dieses Gleichgewichts. Erziehungsansätze, die von Fertigkeiten bestimmt sind, erzeugen mehr »bloße« Arbeiter als solche, bei denen auch das Erleben von Faszination und Staunen und die dem Lernen innewohnenden Freuden betont werden. Das ideale Gleichgewicht ist, um Eric Berne weiterzuführen, darin zu sehen, daß man dem Kind beibringt, welcher Vogel der Häher und welcher der Sperling ist, während man es gleichzeitig ermutigt, sie sich dennoch anzusehen und die Vögel singen zu hören.

Eine andere Art, über das kritische Gleichgewicht zwischen Arbeit und Liebe nachzudenken, besteht darin, sich einen Langzeit-Längsschnitt anzusehen. Bei dieser Methode wägt man die Gleichgewichte ab, die man im Laufe eines Lebens herstellt. Es gibt Jahre, in denen die Arbeit an erster Stelle steht, und Jahre, in denen die Liebe den Vorrang vor Leistungen hat. Bei Männern ist die Entschlossenheit, berufliche Erfolge zu erringen, im Alter von zwanzig und dreißig Jahren herkömmlicherweise besonders kräftezehrend, und die Gipfel des Erfolgs werden gewöhnlich in den Vierzigern

erreicht. In dieser Phase der »Lebensmitte« beginnt sich bei Männern die Perspektive zu erweitern, und sie kümmern sich mit größerer Ernsthaftigkeit als je zuvor um die Liebesdimension ihres Lebens. Vielen Männern gelingt es, während langer Zeit Probleme emotionaler Intimität zu übersehen, weil sie sich so stark auf ihre Arbeitserfolge konzentrieren. Vielleicht gehen sie ihre Ehe sogar ursprünglich zu dem Zweck ein, ihrer Karriere zu nützen, nur um nach fünfzehn Jahren und drei Kindern zu erkennen, daß ein Liebesfundament fehlt, nun, wo sie dazukommen, zu wünschen, es möge eines da sein.
Bei Frauen kann die »Kurve« der Lebenszeit sich dramatisch von der der Männer unterscheiden. Die Jahre des Kinderkriegens haben herkömmlicherweise einen Verzicht auf aggressive, auf Beherrschung abzielende Bestrebungen erfordert. Frauen, die sich für Familie und Kinder entscheiden, übernehmen gewöhnlich die Rolle, deren Hauptmerkmale nährende und einfühlsame Eigenschaften sind, wenn es sich auch heutzutage immer weiter verbreitet, daß Frauen versuchen, zugleich eine Berufsrolle und eine Liebesrolle auszufüllen. Wenn die Kinder groß geworden und die alltäglichen Anforderungen der Mutterschaft vorbei sind, haben jene Mütter, die sich ausschließlich auf ihre im Familienkreis zentrierte liebende Rolle konzentriert haben, die Freiheit, sich auf Mitwirkung, Selbstbestätigung und aggressive Leistung zuzubewegen. Natürlich ist es eine traurige Tatsache, daß zwar viele Frauen von Ende dreißig und vierzig begierig darauf sind, ihre Prioritäten zu verlagern, daß aber die Arbeitswelt nicht unbedingt begierig darauf ist, sie ohne die erforderliche Jugend, Vorbildung und Erfahrung aufzunehmen.

Die »Krise der mittleren Jahre«, über die der Psychoanalytiker Elliott Jaques 1965 als erster in seiner Abhandlung über »Death and the Mid-Life Crisis« schrieb, ist eine weit verbreitete Erscheinung. Sie erfaßt die meisten von uns in den dreißiger und vierziger Jahren, wenn uns emotional die Erkenntnis dämmert, daß wir relativ ohnmächtig sind, das

Verstreichen der Zeit anzuhalten oder zu beherrschen. Je mehr das Individuum auf Arbeit ausgerichtet ist, und je größer sein Bedürfnis nach Herrschaft, desto schwieriger und schmerzlicher ist diese Erkenntnis. Perfektionismus ist nicht mehr lebensfähig, weil die natürlichen Wirkungen der Zeit zutage treten und sich perfektionistischen Machenschaften störend in den Weg stellen. Wenn wir älter werden, sterben allmählich unsere Freunde an Krankheiten oder Altersschwäche. Unsere eigenen Fähigkeiten, produktiv zu sein, erreichen ihre Grenzen, unser Körper reagiert auf Belastungen nicht mehr mit der Spannkraft der Jugend, und jüngere Leute steigen in Autoritätsstellungen auf, wobei sie oft an unsere Stelle treten und manchmal auch unsere Vorgesetzten werden.

Die Einstellungen zur Zeit und zum Verlust sind im mittleren Alter und später verschieden. Arbeitssüchtige versuchen, das Unvermeidliche zu leugnen und ihr Leben lang bis zum Ende weiter zu »arbeiten«. Sie wehren sich gegen den Ruhestand, sie weigern sich, die furchteinflößende Macht des Gegners Zeit anzuerkennen, und werden oft angesichts dessen, was sie als ihren Alltag wahrnehmen, wütend, depressiv und sogar ziemlich paranoid. Paranoide Vorstellungen befähigen diese Menschen oft, das Gefühl ihrer eigenen Ineffektivität und Ohnmacht dadurch zu vermindern, daß sie mit den Fingern auf »andere« zeigen, die sie zurückhalten. Sie bleiben perfektionistisch und beharren furchtlos auf ihrer Besessenheit von Macht und Herrschaft. Sie erleben Unvollkommenheit, wie Elliott Jaques bemerkt, »als bitteres, sie verfolgendes Scheitern«. Sie können sich nicht über Unvollkommenheit hinwegsetzen, indem sie sie akzeptieren; statt dessen fühlen sie sich von ihr besiegt.

Jene Menschen, denen es gelungen ist, Liebes- und Mußehaltungen in ihr Leben zu integrieren, haben ein viel gelasseneres, gesünderes Resignationsgefühl in bezug auf den »Lebensabend«. Ich meine damit nicht die Resignation der Niederlage, sondern das Verständnis, das in Francis Bacons Worten angedeutet wird: »Um der Natur befehlen zu können, muß man ihr gehorchen.« Ich möchte dies umformulieren: »Um die Zeit zu bewältigen, muß man ihr gehorchen.« Menschen, die zur Muße imstande sind, haben die Fähigkeit entwickelt, »mit« den Dingen zu gehen, statt sich immer herausgefordert und »gegen« zu fühlen. Sie haben die Freude eines »Verlusts« der Grenzen in bezug auf Intimität und Neuartiges erlebt, und dieses Annehmen einer Form von Verlust bereitet sie positiv auf andere Verluste vor. So können wir auch verstehen, warum die Franzosen das Orgasmuserleben als »la petite mort« – den kleinen Tod – bezeichnen. Wer wahrhaft geliebt und Muße genossen und die Auflösung des Selbst in der Klimax des Liebens gefühlt hat, erlebt eine Art Tod, ein vorübergehendes Aufgeben des Selbst beim Verschmelzen mit dem geliebten Menschen. Solche Menschen sind daher gewissermaßen auf den größeren Tod vorbereitet, den Tod, der mit einer anderen Art der Vereinigung einhergeht – der letzten Vereinigung mit der Natur und der Rückkehr zur Erde.

Für jemanden, der das »Aufhören« der Lust ertragen und akzeptieren kann, ist das Gefühl des Verlusts ein geringer Preis für die Wonne, die einem das Erleben der Muße oder der Liebe bringen kann. Für Barbara Williams, die im 9. Kapitel besprochene Rechtsanwältin, deren Eltern und Bruder ums Leben kamen, als sie noch ein Kind war, war der Verlust noch zu nah und zu schmerzlich. Sie hatte zwar ein starkes Verlangen nach romantischen, ästhetischen und lustvollen Erlebnissen, aber sie mußte sie verleugnen. Nachdem sie einmal von einem herbstlichen Wochenende in Vermont um die Zeit der Herbstfärbung der Blätter nach Hause gekommen war, erzählte sie mir folgende Geschichte:

»Die Bäume standen in Flammen. Die Farben waren so leuchtend und vielfältig, daß ich sprachlos war. Ich hatte den Wunsch, mir die Schönheit der ganzen Szene zu eigen zu machen, sie mir nicht mehr abhanden kommen zu lassen. Wenn ich nur Emily Dickinson hätte sein können, um all diese Schönheit, den rauchigen Duft, die Farben, das Licht, die kühle Luft in den Rahmen eines Gedichts zu zwingen. Ich wollte es alles haben und behalten, es sollte so bleiben, wie es war. Aber gerade während ich all diese Schönheit empfand, konnte ich auch spüren, wie sie mir entglitt. Ich dachte daran, daß ich nicht für immer auf diesem Hügel stehen bleiben könnte, daß es bald Nacht sein würde, daß morgen so viele der Blätter abgefallen und gestorben sein werden.«

Barbara sah Künstler als ästhetische »Diktatoren« an, die die Macht hatten, Schönheit in den fesselnden Rahmen eines Gedichts oder eines Gemäldes einzusperren und sie vom Verschwinden abzuhalten. Da sie wußte, daß sie selber nicht die Kunstfertigkeit besaß, um das zu unternehmen, was sie als einen Vorgang der Bewahrung für die Dauer ansah, scheute sie vor Erlebnissen zurück, die sie auf diese Weise hätten erregen können. Der Preis, alle Verlusterlebnisse von sich weisen zu müssen, war für sie schrecklich hoch.

Barbara Williams versuchte, durch Psychotherapie ihre alles verzehrende Betonung der Beherrschung zu vermindern. Aber sie hatte zu lange gewartet und mußte nun feststellen, daß sie ihre Fixierung an die Arbeit nicht mehr ändern konnte. Sie glaubte mit einigem Recht, nichts zu haben, worauf sie hätte zurückgreifen können, insbesondere keine engen Freundschaften, und sie hatte zu große Angst, Alternativen zur Arbeit ernsthaft zu untersuchen. Sie fürchtete sich davor, Bindungen an Männer zu entwickeln, weil ihr Gedanken kamen wie: »Was passiert, wenn es nicht gut geht?« oder: »Was ist, wenn es gut geht, und er wird krank oder stirbt oder verliebt sich in jemand anders?« Diese Befürchtungen erwiesen sich auch als das, was ihre Therapie zerstörte. Sie konnte es sich nicht erlauben, ein entspanntes »therapeutisches Bündnis« einzugehen, weil dieses keine *Dauer*beziehung sein konnte. Sie empfand den Schmerz der Beendigung der Therapie, bevor sie überhaupt angefangen hatte. Nach zwei Monaten der Therapie rief sie an, um mir zu sagen, daß sie aufgehört habe, und ich hörte nie wieder etwas von ihr.

Ungeachtet der Geschichte von Barbara Williams gibt es viele Menschen, die in der Lage sind, ihre Prioritäten nach dem

Gipfel ihrer beruflichen Leistungen auf Liebe und Muße zu verschieben und in ihrem Leben ein erfreuliches Gesamtgleichgewicht herzustellen. Sie arbeiten nach dieser Lebensmitte nicht notwendigerweise weniger effektiv. Es ist einfach so, daß Probleme der Beherrschung, der Bewältigung, der aggressiven Befriedigung und des Erfolgs in ihrer Bedeutung allmählich eine Stellung einnehmen, die hinter der persönlicher, liebevoller Nähe und sinnlicher Lust liegt. Ein achtunddreißigjähriger Finanzfachmann nahm sich ein Jahr frei von der Firma, die er mit sechsundzwanzig Jahren gegründet hatte. Es war für ihn immer »ein berauschendes Erlebnis« gewesen, mitanzusehen, wie seine Investmentfonds durch ein jährliches Wachstum von 30 Prozent auf einen Wert von 110 Millionen Dollar angestiegen. »Es gab eine sofortige Befriedigung. Wenn man etwas gut machte, sah man es am Abend jedes Tages.« Er fügte hinzu: »Aber ich konnte anscheinend nie eine Möglichkeit finden, meine Hingabe an die Arbeit wesentlich herabzusetzen.«*
Seine einzige Möglichkeit bestand darin, sich ein streng durchgeführtes Urlaubsjahr aufzuerlegen, während dessen er sich von Zeitungen und Fernschreiben fernhielt und sich statt dessen auf das Zusammensein mit seiner Familie konzentrierte, Läden mit tropischen Fischen aufsuchte, Klavierunterricht nahm, seinen eigenen Wein auf Flaschen zog und Beeren für die Geleezubereitung pflückte. »Zumindest in einigen Bereichen war ich reicher als vorher.« Macht war der Intimität und dem sinnlichen Erleben gewichen, und er kehrte mit einem neuen und erweiterten Blickwinkel an die Arbeit zurück.
Viele Leute suchen bei der Psychotherapie Hilfe auf diesem Weg durch die Krisenzeit in der Lebensmitte. Der Prozeß der Psychotherapie ist weitgehend ein Prozeß der Übersetzung. Es ist ihr Zweck, gewohnheitsmäßige Verhaltensweisen zu interpretieren, sie in Begriffe zu übersetzen, die dem Patienten gefühlsmäßig verständlich sind. Wir bekommen ein Gefühl der Herrschaft über unser *Selbst,* indem wir die *Sprache* des *Selbst*

* Bericht von Jane Geniesse, »For Financier, a Year's Sabbatical at Home Yields Rewards«, *New York Times,* 1. Oktober 1979.

lernen, die Sprache unserer gewohnten Denkweisen, unserer Gefühle und unseres Verhaltens. Auf genau dieselbe Weise bewältigen wir das Chinesische, indem wir es ins Englische übersetzen. Wir »erklären« das Chinesische nicht, wir »übersetzen« es, und sobald wir eine Sprache lernen und lernen, die Symbole dieser Sprache zu interpretieren, fühlen wir uns in dem Land, in dem diese Sprache gesprochen wird, stärker und selbstsicherer. Das »Land unseres Selbst« kann eigenartige »Sprachen« hervorbringen, wie z. B. den Arbeitszwang des Zahnarztes Richard Chapman oder sein Interesse für Pornographie, die im 7. Kapitel beschrieben worden sind. Die psychoanalytische Therapie half ihm, die fremde Sprache seines Verhaltens zu übersetzen und es in den Griff zu bekommen, so daß er seinen emotionalen Horizont in die Gegenwart hinein ausdehnen konnte, statt als Opfer seiner Vergangenheit zu leben.

Als Richard Chapman zuerst in die Therapie kam, brauchte sein Selbstgefühl beständige Verstärkung und Unterstützung, weil er früh in seinem Leben eine solche emotionale Entbehrung erlebt hatte, daß er immer noch danach strebte, Befriedigung für seine damaligen Bedürfnisse zu finden. Die Therapie half ihm zu verstehen, daß er in Wirklichkeit die Art von Befriedigung durch Bemutterung gar nicht mehr brauchte, vor deren Verlust er sich so fürchtete. Allmählich begriff er, daß sich die Zeiten geändert hatten; statt seine Welt nur auf einem Schutz seiner schwachen Stellen aufzubauen, konnte er nun seine eigenen Stärken akzeptieren.

Die psychiatrische Behandlung war ein sehr schwieriges Unterfangen für Paul Harrison, den Fachmann für Baulanderschließung im Ruhestand, der die »erdrückenden« Eltern hatte und den wir im 8. Kapitel kennengelernt haben. Er bewies eine rührende Art von Mut, als er sich bereiterklärte, für drei Sitzungen in der Woche in meine Praxis zu kommen. Wir kamen überein, der Zweck der Sitzungen sollte nicht nur sein, seine akute Depression zu behandeln, sondern auch zu versuchen, durch analytische Therapie zu verhindern, daß sie in der Zukunft wieder aufträte. Der Vorgang war in mehreren Hinsichten schwierig für ihn. Erstens einmal war *er* der Patient. Allein schon der Umstand, daß ich jemand mit einer Art von Sachverstand war, der ihm fehlte, und daß die Anwendung dieses Sachverstands erforderte, daß er einen Teil der Herrschaft an mich abtrat, war für ihn eine bittere Medizin, die er schlucken mußte. Wenn die Therapie Erfolg haben sollte, konnte ich kein Gegner sein. Das Fehlen von streng festgelegten »Umgangsformen«, mit denen wir an unsere sich vertiefende Beziehung hätten herangehen können, war für Paul ebenfalls beunruhigend. Er wurde von widerstreitenden und oft peinlichen Gefühlen, Fantasien und Träumen über mich geplagt, von denen er wußte, daß er sie preisgeben mußte, die aber nicht zur Realität meiner Stellung als »der Doktor« paßten. Außerdem war die Methode des freien Assoziierens, zu sagen, was immer ihm in den Sinn kam, ohne es zu bearbeiten oder zu zensieren, zu den Sitzungen ohne ein vorbereitetes »Drehbuch« und ohne spezifische Ziele, auf die hingearbeitet werden sollte, oder ohne eine Abfolge von Themen zu kommen, die eine Sitzung mit der anderen hätte verknüpfen können, für Paul äußerst verwirrend. Ich sagte ihm mehrmals, das »Thema« sei immer Paul Harrison, und das sei der Umstand, der uns Kontinuität verschaffen würde. Aber für jemanden, der ständig in einer linearen, zielgerichteten Geistesverfassung zu arbeiten pflegte, nur an einem Gefühl der Beherrschung und Macht orientiert, war dies eine viel zu unbestimmte und sogar erschreckende Aussicht.

Die Tatsache, daß die Psychotherapie ein Prozeß des Nachdenkens, der Übersetzung und des Verstehens war und nicht der strengen, wissenschaftlichen Erklärung, und daß Einsichten häufig Paradoxa zum Inhalt hatten anstatt einfacher linearer Wahrheiten, verursachte Paul großes Unbehagen. Oft weigerte er sich, die Vorstellung zu akzeptieren, daß sein Unbewußtes in so ausgeprägtem Gegensatz zu seinen bewußten Absichten stehen könne. Als ich ihm zum ersten Mal sagte, daß ich glaubte, sein überwältigendes Bedürfnis, alles im Griff zu haben, hänge mit einem ebenso überwältigenden unbewußten Bedürfnis zusammen, passiv zu sein und die Herrschaft einer mächtigen Mutterfigur zu überlassen, lachte er geringschätzig. Das Konzept von der Ambivalenz, von sich gegenseitig ausschließenden Gefühlen in bezug auf dieselbe Person oder dasselbe Ding, war für ihn sehr schwer zu begreifen.

Trotz all seines Widerstands gegen die Therapie und paradoxerweise auch *wegen* seines Widerstands machte Paul Harrison großartige Fortschritte. Der Brennstoff, der eine psychoanalytische Therapie antreibt, ist die »Übertragungsneurose«. Mit diesem Ausdruck bezeichnet man die Art und Weise, wie ein Patient seine neurotischen Probleme auf seine Beziehung zum Therapeuten überträgt. Die therapeutische Beziehung wird zu einer Art Laboratorium. In seinem Verhalten und in seinem Sprechen mit dem Therapeuten wiederholt der Patient das Wesen und die Reichweite der Interaktion mit Mutter und Vater in der Kindheit (oder er erlebt sie in seinen Fantasien und Träumen in bezug auf den Therapeuten aufs neue).

Die Übertragungsneurose bildete sich bei Paul Harrison recht schnell heraus. Er sah mich als einen herrschsüchtigen, launischen Menschen, der so tat, als liege ihm etwas an Paul, was aber in Wirklichkeit nicht so sei; er glaubte, mir sei es wichtiger, selbstsüchtig meine eigenen fachlichen Theorien zu verfolgen als seine Leiden zu lindern. Er hatte Angst davor, von mir abhängig zu werden und seine Identität zu verlieren. Diese Fantasien gaben etwas zu erkennen, aber nicht über seinen Therapeuten, sondern über seine Eltern, deren erdrückender Umgang mit ihm mächtig zur Bildung seiner Persönlichkeit beigetragen hatte. Während er seine Gefühle mir gegenüber zum Ausdruck brachte, wiederholte er die Haltung, die er unbewußt gegenüber den Eltern seiner frühen Kindheit einnahm.

Sobald Paul Harrison angefangen hatte, sich mit seinen ambivalenten Gefühlen auseinanderzusetzen, die die Versuche seiner Eltern in ihm geweckt hatten, ihn zu besitzen, anstatt seine Entwicklung zu fördern, begann er sein zwingendes

Bedürfnis zu verstehen, die Welt nur in bezug auf Beherrschung und Sieg zu betrachten. Allmählich wurde er fähig, andere als mögliche Vertraute wahrzunehmen, an denen er sich freuen konnte, ohne zu fürchten, daß sie potentiell allumfassende Unterdrücker seines Willens und seiner Identität sein könnten. Sein Zwang, sich hervorzutun, mäßigte sich so weit, daß er es genießen konnte, dort zu konkurrieren, wo es angebracht war, ohne sich gedrängt zu fühlen, auch in den Bereich von persönlichen Beziehungen und Liebesbeziehungen Konkurrenz hineinzutragen. Zum ersten Mal begann Paul das Konzept echter Gegenseitigkeit zu verstehen und sich das Risiko wahrer Muße zuzugestehen. Am Ende der Therapie erkannte er in mir mit warmen Gefühlen einen Gleichberechtigten, der ihn respektierte, nicht als einen, der außerordentliche Heldentaten und Geschäfte fertigbrachte, sondern als einen ganzen Menschen.

Bei Virginia Graves, von der im 5. Kapitel die Rede war, der Frau, die über zwanzig Jahre damit zubrachte, liebevoll ihre Kinder aufzuziehen, bedeutete die Akzentverschiebung in der Mitte des Lebens eine Bewegung in Richtung auf Arbeit und Leistung. Um in ihrem Leben insgesamt ein Gleichgewicht herzustellen, mußte sie nun ihr Augenmerk auf etwas jenseits des Schauplatzes liebevoller Mutterschaft und eines liebevollen Hausfrauendaseins richten. Als das letzte ihrer Kinder im College einen festen Stand gefunden hatte, fing sie an, in einer Kunstgalerie zu arbeiten; mehrere Jahre später konnte sie eine eigene Galerie eröffnen. Sie war sehr stolz darauf, ihr eigenes Geschäft erfolgreich zu betreiben, und es verschaffte ihr ein Gefühl der Überlegenheit. Aber sie meinte, es gebe keine Möglichkeiten, die Befriedigung dieses Erlebnisses mit den zutiefst andersartigen der vergangenen zwanzig Jahre zu vergleichen. Jeder Bereich war einzigartig, und sie hoffte, sie würde fähig sein, ein harmonisches Gleichgewicht zwischen beiden zu erreichen. Was aber die Fähigkeit angeht, objektiv ein Gefühl der persönlichen linearen Weiterentwicklung zu definieren, war ihr Geschäft eindeutig ein Erfolg, die Mutterrolle dagegen nicht. Außerdem wurde ihr Gefühl der Verletzlichkeit und der Abhängigkeit von ihrem Mann durch das eigene Geschäft wesentlich vermindert. Da ihr Vertrauen zu ihm und infolgedessen auch ihr Gefühl der Geborgenheit bei ihm durch sein Liebesverhältnis dauerhaft verändert worden war, war dies ein höchst willkommener Vorteil ihrer neuen Berufstätigkeit. Tatsächlich hatte diese wahrscheinlich viel damit zu tun, daß ihre Ehe bestehen blieb.

Das Problem bei Virginia Graves war kein typisch psychiatrisches, bei dem es um tiefverwurzelte unbewußte Bedürfnisse ging, die ihre Freiheit daran hinderten, sich zu entwickeln. Es war vielmehr ein Dilemma im Hinblick auf die »Lebensqualität«. Es erforderte bewußte Entscheidungen, zu denen sie psychisch die Freiheit hatte, in bezug auf die Art des Gleichgewichts, das sie sich in ihrem Leben wünschte. Im Idealfall brauchte sie eine Ausgewogenheit von Arbeit und Liebe.

Nach dem Psychologen David Gutmann bewegen sich zwar Männer und Frauen entlang der Polarität von Arbeit und Liebe oft auf entgegengesetztem Kurs, aber sie nähern sich einander schließlich in dem, was er als den »normalen Unisex des späteren Lebensalters« bezeichnet. Gutmann stellt die interessante Theorie auf (die auf Forschungen beruht, welche in bezug auf das Einüben von Geschlechtsrollen transkulturelle Regelmäßigkeiten beweisen), daß der »schleichende Notstand« der Elternschaft die Herauskristallisierung von spezifischen männlichen und weiblichen Rollen im Zusammenhang mit den Lebensnotwendigkeiten kleiner Kinder erfordert. Er behauptet, die Elternschaft stelle »das Drehpunkt-Stadium des menschlichen Lebenszyklus dar, das Form und Inhalt der zu ihm hinführenden wie der auf es folgenden Stadien organisiert«. Väter müssen auf Impulse des »Bevaterns« verzichten, wenn sie als Ernährer der Familie Erfolg haben sollen, während Mütter ihren Aggressionstrieb unterdrücken müssen, um ihre Nachkommen mit der größten Effektivität zu nähren und zu

pflegen. In bezug auf das »kritische Gleichgewicht« ist dies gewiß eine Lösungsmöglichkeit.
Manche Familien zeigen eine viel größere Flexibilität bei der Rollenzuteilung im Hinblick auf den »Eltern-Notstand« als andere, aber sie sind dennoch in der Lage, das nötige Gleichgewicht zwischen pflegenden und »mitwirkenden« Eigenschaften aufrechtzuerhalten. In anderen Familien wird ein sehr starres, oft recht brüchiges Gleichgewicht zwischen einer ausschließlichen Arbeitsrolle für den Mann und einer engen Versorgungs- und Einfühlungsrolle für die Frau hergestellt, und zwar lange, bevor die Erfordernisse der Elternschaft gegeben sind, und lange danach. Bei diesem Muster wird zwar ein gewisses Gleichgewicht erreicht, aber es ist höchst gefährdet, da es gewöhnlich eine unnatürliche Unterdrückung von Lebenspotenzen in jedem Partner darstellt.
Ich möchte nicht, daß die vorangehende Erörterung den Eindruck erweckt, die Herausforderung, den Arbeits- und den Liebespol des Erlebens auszugleichen und zu harmonisieren, richte sich nur an Menschen in Familiengruppen mit Kindern. Diese Herausforderung geht alle an, und jeder von uns muß seine einzigartige persönliche Strategie entwickeln, um mit ihr fertigzuwerden.
Wenn die Menschen in bezug auf die Harmonisierung von Liebe und Arbeit auf allen Ebenen ihres Lebens Entscheidungen fällen sollen, müssen sie so frei wie möglich sein, sich »richtig« zu entscheiden. Mit »richtig« meine ich das, was sie wirklich wollen, nicht das, was sie sich zwangsweise aussuchen müssen, weil neurotische Rückstände aus der Vergangenheit ihr Unbewußtes steuern, und nicht das, was ihnen ein »Fachmann« als für sie »richtig« darstellt. Die Rolle des Psychiaters ist es, den Menschen zu helfen, sich von Zwängen und blinden Flecken zu befreien, die ihre Entscheidungsfreiheit einschränken. Sie besteht auch darin, den Menschen zu helfen, jene Spannungen zu bewältigen, die unweigerlich entstehen, wenn man eine Wahl trifft. Die lateinische Wurzel des Wortes »decision« (Entscheidung) ist *de-caedere,* auseinanderschnei-

den. Unter anderem gehört zum Sich-Entscheiden immer das Erleben eines Verlusts. Jedesmal, wenn wir uns in die Richtung der Liebe oder der Arbeit bewegen, werden wir von einer Alternative abgeschnitten; wir verlieren sie, zumindest zeitweilig. Wenn ich mir eine Duke-Ellington-Melodie anhöre und sie gernhabe, oder wenn ich mit Freunden zusammen etwas erlebe, kann ich nicht zugleich ein Buch lesen, das mir über einen Aspekt der Schizophrenie Aufschluß gibt. Wenn ich etwas gewinne, verliere ich zugleich etwas. Dieser Konflikt ist unser Schicksal, die dynamische Spannung, die dem Reichtum und der Gefühlsbewegung unseres Lebens zugrunde liegt. Es hat gewiß seine guten Seiten, wenn man die Dinge einfach, starr und konkret hält, aber wo kein Kampf und kein Schmerz ist, da ist auch keine Tiefe und wenig Substanz.

Wenn unser Verlangen nach Erfüllung in Liebe und Arbeit zunimmt, wird die Aufgabe, ihre gesonderten Aspekte zu harmonisieren und zu integrieren, anstrengender. Niemand, auch kein Psychiater, weiß die »Wahrheit« über die »richtige« Lösung dieses Konflikts. Wie Kierkegaard sagte: »Das Leben kann man nur rückwärts verstehen; aber es muß vorwärts gelebt werden.« In bezug auf die optimalen Kompromisse für uns selber gehen wir bestenfalls nach »gebildeten« Vermutungen vor. Aber wenn wir diese Zwangslage verstehen, ihre Ursachen betrachten und Einblick in die innere Dynamik von Arbeit und Liebe gewinnen, sind wir vielleicht besser imstande, unserem eigenen kritischen Gleichgewicht nahezukommen.

# Literatur


Abraham, K.: *Psychoanalytische Studien.* 2 Bände. Frankfurt: S. Fischer 1971.

Aldrin, E.: *Return to Earth.* New York 1973.

Alvarez, A.: *Der grausame Gott. Eine Studie über den Selbstmord.* Frankfurt: S. Fischer 1979.

Becker, E.: *The Birth and Death of Meaning.* New York: Free Press 1971.

Becker, E.: *Dynamik des Todes. Die Überwindung der Todesfurcht. – Ursprung der Kultur.* Freiburg: Walter 1976.

Bell, D.: *The End of Ideology.* New York: Free Press 1960.

Bell, D.: *Die nachindustrielle Gesellschaft.* Frankfurt: Campus $^{2}$1976.

Bell, D.: *Die Zukunft der westlichen Welt.* Frankfurt: S. Fischer 1976.

Bergson, H.: *Schöpferische Entwicklung.* Jena: Eugen Diederichs 1912.

Bieber, I.: »Disorders of the Work Function«, in: J. Masserman (ed.); *Science and Psychoanalysis,* vol. 16 (1970), 92.

Black, B.: *Principles of Industrial Therapy for the Mentally Ill.* New York: Grune and Stratton 1970.

Black, B./Chapple, E.: »Rehabilitation Through Productive Participation«, *Psychiatric Quarterly,* vol. 47, no. 4 (1973).

Block, D.: »The Quest for Competence«, *Journal of Occupational Medicine,* vol. 19, no. 5 (May 1977), 315.

Brashler, W.: *Josh Gibson: A Life in the Negro Leagues.* New York: Harper and Row 1978.

Bronowski, J.: *Der Aufstieg des Menschen. Stationen unserer Entwicklungsgeschichte.* Berlin: Ullstein 1976.

Bronowski, J.: *The Origins of Knowledge and Imagination.* New Haven: Yale University Press 1978.

Bruner, J., et al. (eds.): *Play – Its Role in Development and Evolution.* New York: Basic Books 1976.

Cawelti, J.: *Apostles of the Self-Made-Man.* Chicago 1965.

Clifford, R.: »Sex as a Chore«, *Medical Aspects of Human Sexuality,* April 1979, 58.

Cooper, C./Crump, J.: »Prevention and Coping with Occupational Stress«, *Journal of Occupational Medicine,* vol. 20, no. 6 (June 1978), 420.

de Grazia, S.: *Of Time, Work, and Leisure.* Garden City, N. Y.: Doubleday Anchor Books 1962.

Deutscher, M.: »Adult Work and Developmental Models«, *American Journal of Orthopsychiatry,* vol. 38 (1968), 882–92.

Drellich, M.: »The Interrelationships of Work and Play«, in: J. Masserman (ed.): *Science and Psychoanalysis,* vol. 16 (1970), 17.

Ekstein, R.: »Play and Work«, *Journal of Humanist Psychology,* vol. 3 (1963), 20–31.

Engel, M.: »Children Who Work and the Concept of Work Style«, *Psychiatry,* vol. 30 (1967), 392–404.

Fast, I.: »Aspects of Work Style and Work Difficulty in Borderline Personalities«, *International Journal of Psychoanalysis,* vol. 56, no. 4 (1975), 397–403.

Federn, P.: *Ichpsychologie und die Psychosen.* Frankfurt: Suhrkamp 1978.

Fenichel, O.: *Psychoanalytische Neurosenlehre.* 3 Bände. Freiburg: Walter 1974ff.

Fenichel, O.: »On the Psychology of Boredom«, *Collected Papers of Otto Fenichel,* vol. 1. London: Routledge and Keegan Paul 1954.

Fraiberg, S.: *Every Child's Birthright: In Defense of Mothering.* New York: Bantam 1978.

Frankl, V. E.: *Man's Search for Meaning.* New York: Pocket Books 1963.

Frankl, V. E.: *... trotzdem Ja zum Leben sagen. Ein Psychologe erlebt das Konzentrationslager.* München: Kösel $^{3}$1979.

Freeman, L./Theodore, M.: *The Why Report.* Purchase, N. Y.: Arthur Bernhard 1964.

Freud, A.: »Comments on Aggression«, *International Journal of Psychoanalysis,* vol 53, no. 2 (1972), 163.

Freud, S.: *Drei Abhandlungen zur Sexualtheorie,* in: Gesammelte Werke, Band 5. Frankfurt: S. Fischer $^{5}$1972.

Freud, S.: *Einige Charaktertypen aus der psychoanalytischen Arbeit,* in: Gesammelte Werke, Band 10. Frankfurt: S. Fischer $^{6}$1973, 363ff.

Freud, S.: *Formulierungen über die zwei Prinzipien des psychischen Geschehens,* in: Gesammelte Werke, Band 8. Frankfurt: S. Fischer $^{5}$1969, 229ff.

Freud, S.: *Jenseits des Lustprinzips,* in: Gesammelte Werke, Band 13. Frankfurt: S. Fischer [7]1972.

Freud, S.: *Triebe und Triebschicksale,* in: Gesammelte Werke, Band 10. Frankfurt [6]1973, S. 209 ff.

Freud, S.: *Das Unbehagen in der Kultur,* in: Gesammelte Werke, Band 14. Frankfurt: S. Fischer [6]1977.

Friday, N.: *Wie meine Mutter.* Frankfurt: Goverts 1979.

Furman, E.: »Thoughts on Pleasure in Working«, *Bulletin of the Philadelphia Psychoanalytic Association,* vol. 19 (1969), 197–212.

Goodman, P.: *Growing Up Absurd.* New York: Vintage 1962.

Gorney, R.: »Work and Love Revisited«, *Proceedings of the Fourth World Congress of Psychiatry,* 1966, 2542–44.

Gould, R.: »Psychodynamics of Sexual Humor: The Secretary«, *Medical Aspects of Human Sexuality,* July 1977, 48.

Greenbaum, E./Greenbaum, H.: »Achievers, Losers, and Victims«, in: J. Masserman (ed.); *Science and Psychoanalysis,* vol. 16 (1970), 75.

Greenwald, H.: »Why Do So Few People Find Work Satisfying?«, in: L. Freeman and M. Theodore, *The Why Report,* Purchase, N. Y.: Arthur Bernhard 1964.

Greiff, B.: »Psychiatric Consultation at a Graduate Business School«, *Psychiatric Annals,* vol. 8, no. 4 (April 1978), 27.

Gutmann, D.: »Parenthood: A Key to the Comparativ Study of the Life Cycle«, in: N. Datan and L. Ginsberg: *Life Span Developmental Psychology.* New York: Academic Press 1975.

Guttman, A.: »Literature, Sociology, and Our National Game«, in: Salzman (ed.): *Prospects.* New York: Burt Franklin 1975.

Haffner, F.: *Mothering.* Garden City, N. Y.: Doubleday 1978.

Hatterer, L.: »Work Identity«, *American Journal of Psychiatry,* vol. 122 (1966) 1284–86.

Heckscher, A./de Grazia, S.: »Executive Leisure«, *Harvard Business Review,* July 1959, 6.

Hendrick, I.: »The Discussion of the ›Instinct to Master‹«, *Psychoanalytic Quarterly,* vol. 12 (1943), 565.

Hendrick, I.: »Work and the Pleasure Principle« *Psychoanalytic Quarterly,* vol. 12 (1943), 311–29.

Hendrick, I.: »The Instinct to Master«, *Psychoanalytic Quarterly,* vol. 12 (1943), 516.

Hennig, M./Jardin, A.: *Frau und Karriere.* Reinbek: Rowohlt 1978.

Herrigel, E.: *Zen in der Kunst des Bogenschießens.* München: O. W. Barth [18]1978.

Herzberg, F.: *Work and the Nature of Man.* Cleveland: World 1966.

Herzberg, F. et al.: *The Motivation to Work.* New York: Wiley 1959.

Hess, H.: »The Real Peter Principle: Promotion to Pain«, in: *Stress, Success, and Survival,* Cambridge, Mass.: Harvard Business Review 1979.

Hess, H.: »A Psychiatric Critique of ›Work in America‹«, *Journal of Occupational Medicine,* vol. 16, no. 11 (November), 736.

Holmes, D.: »A Contribution to the Psychoanalytic Theory of Work«, *Psychoanalytic Study of the Child,* vol. 20 (1965), 384–91.

Jacobson, E.: »On the Child's Laughter« in: *Depression: Comparative Studies of Normal, Neurotic, and Psychotic Conditions,* New York 1971.

Jacques, E.: *Work, Creativity, and Social Justice.* New York: International Universities Press 1970.

Jacques, E.: »Death and the Mid-Life-Crisis«, »Disturbances in the Capacity to Work«, in: *Work, Creativity, and Social Justice.* New York: International Universities Press 1970.

Jacques, E.: »Note on the Etymology of Work«, in: *Glacier Project Papers.* London: Heinemann Educational Books 1965.

Jacques, E./Brown, W.: *Glacier Project Papers.* London: Heinemann Educational Books 1965.

Jahoda, M.: »Notes on Work«, in: R. Loewenstein (ed.); *Psychoanalysis: A General Psychology,* New York: International Universities Press 1966.

Jones, E.: *Die Theorie der Symbolik und andere Aufsätze.* Berlin: Ullstein 1978.

Kahn, R.: »On the Meaning of Work«, *Journal of Occupational Medicine,* vol. 16, no. 11 (1974), 716–19.

Kernberg, O.: *Borderline-Störungen und pathologischer Narzißmus.* Frankfurt: Suhrkamp 1977.

Kets de Vries, M.: »Defective Adaptation to Work«, *Bulletin of the Menninger Clinic,* vol. 42, no. 1 (1978), 35–50.

Klein, M.: *Das Seelenleben des Kleinkindes und andere Beiträge zur Psychoanalyse.* Reinbek: Rowohlt 1972.

Koestler, A.: *The Act of Creation.* New York: Macmillan 1964.

Kotulak, R.: »Anybody Here Seen a Work Addict?« *Chicago Tribune Magazine,* Dec. 31, 1972, 14.

Kovel, J.: *Kritischer Leitfaden der Psychotherapie.* Frankfurt: Campus $^{2}$1979.

Kovel, J.: *White Racism: A Psychohistory.* New York: Vintage 1970.

Kramer, Y.: »Work Compulsion – A Psychoanalytic Study«. *Psychoanalytic Quarterly,* vol. 46 (1977), 361.

Lakein, A.: *How to Get Control of Your Time and Your Life.* New York: New American Library 1973.
Lamb, C.: *Essays.* Zürich, München: Winkler.
Lamb, C.: »The Sanity of True Genius«, in: *The Works of Charles Lamb.* London: Newnes and Co.
Lantos, B.: »Metapsychological Considerations on the Concept of Work«, *International Journal of Psychoanalysis,* vol. 33 (1952), 439.
Lantos, B.: »Work and the Instincts«, *International Journal of Psychoanalysis,* vol. 24 (1943), 114–19.
Lasch, C.: *Das Zeitalter des Narzißmus.* München: Steinhausen 1980.
Lepper, M./Greene, D.: »Turning Play into Work«, *Journal of Personality and Social Psychology,* vol. 31, no. 3 (1975), 479–86.
Levi, L.: »Occupational Mental Health: Its Monitoring, Protection, and Promotion«, *Journal of Occupational Medicine,* vol. 21, no. 1 (January 1979), 26.
Levinson, D. J.: *Das Leben des Mannes. Werdenskrisen. Wendepunkte. Entwicklungschancen.* Köln: Kiepenheuer & Witsch 1979.
Levinson, H.: *Executive Stress.* New York: New American Library 1975.
Lorenz, K.: *Das sogenannte Böse. Zur Naturgeschichte der Aggression.* München: dtv 1974.

MacCoby, M.: *The Gamesman.* New York: Simon and Schuster 1978.
Machlowitz, M.: »Workaholics«, *Across the Board,* vol. 14, no. 10 (October 1977), 30–37.
McLean, A. (ed.): *Occupational Stress.* Springfield, Ill.: Charles Thomas 1974.
McLean, A. (ed.): *To Work Is Human.* New York: Macmillan 1967.
McLean, A. (ed.): »A Reassessment of Work in America«, *Journal of Occupational Medicine,* vol. 16, no. 11 (November 1974).
McMurry, R.: »Power and the Ambitious Executive«, in: *Stress, Success, and Survival.* Cambridge, Mass.: Harvard Business Review 1979.
Mann, Th.: *Der Zauberberg.* Frankfurt: S. Fischer 1954.
Menninger, K.: *Das Leben als Balance.* München: Piper 1968.
Menninger, K.: »Work as a Sublimation«, *Bulletin of the Menninger Clinic,* vol. 6 (1942), 170–82.
Menninger, W. C.: »Characterologic and Symptomatic Expressions Related to the Anal Phase of Psychosexual Development«, *Psychoanalytic Quarterly,* vol. 12 (1943), 161–93.
Mills, C. W.: *White Collar.* New York: Oxford University Press 1956.
Munter, P.: »Occupational Psychiatry«, *Psychiatric Annals,* vol. 8, no. 4 (April 1978), 38.

Nadelson, T./Eisenberg, L.: »The Successful Professional Woman: On Being Married to One«, *American Journal of Psychiatry,* vol. 134, no. 10 (October 1977), 1071–76.

Neff, W.: »Psychoanalytic Conceptions of the Meaning of Work«, *Psychiatry,* vol. 28 (1965), 324.

Neugarten, B.: »Time, Age, and the Life Cycle«, *American Journal of Psychiatry,* vol. 136, no. 7 (July 1979), 887.

Newman, William H./Summer, Charles E./Kirby, Warren E.: *Management-Prozesse. Grundlagen, Verhaltensweisen und Praxis.* Stuttgart: Poeschel 1968.

Nosow, S./Form, W. (eds.): *Man, Work, and Society.* New York: Basic Books 1962.

Notman, M.: »Midlife Concerns of Women«, *American Journal of Psychiatry,* vol. 136, no. 10 (October 1979), 1270.

Oates, W.: *Confessions of a Workaholic.* New York: World 1971.

Oberndorf, C.: »The Psychopathology of Work«, *Bulletin of the Menninger Clinic,* vol. 15 (1951), 77–84.

Ornstein, R.: *On the Experience of Time.* New York: Penguin 1969.

Ornstein, R.: *Die Psychologie des Bewußtseins.* Frankfurt: S. Fischer 1976.

Pederson-Krag, G.: »Women's Work«, in: L. Freeman and M. Theodore: *The Why Report.* Purchase, N. Y.: Arthur Bernhard 1964.

Piaget, J.: *Der Aufbau der Wirklichkeit beim Kinde.* Stuttgart: Klett-Cotta 1974.

Piaget, J.: *Sprechen und Deuten des Kindes.* Düsseldorf: Schwann 1972.

Pieper, J.: *Muße und Kult.* München: Kösel [7]1965.

Reich, A.: *Psychoanalytic Contributions.* New York: International Universities Press 1973.

Reich, A.: »A Contribution to the Psychoanalysis of Extreme Submissiveness in Women«, *Psychoanalytic Quarterly,* vol. 9, 470–80.

Reik, T.: »Why Work?« in: L. Freeman and M. Theodore: *The Why Report.* Purchase, N. Y.: Arthur Bernhard 1964.

Reisman, D.: »The Themes of Work and Play in Freud's Thought«, *Psychiatry,* vol. 13 (1950), 1–17.

Renshaw, J.: »An Exploration of the Dynamics of The Overlapping Worlds of Work and Family«, *Family Process,* vol. 15, no. 1 (1976), 143–65.

Roheim, G.: *Psychoanalyse und Anthropologie.* Frankfurt: Suhrkamp 1976.

Roheim, G.: »Psychoanalysis of Primitive Types«, *International Journal of Psychoanalysis,* vol. 13 (1932), 2–224.

Rosen, V.: *Style, Character, and Language.* New York: Jason Aronson 1977.

Rosenthal, S.: »Expression of the Emotions in the World of Work«, *Psychiatric Opinion,* vol. 15, no. 12 (December 1978), 24.

Rosow, J. (ed.): *The Worker and the Job.* Englewood Cliffs, N. J.: Prentice-Hall 1974.

Rothman, S.: *Woman's Proper Place.* New York: Basic Books 1979.

Ruddick, S./Daniels, P.: *Working It Out.* New York: Pantheon 1977.

Sacks, M.: »A Psychodynamic Overview of Sport«, *Psychiatric Annals,* vol. 9, no. 3 (March 1979), 13.

SazL.: *The Obsessive Personality.* New York: Science House 1968.

Schwed, H.: »Middle Life Crisis and Industrial Workers«, *Journal of Occupational Medicine,* vol. 21, no. 1 (November 1979), 737.

Segal, H.: »Notes on Symbol Formation«, *International Journal of Psychoanalysis,* vol. 30, 1957.

Sharpe, E.: »Psychophysical Problems Revealed in Language: An Examination of Metaphor«, *International Journal of Psychoanalysis,* vol. 21 (1940), 201.

Sheehy, G.: *In der Mitte des Lebens.* Frankfurt: S. Fischer 1978.

Sheehy, G.: *Passages.* New York: E. P. Dutton 1976.

Slavson, S.: »Aggression«, in: L. Freeman and M. Theodore: *The Why Report.* Purchase, N. Y.: Arthur Bernhard 1964.

Steinem, G.: »Why Do Women Work, Dear God, Why Do They Work?« *MS.,* vol. 7, no. 9 (March 1979), 45.

Storr, A.: »The Psychodynamics of Creativity«, *Creative Psychiatry,* no. 9, 1977.

Summer, C.: »The Managerial Mind«, *Harvard Business Review,* July 1959, 69–79.

Terkel, S.: *Working.* New York: Avon 1972.

Thomas, C. (moderator): »Sex-Related Problems in Business: A Round-table Discussion«, *Medical Aspects of Human Sexuality,* January 1978, 60.

Tilgher, A.: »Work Through the Ages«, in: S. Nosow and W. Form (eds.): *Man, Work, and Society.* New York: Basic Books 1962.

Weber, M.: *Die protestantische Ethik.* 2 Bände. Gütersloh: Gütersloher Verlagshaus 5 1979.

Werner, H./Kaplan, B.: *Symbol Formation.* New York: Wiley 1963.
Whorf, B. L.: *Sprache – Denken – Wirklichkeit.* Reinbek: Rowohlt 1973.
Wildenstein, D.: *Monet's Years at Giverny,* New York: Metropolitan Museum of Art 1978.
Wolfe, Th.: *Uns bleibt die Erde.* München 1952.
*Work in America: Report of a task force to the Secretary of Health, Education, and Welfare.* Cambridge, Mass.: M. I. T. Press 1973.

Yankelovich, D.: »The Meaning of Work«, in: J. Rosow (ed.): *The Worker and the Job.* Englewood Cliffs, N. J.: Prentice-Hall 1974.

Zaleznik, A.: »Management of Disappointment«, in: *Stress, Success, and Survival,* Cambridge, Mass.: Harvard Business Review 1979.
Zaleznik, A./Kets de Vries, M.: »What Makes Entrepreneurs Entrepreneurial?« *Business and Society Review,* no. 17, Spring 1976.